Research on the growth mechanism of new ventures: based on the perspective of matching entrepreneurial opportunities with business models

新创企业的成长机制研究：
基于创业机会与商业模式匹配的视角

陈娟 著

苏州大学出版社
Soochow University Press

图书在版编目(CIP)数据

新创企业的成长机制研究：基于创业机会与商业模式匹配的视角 / 陈娟著. —苏州：苏州大学出版社，2022.11
 ISBN 978-7-5672-4110-7

Ⅰ.①新… Ⅱ.①陈… Ⅲ.①创业-研究 Ⅳ.①F241.4

中国版本图书馆 CIP 数据核字(2022)第 208442 号

xinchuang qiye de chengzhang jizhi yanjiu：
jiyu chuangye jihui yu shangye moshi pipei de shijiao

书　　名：	新创企业的成长机制研究：基于创业机会与商业模式匹配的视角
著　　者：	陈　娟
责任编辑：	杨　柳
装帧设计：	刘　俊
出版发行：	苏州大学出版社(Soochow University Press)
出 版 人：	盛惠良
社　　址：	苏州市十梓街1号　邮编：215006
印　　装：	广东虎彩云印刷有限公司
网　　址：	www.sudapress.com
邮　　箱：	sdcbs@suda.edu.cn
邮购热线：	0512-67480030
开　　本：	700 mm×1 000 mm　1/16　印张：15　字数：254 千
版　　次：	2022 年 11 月第 1 版
印　　次：	2022 年 11 月第 1 次印刷
书　　号：	ISBN 978-7-5672-4110-7
定　　价：	56.00 元

凡购本社图书发现印装错误，请与本社联系调换。
服务热线：0512-67481020

前言

随着创业企业不断地兴起，新创企业失败率偏高、成长率偏低的现实状况引发了国内外研究创业、组织、战略与创新等问题的学者们对于新创企业成长问题普遍而持续的关注。如何打造良好的环境以推动创业，激发市场微观主体的活力，打造经济发展的新引擎已经成为社会各界关注的问题。"全球创业观察"（Global Entrepreneurship Monitor, GEM）研究表明，虽然我国全员创业活动指数在不断提高，但是企业成长中的问题也不容忽视，尤其是新创企业的寿命较短、成长性不足，已成为阻碍创业企业成长过程中需要重点关注的问题。

创业机会的识别与开发是创业活动的核心，新创企业的成长是不断地识别和开发创业机会的过程。如何成功地开发已经被识别的机会以实现机会的价值是新创企业成长过程中非常重要的环节。创业机会、商业模式和创业绩效是以创业机会识别与开发为核心的紧密相连的环节，不仅关系到企业的创立和生存，还对企业获得竞争优势并得以进一步成长至关重要，但是对于创业机会如何与商业模式匹配以产生更好的创业绩效？创业机会与商业模式匹配的路径是什么？创业环境如何影响不同的匹配模式产生的创业绩效？厘清以上问题将有助于优化创业机会的识别与开发过程，从而获得更好的创业绩效。

本书通过对多案例的探索性研究和理论分析，提出了"创业机会—

商业模式—新创企业成长"的理论模型,并验证了不同的创业机会与不同类型的商业模式匹配会产生差异化的新创企业成长绩效。为进一步探索创业机会与商业模式匹配的路径,本书创新性地提出了"创业机会—创业学习—商业模式"的理论模型并进行了实证检验。新创企业的成长是一个动态的过程,笔者又进一步通过纵向案例的研究,探索了受创业机会驱动的企业成长在不同阶段创业机会如何与商业模式共演以促进新创企业成长的内在机理。通过以上的研究,笔者得出了以下几个结论:

首先,通过多案例分析,得出了创业机会与商业模式的不同匹配模式对新创企业成长绩效的影响不同的结论。采用不同的商业模式设计进行创业机会的开发,将会产生不同的成长绩效:发现型创业机会与效率型商业模式的匹配对新创企业成长绩效有负向影响;创造型创业机会与效率型商业模式的匹配对新创企业成长绩效有负向影响;创造型创业机会与新颖型商业模式的匹配对新创企业成长绩效产生正向影响。

其次,剖析了创业机会与商业模式设计的匹配路径机制,得出了不同的创业机会会影响商业模式的设计主题的结论。发现型创业机会更倾向于采用效率型商业模式的设计主题。创造型创业机会更倾向于采用新颖型商业模式的设计主题。之所以会有这样的选择差异,是因为创业学习的方式在这一发生机制中起着中介作用。

再次,得出了环境的不确定性在创业机会和商业模式的匹配对新创企业成长的影响中起到调节作用的结论。环境竞争性负向调节发现型创业机会与新颖型商业模式的匹配,正向调节创造型创业机会与效率型商业模式的匹配。环境动态性负向调节发现型创业机会和新颖型商业模式的匹配,正向调节创造型创业机会与新颖型商业模式的匹配。环境的竞争性和动态性对发现型创业机会和效率型商业模式匹配的调节作用不明显。

前言

最后，通过纵向案例研究，得出了创业机会与商业模式的动态共演促进了新创企业的成长。在这一过程中，根据企业发展处于的不同阶段，企业家需要不断地识别创业机会并设计与之相匹配的商业模式才能促进企业的成长。企业在不断地识别和开发创业机会的过程中实现螺旋上升式的成长。

本书的创新和价值之处表现在以下方面：第一，丰富了创业机会的研究。通过探索性案例分析和实证研究开发了创业机会量表，并验证了这一量表的信度和效度，同时研究了不同类型的创业机会对新创企业成长的影响。这一研究成果有助于创业机会的研究，使其不仅仅停留在文献研究和案例分析的阶段，而是向着更加深层次的方向发展。第二，基于创业过程的视角，构建了创业机会对新创企业成长绩效的影响机制，构建了创业机会与商业模式匹配对新创企业成长影响的模型、创业机会与商业模式匹配路径机制模型。两个模型协同且深入地诠释了创业机会对新创企业成长绩效的影响机制，同时论证并分析了环境的不确定性对创业绩效的影响，这对促进企业的成长具有借鉴意义。第三，识别和验证了创业机会与商业模式匹配的路径机制，进一步打开了创业机会与商业模式匹配的作用机制的"黑箱"，拓展了创业机会与创业学习的关系，同时深化了商业模式创新理论，并验证了以往学者提出的创造型创业机会更容易进行商业模式创新的论断，丰富了创业机会与商业模式创新理论的研究。第四，提出了创业机会与商业模式共演的新创企业成长模型，突破了以往的仅仅关注生命周期成长理论和阶段论模型的成长模式的研究，综合考虑了新创企业如何探索经营方向、克服"新进入缺陷"和应对环境的不确定性，并将其纳入新创企业成长的视野，以演化的视角研究新创企业成长，对新创企业策略的制定有所启示。

本书的结构如下：绪论概述了研究的背景、研究的问题、研究的价值和研究的内容与方法等；第 1 章详细阐述了本书的理论基础及创业机会、商业模式、创业学习等领域的研究；第 2 章通过探索性案例研究，对研究的问题进行理论模型的构建；第 3 章对创业机会与商业模式的匹配对新创企业成长的影响的理论分析提出了假设；第 4 章详细阐述了研究设计涉及的量表开发与如何选择研究方法等内容；第 5 章对创业机会与商业模式的匹配对新创企业成长的影响进行了实证研究；第 6 章分析了创业学习对创业机会与商业模式的匹配路径起到的中介作用；第 7 章通过纵向案例研究探索创业机会与商业模式共演视角下的新创企业成长；第 8 章对研究结果进行讨论，并指出本书的不足和未来研究的方向。

目录

绪 论

0.1 研究背景 / 1
0.2 研究问题与研究价值 / 4
0.3 研究内容与方法 / 9
0.4 研究过程与结构安排 / 12

1 文献回顾与评述

1.1 企业成长理论 / 16
1.2 新创企业成长的相关研究 / 22
1.3 创业机会的相关研究 / 28
1.4 商业模式的相关研究 / 40
1.5 创业学习的相关研究 / 51
1.6 创业机会、创业学习、商业模式与新创企业成长的相互关系 / 57
1.7 环境的不确定性 / 62
1.8 现有研究评述及其对本书的启示 / 63
1.9 本章小结 / 65

2 案例研究与理论模型构建

2.1 研究设计 / 66
2.2 案例分析 / 69
2.3 理论模型构建 / 80

2.4 本章小结 / 86

3 创业机会与商业模式的匹配对新创企业成长的影响:假设的提出

3.1 创业机会与新创企业的成长 / 88

3.2 商业模式与新创企业的成长 / 90

3.3 创业机会与商业模式的匹配和新创企业的成长 / 93

3.4 环境的不确定性的调节作用 / 98

3.5 本章小结 / 101

4 研究设计

4.1 创业机会量表的开发 / 102

4.2 变量的测量和量表的选择 / 113

4.3 数据的收集与问卷回收 / 117

4.4 数据统计的方法 / 118

4.5 本章小结 / 120

5 实证分析与结果讨论

5.1 描述性统计分析 / 121

5.2 变量的信度和效度分析及控制变量的处理 / 124

5.3 创业机会与商业模式的匹配对新创企业成长影响的假设检验 / 134

5.4 环境的不确定性的调节作用的假设检验 / 138

5.5 环境的不确定性的调节作用下创业机会与商业模式的匹配 / 145

5.6 本章小结 / 159

6 创业机会与商业模式的匹配路径：创业学习的中介作用

6.1 理论推导与假设构建 / 161

6.2 研究设计 / 168

6.3 研究结果 / 169

6.4 研究结论与讨论 / 182

6.5 本章小结 / 188

7 创业机会与商业模式共演视角下的新创企业成长：纵向案例研究

7.1 研究设计与方法 / 190

7.2 新创企业不同成长阶段创业机会与商业模式设计的共演 / 195

7.3 创业机会与商业模式共演视角下的新创企业成长机制 / 205

7.4 创业机会、商业模式与新创企业成长的机制模型 / 208

7.5 本章小结 / 210

8 研究的结论与展望

8.1 研究结论 / 211

8.2 创新点与理论贡献 / 213

8.3 实践启示 / 215

8.4 研究的局限性及未来研究的展望 / 218

参考文献 / 220

后记 / 228

绪 论

绪 论

"大众创业、万众创新"背景下，我国提供了良好的创业政策，营造了良好的创业氛围，创业企业的数量急剧增加，但成功率不高。创业机会是创业的起点，对于新创企业而言，在资源和能力有限的情况下，如何进行创业机会的开发以实现较好的成长绩效是学术界和企业在社会实践中共同关注的问题。本章首先提出了研究的现实背景和理论背景，并阐述了研究的问题和价值；其次介绍了研究的内容和方法；最后说明了研究过程和结构安排。

0.1 研究背景

0.1.1 现实背景

(1) 不断崛起的创业企业，已成为主要的经济动力

随着经济的发展，我国的经济形势进入了一个新的时期。我国 GDP（国内生产总值）增长放缓，制造业和出口面临危机。在这一背景下，国家大力支持科技创新创业以促进中国经济模式的转型。而这需要成功的创业企业来支撑。面对我国经济发展的新常态，国家出台了一系列的创业政策。同时，"十三五"规划建议提出，通过创业扶持政策的完善，鼓励以创业带就业，建立面向人人的创业服务平台。基于这样一个背景，新创企业的数量不断增长。由发达国家统计的创业数据表明，发达国家每年新创企业诞生的数量达数百万个，但是当年的"成活率"只有66%，5年后仍然存活的企业只有30%，生存超过10年的企业更是低至10%。相关创业数据统计也表明，我国的创业企业"成活率"低至30%，70%的企业更是"活"不到一年。我

国的创业企业平均寿命不足一年（张玉利和陈寒松，2012）。在支持创业企业发展的过程中，应更注重创业企业的质量而不是数量。所以，如何促进创业企业的成长是政府和企业家共同关注的问题。

（2）提高创业企业的生存率，创业机会是起点

近几年，我国提供了良好的创业政策，营造了良好的创业氛围。对于创业者而言，之所以进行创业，是因为识别到了创业机会，只有找到合适的创业机会，才能开展后续的创业活动。创业机会是创业的起点，创业的成功与否受创业者对创业机会的理解和把握的影响。当前，互联网行业、服务行业等多方面的发展为创业者提供了创业机会，结合创业者自身的资源和能力来识别和评估这些创业机会，是创业前首先要考虑的问题。

相关研究发现，资源有限及经验不足等因素，导致企业面临很大的技术和市场的不确定性（朱振坤和金占明，2009）。创业企业的存活率也不高，据统计，5年内有约90%的创业企业以失败而告终（Marius Pretorius，2005；吴静，2009）。因此，关注新创企业的成长有重要的实践意义。

大多数的新创企业不能成长为大企业，新创企业的生命力很脆弱已是国内外研究者的共识。大多数新创企业在成长过程中易"夭折"，有些新创企业虽然度过生存期，刚刚成长起来，但仍然存在着生存质量不高的问题。这种情况下，新创企业对经济和社会发展的贡献就不能很好地体现。新创企业如何实现高质量的成长，显然是一个重要而迫切的课题。

在走访创业企业的过程中，我们发现，一些企业虽然识别出了较有价值的创业机会，但因为没有进行有效的开发从而导致创业失败。在同样的创业机会环境下，不同的商业模式设计对创业企业的成长绩效有着不同的影响。商业模式主要关注价值创造和价值传递的过程，只有实现价值向客户的传递才算是对创业机会进行有效的开发。针对创业机会，创业者需要将自身的资源进行配置，形成特有的商业模式。而新创企业商业模式的设计很大程度上决定着创业的成功率。因此，在讨论创业机会的开发时，离不开商业模式设计的协同作用。

0.1.2　理论背景

对于新创企业的成长，斯汀康比（Stinchcombe）于1965年提出了"新进入缺陷"（liability of newness）的概念，他认为，新创企业相比于成熟企

业，其失败率更高。如何克服"新进入缺陷"，组织、创业及其他相关领域的学者进行了大量的探讨，他们围绕新创企业成长绩效的差异影响因素，如创业者特征、企业战略、创业资源、地理位置、产业背景及组织结构等，进行了大量研究（Gilbert, et al., 2006；Chrisman, et al., 1998；Baum, et al., 2000）。这些研究为理解新创企业的成长绩效差异提供了丰富的理论观点和经验证据。笔者综观目前的研究，学者们多着重于研究不同的因素为什么导致创业绩效有差异，对如何影响的内在机制缺乏关注。

创业机会的识别与开发是创业活动的核心。本书认为，新创企业的成长就是不断地识别和开发创业机会的过程。如何成功地开发已经被识别的机会以实现机会的价值是新创企业成长过程中非常重要的环节。现有的研究中，对创业机会的识别研究得较多，但对新创企业如何更好地开发创业机会的研究很少涉及。资源和机会是新创企业成长的起点，只有整合资源并把资源转变为与创业机会相匹配的组织能力才能促进新创企业成长。而商业模式是资源整合的基础和企业价值创造的逻辑，当商业模式的设计与创业机会的特点相匹配时，新创企业的生存率就会提高。因此，对这一方面的研究，无论对理论发展还是实践指导，均有十分重要的价值。

（1）创业机会是创业研究的核心

以往学者更倾向于对创业者特质、行为差异及创业者和其他创业要素之间关系进行研究。虽然在管理学研究领域里，创业研究已成为重要的研究问题之一，但对创业机会的关注度并不高。直到2000年，谢恩（Shane）和维卡塔拉曼（Venkataraman）提出了创业的研究应该关注创业机会的发现、评估和利用，以及在这一过程中什么因素起着重要的影响作用。至此，关于创业机会的研究越来越引起学者们的重视，学者们开始研究资源、制度环境认知等对创业机会识别的影响。

学术界开始达成创业机会是创业研究核心的共识（McMullen & Shepherd, 2006；Plummer, et al., 2007；Suddaby, et al., 2015）。国内的学者也开始关注创业机会的研究，南开大学的张玉利教授和吉林大学的蔡莉教授先后开始创业机会的研究，并使其成为一种研究趋势，但是在研究深度和广度上还远远不够。在我国的创业研究领域，系统地进行创业机会研究的论文并不多，很多人甚至错误地认为，创业就是就业，对创业机会的关注不够，会出现认知上忽视创业机会的盲创现象（斯晓夫、王颂和傅颖，2016）。关于创业的一些问题还需要从创业机会的角度进一步探讨,尤其是对于新创企业如何对创业机会进行识别和评估成为学术界和企业界共同关注的问题。

(2) 商业模式研究的兴起

虽然"商业模式"这一概念很早被提起(Bellman & Clark, 1957),但真正得到兴起是因为互联网的发展和多种商业形式的出现。近年来,学者们对商业模式的关注度快速提高。商业模式研究的核心是价值的创造和传递,于是,基于这一观点,学者们对企业竞争力的分析有了新的视角,越来越多的研究也证实了商业模式对企业的竞争优势有着重要影响。这一研究的开展为研究不同情境下商业模式的设计对创业企业成长绩效的影响打下了坚实的基础。

关于创业机会的研究,大多数是从创业者的角度或者从环境角度对创业绩效进行研究。但创业机会的产生和评估及商业模式的设计是在创业的过程中产生的,所以有必要从创业过程的动态视角研究创业机会是如何被评估和开发的。这将为创业的研究开启一个新的视角。

通常学者们过多地重视创业机会在识别阶段的研究,对于创业机会的开发和实施关注得较少。创业机会只有被开发才能实现商业的价值,而商业模式是企业价值创造过程的实现模式。所以,本书从创业过程的视角探讨不同类型的创业机会如何与不同类型的商业模式相协同以更好地促进创业企业的成长。

基于此,本书以新创企业的成长、创业机会和商业模式的相关文献的理论为基础,针对新创企业成长研究中存在的问题进行初步的探索,以期为新创企业的成长、创业机会和商业模式的研究做出贡献。

0.2 研究问题与研究价值

0.2.1 研究问题

随着创业企业的不断发展,对创业企业的研究也越来越受到人们的关注。如何实现成功创业是创业者和学者都很关注的问题。创业机会是创业研究中的核心问题,创业企业的成立和发展基于对创业机会的识别和开发。目前的研究多是集中在创业机会的类型、创业者本身的特质，以及创业经历对创业机会的影响上，对如何开发创业机会关注得不是很多。同时，随着互联网等新兴经济形态的兴起，商业模式创新成为企业提高自身竞争力的重要因素，并逐渐进入研究者的视野。创业机会如何能够被更好地开发与实施，需要创业者结合自身的资源和能力设计与之相匹配的商业模式，从而为创业企业的成长打下良好的基础。

如何在创业之初，根据创业机会的特点，结合自身的资源开发创业机会是一个重要的研究课题，也是企业管理实践中重要的战略问题。针对这个问题，在借鉴前人研究的基础上，本书将围绕"创业机会与商业模式的匹配如何影响新创企业成长"这一问题展开研究，力图探索出这一影响机制的运作机理，深入剖析商业模式对创业绩效的影响，从而为创业企业如何把握创业机会并进行创业机会的开发提供理论依据和管理工具，并为新一轮创业热潮中的新创企业提供建议。具体地，本书将逐层深入地探究以下几个问题。

（1）创业机会的类型及量表的开发

目前，关于创业机会的研究已经成为创业研究的热点，但对于创业机会量表的开发还比较滞后。尤其是关于创业机会来源于客观存在还是主观上的创造，学术界一直存在争议。但萨拉斯瓦西（Sarasvathy）等（2001）认为，这两种来源是在不同的情景条件下产生的，所以二者之间并不是对立的。阿尔瓦雷兹（Alvarez）和巴尼（Barney）（2007）、秦剑（2011）、斯晓夫等（2016）学者的研究表明，发现型和创造型这两种创业机会类型只是代表了不同的创业机会的来源方式，并对这二者的区别进行了深入的研究。康长杰（Chang C. H.）等（2014）更是以创业机会的这两个维度进一步探索其对技术创新的不同影响。本书试图在案例研究和理论分析的基础上进行创业机会量表的开发，并通过小样本进行量表的修订，通过大样本的调研进行实证研究。

（2）创业机会与商业模式如何匹配以促进新创企业成长

生存和成长是新创企业着重关注的问题。本书在对创业企业进行初步调研的基础上发现，虽然创业者能够识别创业机会并进行开发，但是在开发的过程中，往往由于经营时没有明确的市场定位或者没有进行市场推广等，导致有价值的创业机会没能产生好的创业绩效。其中的原因是什么？商业模式作为创业机会开发的一种方式，是整合企业资源进行价值创造的逻辑，一旦这一逻辑成立并实施顺畅，那么创业企业的生存与发展就有希望。如果这一逻辑出现了偏差，那么遇上再好的创业机会也不会有好的创业绩效。虽然学者们早已认识到创业机会的识别对创业绩效的影响，但现有的研究就创业机会是如何转化成创业绩效的这一内在机制还缺乏清醒的认知，这是现有研究明显存在的不足。虽然少数的学者已经开始探讨资源、环境、企业家的个人特质等因素在这一过程中的作用，但对背后的运作机理很少进行深入分析，对这一转化路径也没有进行更加深入的挖掘（郭海和沈睿，2014）。笔者认为，如何将不同类别的创业机会与不同的商业模式设计相匹配来影响创业绩效也具有一定的理论和实践意义。本书将在前人研究的基础上，构建商业模式设计对创业绩效的影响机理模型，并进行实证分析。

（3）从权变视角，分析不同环境的影响机制

新创企业面临着创业环境的不确定性，这一特点可能会影响创业机会和商业模式设计主题的匹配对创业绩效的影响。创业环境的不确定性这一调节变量的加入会影响这种影响机制的方向和强度，使"如何更有效地开发创业机会"这一问题更加贴近企业实际，也能更好地解释企业运作现状。

（4）创业机会与商业模式匹配的路径机理

在创业过程中，创业机会是关键，创业机会的特点影响商业模式的设计（Timmons，1987）。以往对商业模式创新的研究很少探究商业模式创新的来源，更多地关注商业模式创新对创业绩效的影响。什么情况下企业更容易采用效率型商业模式或新颖型商业模式？商业模式类型的选择与不同的创业机会是否有内在的联系？创业机会与商业模式匹配的路径是什么？本书将引入"创业学习"这一中介变量，探究创业机会与商业模式匹配的内在机制。

（5）从动态共演的视角，研究创业机会与商业模式的匹配如何随着创业企业的发展不断演化

创业机会与商业模式的匹配并不是静态的。企业在发展中会遇到不同的创业机会，在需要变革的时候，企业可能需要根据市场环境进行新机会的开发，并结合已有的资源和能力进行新的商业模式的设计，不断地向前发展。本部分将通过纵向案例研究追踪这一过程，为创业企业的发展提供实践性的指导。

0.2.2 研究价值

学者对创业机会的研究越来越关注，并得出了一些有价值的结论。商业

模式是创业机会开发的重要机制,但学术界尚未完全解决创业企业如何通过商业模式的设计进行创业机会开发的问题。如果不能完全掌握创业机会开发的机制,就难以解开创业企业快速成长之谜。本书从创业机会的研究理论出发,研究为什么有的新创企业能成功地实现创业机会的开发,而有的不能。从创业机会的识别与开发及商业模式的设计的角度来探究新创企业成长的机理,从而拓展创业机会与商业模式的理论体系。目前,创业研究领域,围绕如何识别创业机会的研究比较丰富,但对于如何将创业机会转化为创业绩效的研究则相对欠缺。在创业机会的开发过程中,影响创业绩效的路径和机理分别是什么?新创企业如何进行创业机会的开发以更好地促进企业成长?针对这些问题,本书基于相关的理论,用规范和实证的研究探讨新创企业成长的方式和途径,以及新创企业价值创造体系的机理,具有较高的理论意义。

第一,对于创业机会的来源,学术界一直存在发现观和创造观之争,而部分学者对这两种创业观进行的研究表明:二者分别代表了不同的创业机会的来源,它们并不冲突,甚至可能同时存在。还有学者对这一分类进行了进一步的理论分析和案例验证。但是,关于这两种创业机会的来源还没有涉及量表的设计和验证。本书将这一问题向前推进了一步,通过案例分析和实证研究,开发、优化和验证创业机会量表,以丰富创业机会理论。

第二,本书揭开了创业机会与企业成长之间的"黑箱"。虽然目前的研究已经探索了创业机会对创业绩效的影响,但是对创业机会如何转化为创业绩效内在机制的研究缺乏系统的认识(郭海和沈睿,2014)。少数学者探讨了创业者、创业资源在这一过程中所起的作用,但很少探索背后的机理。本书将运用案例研究和实证研究来分析新创企业成长的机理,并探讨创业机会与商业模式、新创企业成长之间的作用机理,探索如何将创业机会与商业模式设计主题相匹配来促进创业绩效的提升,同时分析这一运作机制怎样受到环境不确定性的调节作用。

第三,本书涉及了商业模式创新的问题。随着商业模式理论的兴起,不少学者开始研究商业模式创新的机制及对创业绩效的影响,但多数研究是针对成熟企业进行的,对新创企业是如何进行商业模式创新的研究较少。本书结合案例分析和实证研究,探讨创业机会与商业模式匹配的内在机制,并以创业学习为中介探究商业模式创新的路径,对新创企业商业模式创新理论将会是一个很好的补充。

第四，本书涉及了新创企业成长的问题。新创企业通常要经历一个从企业成立到企业生存再到企业成长的过程。本书结合创业机会与商业模式设计主题相匹配对新创企业成长影响的实证研究，进一步通过纵向案例分析探索新创企业成长的过程机制。本书通过重点分析新创企业如何进行商业模式的构建来开发创业机会，进而探索新创企业成长的机制。本书针对创业机会的识别与商业模式的调整共同演化促进企业从生存期发展到成长期而进行的研究，对学术界具有突出的理论贡献，将进一步拓展创业机会研究和商业模式研究的理论边界。本书的研究能够很好地帮助后续研究者进一步认清新创企业成长的特征，掌握此类企业成长的规律。

另外，本书还对新创企业提供了一些实践意义上的启示。

第一，有助于新创企业管理者制定决策。本书着重探究了不同的创业机会如何与商业模式设计主题相匹配才能产生更好的创业绩效，以及这一内在机理如何受到环境不确定性的影响，取得的研究成果为新创企业制定创业机会开发战略提供了依据。本书通过对创业企业的初步调研，也发现了一些企业虽有很好的创业机会，却因创业过程中营销环节薄弱而错失市场良机。所以，笔者认为，新创企业一旦不能构建合适的商业模式将企业的价值创造并传递给用户，那么新创企业的成长就无从谈起。笔者希望本书能够帮助新创企业从价值创造的角度构建合适的商业模式，促进企业的成长。

第二，有助于提升创业者识别和开发创业机会的能力，提高创业者创业的成功率。本书通过对创业过程中创业机会开发机制的深入探讨，帮助创业者识别更能促进创业绩效提升的创业机会。同时，本书将以创业学习为中介，分析不同的创业机会如何与商业模式设计主题相匹配，以帮助创业者提升商业模式创新的能力，有效地应对创业过程中可能面临的障碍和困难。

第三，有助于政府制定创业支持政策。本书通过对新创企业的调查和研究，以及成长机制的探讨，帮助政府相关部门找到提升新创企业成长绩效的办法，从而制定促进新创企业成长的政策。目前创业企业的成活率不高，为了促进其成长，各级政府制定了财政、金融、税收等相关政策试图解决新创企业遇到的困难。但是，企业的成长最终还是依赖企业内部的优势，企业只有把握市场机会，进行市场的拓展来创造价值，才能实现成长。因此，本书中关于新创企业成长机制的探讨将有助于政府相关部门制定有针对性的政策。

0.3 研究内容与方法

0.3.1 研究目的

针对如何提高新创企业的成长绩效，本书从价值创造的视角，通过创业机会和商业模式理论整合外部资源和内部资源，探索新创企业成长的机理，建立创业机会、商业模式和新创企业成长关系的模型；通过案例分析和理论推导进行模型的构建，并以我国新创企业为研究样本，对模型中的假设关系进行验证，以厘清变量之间的关系。具体来说，本研究将达到以下研究目的：

① 构建符合中国新创企业特征的创业机会要素和结构模型。

② 制定符合中国新创企业特点的、具有良好信度和效度的研究量表。

③ 构建并验证创业机会、商业模式与新创企业成长之间的关系，解释相关变量之间的相互关系和作用机制。

④ 以创业学习为中介，构建不同创业机会与商业模式匹配的路径。

⑤ 初步找到符合中国情景的创业机会与商业模式共演机制，为新创企业成长方案的决策提供参考。

0.3.2 研究范围

本书将横截面数据和纵向案例相结合，依据企业成长理论、创业机会理论和商业模式理论研究新创企业成长机理。本书聚焦于企业层面，研究创业机会的开发和创业机会与商业模式设计主题的匹配，以及对企业成长具有影响的共演机制，从而为新创企业发展提供理论和实践的借鉴。

本书通过对我国新创企业创业过程的分析，构建新创企业的创业机会开发模型；通过量化分析，探索新创企业成长的机制。本书的研究范围如表 0-1 所示。

表 0-1 研究范围的界定

研究类型	案例探索、实证研究
探讨重点	创业机会、商业模式、环境的不确定性、创业学习、成长绩效的关联模式
理论基础	企业成长理论、创业机会理论、商业模式理论
研究变量	创业机会、商业模式、创业学习、环境的不确定性、新创企业成长
实证研究范围	主要是中国大陆地区的新创企业
分析层级	组织层级
时间维度	横截面数据和纵向案例
研究工具	案例研究、理论推导、问卷调查、量化分析

0.3.3 研究内容

本书以创业机会的开发为核心，逐层分析商业模式及其与创业机会的作用机理，以及二者的匹配逻辑对企业成长的影响，并深入探讨如何通过二者的协同促进新创企业的成长。本书从创业热潮的掀起和创业企业成功率低的现实问题出发，结合新创企业自身的特点和环境特征，基于创业机会理论、商业模式理论等相关理论开展以下四个子研究。

子研究一：通过文献研究和探索性案例分析，本书提出创业机会与商业模式的匹配对新创企业成长的影响，并初步构建创业机会和商业模式的匹配对新创企业成长影响的机制模型。

子研究二：通过文献回顾，本书构建创业机会与商业模式的匹配对新创企业成长影响的机制模型，然后通过实证研究进行验证，同时，分析环境的不确定性对不同匹配模式与新创企业成长之间关系的调节作用。通过对新创企业成长过程中创业机会特点的文献研究和案例分析，本书进行创业机会量表的开发，并通过小样本调研对量表进行优化，然后进一步通过大样本的实证研究进行验证。

子研究三：本书根据案例研究和实证研究的结论，在前人研究的基础上，梳理了创业机会对商业模式的影响，从而探究二者的匹配路径机制。本书初步提出创造型创业机会更容易出现商业模式的创新，并以创业学习为中介，探究创业机会与商业模式不同的匹配路径，为二者匹配模式机理提供理论验证。

子研究四：创业机会的开发是一个动态的过程，在不同的情景、不同的发展阶段下,企业会遇到不同的创业机会并依据其当时的资源和能力设计与之相匹配的商业模式。本书将通过纵向案例的分析,探究创业机会和商业模式设计在动态发展中的协同和演变,为新创企业的不断成长提供可供参考的实践经验。

以上4个子研究基本涵盖了创业机会和商业模式设计主题作用机理对新创企业成长的影响和共演规律的研究。在此基础上,笔者为我国创业企业如何根据创业机会结合自身的特点设计与之相匹配的商业模式来提高自身的存活率并促进自身的成长提供相应的对策与建议,并对未来的研究方向进行了展望。研究内容如图0-1所示。

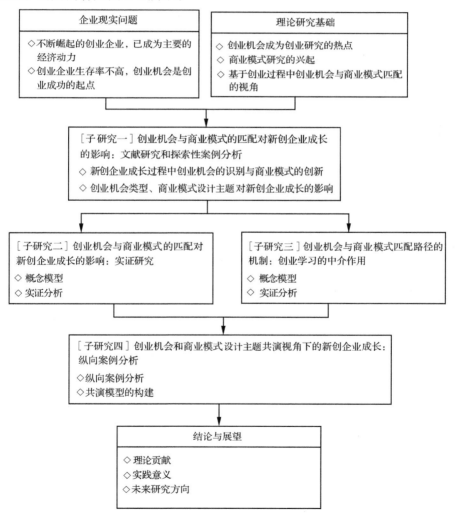

图 0-1　研究内容

0.3.4 研究方法

本书采用的研究方法包括理论分析和实证研究；在文献梳理的基础上，通过调研访谈获取信息；对获取的数据采用定性研究与定量研究相结合的方式对创业机会、商业模式和创业企业的成长绩效进行研究。

（1）文献研究

本书通过对国内外顶级刊物中与本研究相关的涉及创业机会、商业模式、创业学习、创业企业成长绩效的文献进行梳理、归类，分析前人的研究成果，找出研究存在的缺陷，以及未来研究的展望。文献研究分布在本书的各个章节，但侧重点各有不同。

（2）案例研究

关于创业企业的研究，尤其是涉及创业过程的研究，还是应先通过案例进行探索性分析，从现实中探索变量之间的关系。本书首先通过对4家创业企业的探索性案例分析，找出创业机会和商业模式设计之间的作用机理，并提出推论。创业是动态的过程，为探究创业机会和商业模式设计在动态发展过程中的协同作用，本书又通过纵向案例进行分析，进一步验证变量之间的关系。

（3）定量实证研究

通过对新创企业进行访谈和问卷调查，笔者获得了大量的数据，然后运用 SPSS 22.0 和 AMOS 21.0 对数据进行分析。在对小样本进行分析的基础上，对大样本进行进一步的相关性分析和多元回归分析以验证案例分析和理论研究中提出的假设，并对模型进行进一步修正。

0.4 研究过程与结构安排

0.4.1 研究过程

本书从两个方面开展研究：一方面，从现实问题和文献空缺两个视角凝练研究的问题，并通过探索性案例初步构建理论模型；另一方面，通过问卷调查收集数据进行实证分析，对提出的理论模型进行验证。具体的实施过程

绪 论

分为以下几个阶段。

第一个阶段为研究主题的选择阶段（2014年1月—2014年12月）。自2014年开始，笔者通过查阅创新创业领域的文献和走访企业，逐渐将研究的问题聚焦在商业模式的研究上。笔者还对商业模式相关的国内外文献进行了梳理，对该领域的研究问题、发展脉络、研究方法及前沿问题等有了较深的认知。随着互联网的发展，社会上出现了很多新创企业商业模式创新的案例，笔者随后便开展了新创企业模式创新案例的研究，积累了一定的研究成果。

第二个阶段为研究问题的探索阶段（2015年1月—2017年10月）。2015年起，笔者通过与国内外学者的交流、阅读文献及进一步走访企业，了解了创业机会在创业研究领域的重要作用。笔者开始思考创业机会与商业模式的关系，以及这一关系会对新创企业的成长产生何种影响的问题，于是对该领域的相关文献进行了进一步的梳理，同时，在对新创企业的走访过程中，了解企业在机会识别与开发过程中存在的困境。通过调研，笔者发现很多企业虽然有了较好的创业机会，但由于没有进行良好的机会开发从而导致创业绩效不理想。而商业模式的设计可以帮助新创企业厘清创业机会开发的逻辑。在对现实问题进行调研和文献梳理的基础上，本书将研究的问题聚焦在了创业机会与商业模式的研究这一细分领域。随后，笔者有意识地开始关注这方面的研究，并对该领域相关的文献进行了深入的分析，同时于2015年3月至2015年6月参加了浙江大学的创业机会文献研读的课程，与老师和同学的进一步交流让笔者对这一问题有了更深的认识。

为了深入探讨这一研究问题，本书首先借助多案例进行研究。为了找到合适的案例，笔者于2015年7月起参加了多次创业企业的相关交流会，比如，政府有关部门组织的创业企业路演、各种创业活动、走访孵化器及孵化成功的企业等，以积累大量的案例素材。综合考虑研究目的、研究的可行性等，笔者最终选择4家作为本研究的案例企业。通过与案例企业创业团队的多次访谈和相关文献的梳理，笔者最终完成了研究模型的理论构建，然后进一步对研究问题进行变量的选取、模型的构建和问卷的设计。在变量的测量上，关于创业机会的来源，笔者没有找到成熟的量表，便在以往学者研究的基础上，通过探索性案例分析和实证研究开发创业机会量表，并验证这一量表的信度和效度。在问卷的设计上，笔者多次与老师、同学、创业者交流，对问卷进行修改，最终完成问卷的设计。

第三个阶段为数据收集整理和书稿撰写阶段（2017年11月—2018年12月）。2017年11月起，笔者对新创企业进行问卷调查和实证研究。由于前期的工作积累了大量的企业资源，笔者很快收集了所需的有效数据进行实证分析。

0.4.2 结构安排

针对新创企业"成活率"不高的问题，本书提出了基于创业机会与商业模式设计主题的匹配来促进创业企业绩效提升的解决路径。首先，笔者通过对文献的梳理，进一步确认研究的方向和需要解决的问题。其次，笔者通过探索性案例的分析构建创业机会与商业模式设计主题的匹配提升创业企业绩效的运行机理，并构建这一影响机制的模型，通过大样本的实证研究，对变量之间的关系进行验证，以环境的不确定性作为调节变量分析其对这一机制的影响。不同的创业机会如何与不同的商业模式设计主题进行匹配？二者之间匹配的内在机理是什么？本书以创业学习为中介，分析创业机会与商业模式匹配的路径。模型的构建是在静态下完成的，但创业企业的成长是一个动态的过程，所以本书通过纵向案例的研究，考察在企业发展的过程中创业机会与商业模式设计主题是如何协同共演来促进创业绩效的提升的。针对以上思路，笔者将本书的内容安排如下。

绪论。依据新创企业发展现状和理论背景提出研究问题，在此基础上，对研究对象、研究的技术路线、研究内容和研究创新点等进行介绍。

第1章为文献回顾与评述。通过对国内外关于企业成长、创业机会、商业模式、创业学习及环境的不确定性等的研究的梳理，厘清研究的理论基础、发展脉络和研究现状，并分析出该领域研究存在的空缺与不足，以进一步明确本研究的切入点。同时，笔者对本书所涉及的概念也进行了相应的界定，以此作为研究的理论基础。

第2章为创业机会与商业模式的匹配对新创企业绩效影响的探索性案例研究。基于对文献的分析和梳理，笔者对4家创业企业的案例进一步分析，探究创业机会类型与商业模式匹配的机理，初步构建理论模型。

第3章在第2章案例研究的基础上，进一步对创业机会、商业模式和创业绩效等方面的文献进行梳理与研究，对创业机会与商业模式设计主题的匹配对新创企业成长的影响这一问题提出假设。笔者不仅分析了创业机会与商业模式匹配对新创企业绩效的影响，还分析了环境不确定性的调节作用。

第4章为研究设计。在综合理论研究和企业调研的基础上，笔者设计了创业机会的量表，并对商业模式、新创企业成长和环境不确定性的量表进行了选择，对研究中涉及的其他量表的选择依据进行了说明。本书采用问卷调查进行大样本数据的收集，本章对问卷的设计、调研对象、问卷回收情况及数据统计的方法进行了详细的阐述，为后续的实证研究奠定了基础。

第5章为创业机会与商业模式的匹配对新创企业成长影响的实证研究。借助大样本数据分析，笔者综合运用探索性因子分析、验证性因子分析和回归分析等方法对假设进行了验证，探讨了创业机会、商业模式和新创企业成长之间的作用机理；通过回归分析，对创业机会与商业模式的匹配对新创企业成长的影响的假设进行了检验，并进一步讨论了环境在创业机会与商业模式的匹配对新创企业成长影响机制中的调节作用。

第6章研究了创业学习在创业机会与商业模式的匹配路径中所起的中介作用。通过文献梳理，笔者构建了以创业学习为中介的创业机会影响商业模式设计路径的模型，并通过调研进行实证研究，进一步验证了创业机会与商业模式匹配的路径机制。

第7章为纵向案例研究。在前述研究的基础上，笔者从动态的视角出发，分析在创业企业成长的过程中，创业机会和商业模式是如何协同发展、互相影响以促进新创企业从创建阶段不断发展走向成长阶段的，并进一步验证了构建的模型。

第8章为结论和展望。笔者对本书的研究过程和研究结果进行了全面的总结，指出该研究的理论贡献和实践意义，以及本研究存在的不足和未来需要进一步探索的方向，并提出建议。

1 文献回顾与评述

梳理文献是验证和完善理论的重要环节。本章对涉及新创企业成长、创业机会、商业模式和创业学习等概念的相关文献进行梳理，同时分析创业机会、商业模式与新创业成长绩效的研究现状，找出存在的不足，从而找准本研究的切入点。

1.1 企业成长理论

1.1.1 企业成长机制理论

古典经济学派已经开始探究企业成长的机制。亚当·斯密（Adam Smith）和阿尔弗雷德·马歇尔（Alfred Marshall）分别研究了市场规模、分工和企业管理对企业成长的影响。新古典经济学从最优化方法理论的视角分析企业成长，但是静态的均衡无法解释企业动态的成长。新制度经济学也涉及影响成长因素的研究，认为扩大企业的边界会对企业的成长带来促进作用。罗纳德·哈里·科斯（Ronald H. Coase）（1937）和威廉姆森（Williamson）（1975、1985）的研究认为，减少交易费用有助于企业的成长。约瑟夫·熊彼特（Joseph Alois Schumpeter）（1934）的研究认为，创新对企业的成长起着重要的作用。企业内部成长理论的开创者彭罗斯（Penrose）认为，企业资源在促进企业成长方面起着重要作用，企业有效地利用资源和保持企业独特的竞争优势以促进企业成长。沃纳菲尔特（Wernerfelt）（1984）在资源理论的基础上提出了资源基础理论，进而他认为，企业拥有的资源的难以流动性和复制性会成为企业持久竞争优势的来源。巴尼（2000）也强调，有

1 文献回顾与评述

价值的、稀缺的、难以模仿的和异质性的资源是企业竞争优势的来源。而普拉哈拉德（Prahalad）和哈默尔（Hamel）（1990）在彭罗斯成长理论的基础上提出了企业核心竞争力理论，他们认为，核心竞争力是企业能够长期获得竞争优势的能力，从而具有获得稳定超额利润的竞争力。但以上理论过度重视内部资源而忽视外部资源，由此产生的后果是企业战略不能适应外部环境的变化。

在这之后，如何适应外部环境成为研究企业成长的要点，大卫·蒂斯（David Teece）等（1997）提出了一个"动态能力"分析的视角。在对企业资源理论补充和创新的基础上，动态能力理论认为，企业应该通过对内外部环境的考察进行战略的确定，同时解释了战略联盟、企业网络等不断变化的企业界面问题。为了提升企业的动态能力，知识在其中起了重要作用，此时出现了以知识为基础的深入探讨企业核心能力深层次的决定因素来解释企业成长。哈罗德·德姆塞茨（Harold Demsetz）（1988）和野中郁次郎（Ikujiro Nonaka）（1994）在此基础上进一步研究认为，知识是企业竞争优势的源泉。动态视角下企业成长的另一个理论是演化经济学成长理论。由以上企业成长理论的发展过程可以看出，研究的视角随着社会的发展变得更加丰富，由内部的、静态的研究逐步走向外部的、动态的研究（陈琦和曹兴，2008）。

由此可见，企业内在的资源和能力及外部的网络都是影响企业成长的重要因素。这一理论对新创企业的成长有着重要的启示：首先，新创企业的成长是在机会识别的基础上通过整合资源及对机会进一步开发而发展起来的，所以新创企业机会的开发不能忽视内外部资源的整合；其次，资源的获取过程也是共同创造价值的过程，商业模式是一种价值创造的机制，会将产业链上相关的利益者连接起来构造价值创造系统。

1.1.2 企业成长阶段理论

也有学者根据企业的成长阶段解读企业的成长过程。学者顾莱纳（Greiner）（1972）、伊查克·爱迪思（Ichak Adizes）（1989）和霍尔特（Holt）（1992）等都在这方面做了研究。他们认为，企业在不同的成长阶段面临不同的问题，企业只有克服这些问题才能进一步成长，否则将面临发展停滞或者死亡的危险。这些理论根据企业发展的特征如规模、年龄、存在的问题等，将企业的成长分成若干顺序发展的阶段，并对每个阶段存在的问题给出应对的策略。这些研究为企业成长的实践和理论提供了借鉴的基础。其中，顾莱纳和爱迪思的研究最为突出。

顾莱纳将企业的发展变化分为两种类型：演变和变革。演变主要发生在组织比较稳定的时期，而变革主要发生在组织动荡的时期。这两种类型存在辩证统一的关系，二者总是交替进行，在演变的时期会因为变革的出现而中断，因为遇到了变革和危机，组织管理部门会通过对问题的解决将组织的发展推到下一个阶段。每个阶段既是前一个阶段发展的结果，也是下一个阶段发展的开始。组织就是在演变与变革的不断交替中实现发展和成长的。同时，该理论将组织中涉及的管理问题简化为"授权""协调""控制"等，从这方面可以看出，创业团队在企业成长中的作用——承担着变革的重任。

爱迪思基于企业每个阶段面临的问题将企业的生命周期分为从孕育期到死亡期的十个阶段。只有解决好企业在每个生命周期阶段存在的问题，企业才能成长起来。在该理论中，新创企业的成长主要发生在婴儿期。在这一时期，创业者的行动是重点，同时期资金的保证和创业者承担的责任对新创企业的成长也很重要。这一理论为新创企业成长过程的研究提供了启示，除了关注创业者的责任之外，企业的盈利模式也是需要重点关注的。同时，该理论提倡将创业的构想付诸实践。

由以上分析可以看出，创业的过程就是企业成长的过程，在这一成长过程中，不同的阶段存在不同的困难，需要解决的问题要点也有差异。但对于每一个阶段而言，只有创业企业的各个要素之间相互协同，才能提升企业的创业绩效进而促进企业不断成长。

1.1.3 企业成长过程理论

最初关于创业的研究主要集中在创业者和非创业者的特质的差异性上（Schumpeter，2000）。但这一方面的研究具有很大的局限性，创业者大多被描述成超凡脱俗的天才（Gartner，1988）。所以，在20世纪80年代后期，创业者的行为和创业过程开始引起创业学者的关注（Gartner，1988），尤其是过程视角的研究得到创业领域学者的普遍认同，并开始进一步探索创业过程中如何促进创业企业的成长。关于创业过程的含义有广义和狭义之分，广义的创业过程是指依据创业机会进行创业的构思进而形成新企业的过程，而狭义的创业过程被解释为新企业的成立（林嵩等，2004）。

1 文献回顾与评述

笔者梳理文献发现，关于创业过程的研究主要立足两个视角：一个是根据创业企业发展的阶段分析创业过程，多数学者将创业过程分成不同的阶段，如约翰·肯尼思·加尔布雷思（John kenneth Galbraith）（1982）根据对中小型科技企业的分析，提出了五阶段成长模型；丘吉尔（Churchill）和刘易斯（Lewis）（1983）认为，创业过程经历存在、生存、成功、接管、资源成熟五个阶段；霍尔特根据创业企业的创建过程，将企业的成长阶段分为四个动态发展阶段（Holt, 1992；杨俊，2004）。另外一个是关注创业过程中各要素的匹配，关于企业成长过程理论的模型，不同的学者从不同的角度进行了构建（Moroz & Hindle, 2012）。顾莱纳（1985）在对创业理论进行整合的基础上构建了多维度的动态创业理论模型。在这一模型中，创业者、组织、环境和创业过程四个要素通过不同的方式相互影响。这一研究从原来关注创业者特质转为关注整个动态变化过程。各要素之间的互动对创业绩效影响的研究也引起更多学者的关注（苏晓华、郑晨和李新春，2012）。一些学者开始构建新的创业理论模型，借此完善顾莱纳的四要素模型。

在这些研究成果中，学者们在综合分析创业企业成长影响因素的基础上，构建了基于创业过程的创业企业成长模型。其中，最有代表性的研究有如下几个。

威克姆（Wickham）（1998）从学习过程的角度提出创业过程模型，创业的核心要素包括机会、资源、组织等。创业机会的识别处于第一阶段，然后创业团队进行资源的整合并实施创业活动。在该模型中，构建学习型组织是企业成长的关键因素。该模型突出了创业者的作用，其他要素的协调通过创业者的努力完成。这些要素中，机会和资源是两个新要素，机会是外生的，机会会影响资源的整合，资源则会影响组织的规模和结构，组织也会反过来影响企业的资源（图1-1）。

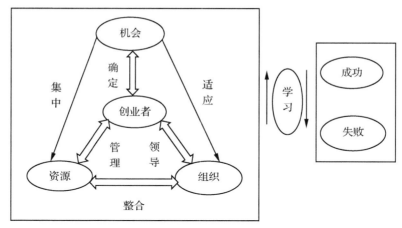

图 1-1 威克姆创业模型

萨尔曼（Sahlman）（1999）也构建了创业模型，这一模型的中心是环境，其他核心要素分别为人和资源、机会、交易行为，如图 1-2 所示。其中，环境因素包含微观环境和宏观环境，人和资源因素包含经验、技能和知识，机会因素包含盈利性、替代品和竞争对手，交易行为因素包含风险共担和收益激励。该模型认为，只有当机会、人和资源、交易行为和环境协调时才能促进企业的成功。萨尔曼认为，环境是非常重要的因素，其他要素都受环境的影响，同时，人是有主观能动性的，不是只能被动地接受环境的影响。

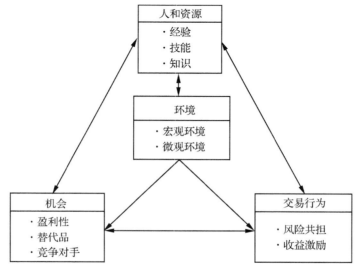

图 1-2 萨尔曼创业模型

蒂蒙斯（Timmons）（2002）创业模型被认为是迄今为止颇为合理的创业模型。在该模型中，商机、资源和创业团队是核心要素。创业的过程是动态的过程，各要素的互动决定了创业过程发展的路径。其中，商机是创业成功的核心，创业者应该投入大量的精力进行创业机会的识别。对于资源要素来说，即使是不丰富的资源，只要创业者精心设计也能够产生好的绩效。创业团队是创业企业的关键要素，创业团队的卓越才能能够吸引投资家们的关注。在创业的过程中，这三个要素要适合且平衡地组合在一起。创业者的任务就是要反复探求更大的商机和合理运用保持三者的平衡（图1-3）。

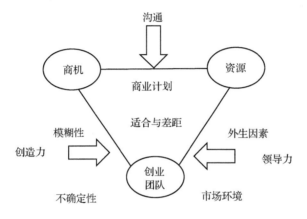

图1-3 蒂蒙斯创业模型

以上三个模型有着共同的特性，即认为创业过程中机会、创业者、资源是核心的要素，尤其是只有三者相互适应和匹配才能促进创业绩效的提升，但对创业过程内在的机制并没有进一步探讨。从上述研究来看，这一时期创业学者们开始借鉴成熟的经济理论和管理学来进行创业研究的探索，并构建了创业理论模型。这些研究有一个重要的共同点，即创业机会在创业中的重要地位逐步得到了确认。从谢恩和维卡塔拉曼（2000）的研究开始，基本上确立了创业机会是创业的核心的观点，创业的过程也是创业机会的识别、开发和利用的过程。这一观点的提出为创业研究开拓了新的思路（苏晓华、郑晨和李新春，2012）。

以创业机会为主线的创业过程模型也越来越引起创业学者们的注意，同时，关于创业者、创业机会和创业资源的匹配问题越来越成为研究的热点。在创业过程的视角下，这些要素之间的互动关系对创业绩效的影响也成为亟待解决的关键问题。在这一过程中，创业者能够跟随外部环境的变化，通过掌握所需的知识和技能来构建具有良好盈利前景的商业模式。

对创业过程模型的分析给新创企业成长带来的启示如下：① 创业的过程是创业者、创业机会与创业资源互动匹配的过程，但对三个要素之间的作用机理没有进行进一步的研究。② 创业机会始终是最重要的因素，对于新创企业而言，创业的过程就是创业机会的识别、开发和利用的过程。这一过程也是创业企业生存和成长的过程。但对这一过程的研究目前还不多见，还需要进一步对文献进行探索，厘清要素之间的关系，找出研究的切入点。

学者们将企业成长理论应用于企业成长的研究为本研究提供了理论基础。需要指出的是，关于以上理论的研究大多基于的是现有企业，并没有针对虽资源短缺、缺乏合法性但又具有灵活性和创新性的新创企业成长机制的研究。新创企业由于具有"新进入缺陷"，因此，"成活率"很低。50%的新创企业在创立3年内"死亡"，25%的新创企业在创立3~5年内"死亡"。新创企业生存并能够持续成长是很艰难的（杜运周，2010）。因此，新创企业成长一直是创业研究领域关注的问题。因为成长是新创企业克服"新进入缺陷"的有效方法，可提高新创企业的生存率，所以它既是新创企业追求的目标，也是企业基业长青的根本。

1.2 新创企业成长的相关研究

笔者通过调查新创企业相关的研究发现，新创企业由于资源有限和经验不足等，面临很大的不确定性（朱振坤和金占明，2009）。因此，关于新创企业成长的研究，一直为创业研究领域所关注。

1.2.1 新创企业的界定

目前关于新创企业概念的界定，学术界主要从两个方面进行：其一，基于企业的生命周期。如爱迪思（2004）认为，处于孕育期、婴儿期、学步期和青春期等成熟阶段之前时期的企业均为新创企业。其二，基于企业成立的时间跨度（位恒军，2012）。学者们也普遍认可，新创企业是成立时间不长的企业，所以国内外的研究者大多是根据企业经营的年限来判断企业是不是新创企业。"全球创业观察"将成立时间42个月之内的企业视为新创企业。

韦斯（Weiss）（1981）认为，创业企业在第七个年头才开始盈利，所以新创企业应该是成立时间在 7 年内的企业。托恩·奥斯加德（Tone A. Ostgaard）和伯瑞利（Birley）（1996）认为，成立 2 年以上的企业才能进行绩效的测量，将其界定为成立时间在 2～10 年的企业。谢克·匝若（Shaker A. Zahra）等（1993）采用 8 年作为新创企业成立时间的标准。我国学者曲延军（2005）认为，我国的风险投资机制尚不健全，新创企业的成长需要更长的时间，因此，界定新创企业为成立时间 10 年以下的企业。

基于此，笔者在研究时，既需要关注新创企业初期的特征，又需要观测新创企业成长的情况，所以本研究对象是成立时间 8 年以内的企业。

1.2.2 新创企业成长的界定

对于企业成长的研究，从劳动分工促进企业规模扩张理论（Adam Smith，1776）到企业规模决定企业成长的观点（Marshall，1890），再到熊彼特（1934）关于创新对企业成长的作用，以及资源理论和知识理论等，我们可以看出，对企业成长的界定也由"量"上的成长向"质"上的成长迈进。古典经济学认为，企业的成长与企业规模密切相关。安索夫（Ansoff）（1965）研究表明，企业通过自身优势和资源不断地向优势领域发展以获得更强的竞争力，从而获得成长，而不仅仅是规模上的增大。艾尔弗雷德·D.钱德勒（Alfred D. Chandler）（1992）从规模经济或范围经济的视角认为充分利用技术和市场，对企业的成长有促进作用。

国内学者在关注企业成长绩效时也从"质"和"量"两个方面加以阐述。根据中国企业发展的实际情况，赵晓（1995）分析了企业成长不应局限于规模上的增大。张多中和王欣（1998）的研究认为，企业成长的本质是内在素质的提高，企业在关注规模扩张的同时，还需要关注内在素质。李业（1999）认为，企业成长是数量上的增加和质量上的提高相结合的结果。邬爱其（2004）和曾志伟（1999）的研究认为，"量"是指收益一定的情况下企业规模扩张的成长，"质"是规模一定的情况下企业效益不断提高的成长，企业成长是"量"和"质"共同作用的结果，二者只有相互促进才能真正有助于企业的成长。

对于新创企业成长绩效的度量，学者们也大多遵循这一研究视角。朗恩（Lang）（1995）借用其他企业来度量本企业的成长，比如，与竞争对手相比，员工数量增长速度、销售额增长速度、净收益增长速度、市场份额增长速度、新产品或新服务增长速度等，兼顾了企业成长"量"和"质"两个方面。祝振铎（2015）认为，对于新创科技企业成长绩效的衡量也应该同时考虑"量"和"质"两个方面。尤其是中小企业常常面临提高市场占有率和销售利润率之间的选择，对于新创企业来说，只有二者同时兼顾才能顺利度过生存期进入成长期。其他学者在新创企业成长绩效的度量上也同时考虑了企业发展的规模和盈利水平两个因素（尹苗苗、李秉泽和杨隽萍，2015）。

结合新创企业的特点并基于以上对企业成长理论研究的回顾，本研究认为，新创企业成长是一个规模扩大和盈利能力提高的过程。在这个过程里，企业规模逐渐变大，实力由弱变强，同时受到外部环境的影响。这一过程是新创企业克服"新进入缺陷"，通过"量"和"质"的整合逐步形成竞争优势的过程。

1.2.3 新创企业成长的研究

新创企业与成熟企业有着巨大的差异，如果用成熟企业的理论来解释新创企业面临的创立和生存问题，就会在理论和实践上存在很多的障碍。所以，有必要厘清新创企业的特点，才能够为新创企业找出合适的成长路径。

首先，新创企业由于缺乏资源，会动用各种资源进行价值的创造，尤其是通过创新来创造价值。而成熟企业则会借助已有的资源进一步提高收益，新创企业在资源面前无法与成熟企业抗衡，所以保持创新是新创企业创造价值的重要路径。新创企业往往既缺乏资金，又缺乏别人认可的证明，因此，非法性水平低。

其次，成熟企业在经营上依托丰富的资源和良好的市场，通常沿用原有的商业模式。而新创企业并不拥有庞大的互补型资产，也没有已有的资源进行依赖，只能通过不断创新来构建适合自己的商业模式从而捕捉商机。

最后，新创企业往往结构简单、制度化水平低，由于那些企业运转的必要的常规还处在逐步探索和建立之中，因此，新创企业在内部运作、外部协作等方面还不够成熟。

以上的这些特点决定了新创企业在成长的过程中，失败率很高。张敬伟（2013）总结了新创企业成长过程中存在的障碍，主要有企业内部的缺陷、外部环境的不确定性、初始资源的缺乏等。对新创企业成长的研究也主要围绕如何克服以上困难提高新创企业的生存率而展开。

除了借鉴前述的成长理论之外，针对新创企业的特点，笔者发现，近几年关于新创企业具有什么特点及如何促进新创企业成长的研究主要集中在以下几个方面。

(1) "新进入缺陷"成长理论

斯汀康比于1965年提出了"新进入缺陷"理论，他认为，这一缺陷包含资源缺乏、组织体系尚未建立等，与成熟企业相比，新创企业在多方面存在着明显的不足，生存和成长的过程非常艰难，所以新创企业具有较高的死亡率。

因此，新创企业的经营目标与成熟企业的经营目标有着很大的不同。新创企业为的是在获得生存能力的基础上获得快速增长的能力，而成熟企业主要是为了巩固和维持现有的生存能力才谋求发展的。新创企业为什么比成熟企业更容易失败？"新进入缺陷"成长理论对这个问题给出了答案，同时也提出了促进新创企业生存和成长的方法，即对如何克服这些障碍以实现新创企业的快速成长具有指导意义。

之后，国内外的学者们也开始从这一视角探究新创企业的生存和成长问题，比如，李静薇（2012）基于"新进入缺陷"理论来研究新创企业是如何克服这一缺陷实现自身成长的。

(2) 合法化成长理论

20世纪80年代后期，学者们发现合法化与"新进入缺陷"度相关（Singh，Tucker & House，1986），借助合法化克服"新进入缺陷"成为新创企业成长研究的热点（Zimmerman & Zeitz，2002）。

合法化即通过获得利益相关者的认同提高组织的效益（Di Maggio & Powell，1983）。合法化成长理论认为，新创企业的成长过程就是企业不断合法化的过程。新创企业成长中面临的主要问题是缺乏资源的同时具有"新进入缺陷"。另外，新创企业缺乏整合资源、生存和成长所必需的信誉和可靠性。人们通常情况下并不能透彻了解创业所能提供的价值，这就导致创业者与顾客或者利益相关者之间存在信息的不确定性和不对称性。对于新创企业来讲，客户、供应商、投资者等会因其合法性低而减少合作。制度学派的研究发现，"新进入缺陷"产生的一个重要原因是合法性约束（Stinchcombe，1965；Singh，et al.，1986），并进一步指出新创企业只有提高合法性才能生存

（Aldrich & Fiol，1994）。而且，新创企业只有处理好与利益相关者之间的关系，并获得相应的制度的支持，才能实现进一步成长。所以，新创企业为了促进企业的生存与成长，不能仅仅被动地依赖资源禀赋，而是要主动合法化（Tornikoski & Scott，2007）。对于新创企业来说，获得利益相关者的合法性认可是其成长中需要首先考虑的问题，只有如此才能进一步进行交易。合法性本身也是企业重要的资源，是获取其他相关资源的基础（Zimmerman & Zeitz，2002）。所以，新创企业应该通过建立合法性来获得合作伙伴的认可，从而进行资源的整合和价值的创造。近10年来，国内学者也开始探讨合法性对新创企业成长的影响（杜运周、任兵和张玉利，2009）。

（3）资源拼凑理论

资源约束（Resource Constraints）是影响新创企业成长的重要因素。由于各种信息的不对称，新创企业很难获得合法性认可，因此，难以获得外部资源。以巴尼等（2000）为代表提出的资源基础理论是基于现有企业资源冗余的研究，并不适用于解决新创企业资源极度缺乏的问题。因此，创业开始，创业者就需要考虑如何最大化利用现有的资源，即对现有资源如何创造性利用，以突破新创企业的资源约束并实现成功创业。资源拼凑的概念最早由列维-斯特劳斯（Lévi-Strauss）于1967年提出。基于新创企业资源缺乏的特点，学者们开始尝试将这一理论应用于创业过程的研究。贝克（Baker）和纳尔逊（Nelson）运用扎根理论，对具备高度资源约束的企业进行了研究，他们发现创业者基于现有的资源创造性地实现了新创企业的"无中生有"，于是他们于2005年提出了资源拼凑（Entrepreneurial Bricolage）理论。该理论认为，在资源约束环境下，新创企业的创业者通过手头现有资源的"将就"利用以服务于新的机会或挑战，以获得生存与成长的有效途径（Baker，Nelson，2005）。资源拼凑以建构主义的视角强调了新创企业以更低的成本和更快的响应速度获得竞争优势的独特的成长路径（Salunke, Weerawardena & Mc Coll-Kennedy，2013）。资源拼凑通过资源约束环境下的商业模式创新，实现企业的成长（张玉利、田新和王晓文，2009）。新创企业的资源拼凑能够用零散的、被忽视的资源创造出非比寻常的价值（Senyard, et al., 2009），同时有助于企业进行创业机会的识别和开发（Steffens, et al., 2010），建立难以模仿的优质资源（Steffens, et al., 2009）。资源拼凑理论有助于进一步研究创业企业的成长。随后，国内外的学者基于这一理论进行了大量研究，构建了企业成长的整合模型，为勾画创业企业成长的内在逻辑做出了有益的探索（张敬伟，2009）。

基于过程和行为视角的创业研究也得到了学者们的关注。学者们纷纷从创业者、创业机会、创业行为等关键影响因素来研究新创企业的成长，从不同的角度进行了探索。比如，唐炎钊和王容宽（2013）探究了 Guanxi 与新创企业成长的关系，研究认为，Guanxi 有助于创业者识别与把握创业机会，从而促进创业企业的成长。申佳、李雪灵和马文杰（2013）认为，创业企业在不同成长阶段下的市场关系和政府关系强度对新创企业成长绩效会产生影响，研究表明：市场关系在新创企业的成立和成长阶段对企业成长绩效均有影响，而政府关系仅在成长阶段对新创企业的成长绩效有影响。为应对环境的不确定性，萨拉斯瓦西于 2001 年提出了效果推理理论。还有一些学者从战略（林嵩、张帏和姜彦福，2006）、创业学习（夏清华，2008）等角度对新创企业如何应对自身缺陷、实现成长开展了相关研究。国外学者埃里克·莱斯（Eric Ries）（2012）提出了"精益创业"的概念，即通过最小可用产品、客户反馈和快速迭代三个工具实现创业企业的成长。这一模式比较适合客户需求变化快、开发难度不高的领域，通过小步试错、快速迭代实现创业企业的成长。彼得·蒂尔（Peter Thiel）和布莱克·马斯特斯（Blake Masters）于 2015 年出版了《从 0 到 1》一书，强调了创新在创业成功中的作用。国内学者路江涌（2018）构建了在整个生命周期中企业的战略要素通过共同演化逐步实现企业成长的模型。该研究将企业的生命周期分为创业阶段、成长阶段、扩张阶段和转型/衰退阶段。创业阶段为精益创业阶段，能实现从 0 到 1；成长阶段为专益成长阶段，能实现从 1 到 N。

1.2.4 新创企业成长研究的评述

对于新创企业而言，创业的过程其实是促使创业企业生存和成长的过程。新创企业的成立是创业的起点，是企业从无到有的开端，故创业阶段也是创业研究的焦点。但就目前研究来看，笔者认为，对创业阶段的研究很是不足，主要原因有两个：一是创业研究长期关注的是创业者特质论，对创业的过程关注较少且没有深入研究创业的行为；二是由于新创企业数据来源受到制约，因此，缺乏对创业过程的研究。新创企业是在克服自身资源不足、合法性缺乏等的基础上获得生存进而成长的。新创企业的成长过程与资源、环境、战略及创业者的特质和能力都有很大的关系。笔者经过文献梳理发现，目前大多数的研究分析的是单一要素对新创企业成长的影响，且往往得出的结论不一致。对于多要素之间是如何通过匹配、互动促进新创企业成长的研究很缺乏。所以，挖掘新创企业生成过程中创业者、创业机会与创业行为等关键要素的匹配、互动关系，识别和归纳新创企业生存和成长的机制是未来研究的重点（龙丹和姚晓芳，2012）。

1.3 创业机会的相关研究

随着对创业研究的深入，越来越多的研究围绕创业机会展开。维卡塔拉曼（1997）认为，关于创业的研究，研究的是在未来经济中新的产品和服务的机会为什么、何时及如何出现。探究机会识别的过程是创业研究最主要的问题之一（Gaglio & Katz，2001）。基于创业过程的视角，蒂蒙斯、萨尔曼等提出的创业模型都认为创业机会是创业研究的核心。笔者发现，目前的研究主要集中在创业机会的识别上，对创业机会的开发还有待进一步研究。本节将对创业机会开发的相关研究现状进行回顾和总结。

1.3.1 创业机会的概念

创业机会作为一个客观的概念，比较难下定义。目前的创业机会研究理论中，学者们从各个学科视角阐述了创业机会的内涵，如表1-1所示。

表1-1 关于创业机会定义的部分研究

学者及年份	创业机会的定义
熊彼特（1934）	通过把资源创造性地结合起来，满足市场的需要，创造价值的一种可能性
柯兹纳（Kirzner）（1979）	是一系列不完全的市场。机会的最初状态是未精确定义的市场需求或未得到利用、未得到充分利用的资源和能力
斯蒂文森（Stevenson）等（1985）	洞察机会的能力，而不是已控制的资源，驱动了创业
卡森（Casson）（1992）	新产品、服务、原材料和管理能够被应用或者出售而获高于成本的情况

续表

学者及年份	创业机会的定义
克鲁格（Krueger）(1993)	一个决策者认为能够并且愿意付出来实现的未来的状态，这种状态是相对于个人的一种主观状态
蒂蒙斯（1994）	其特征具有吸引力、持久性和适时性，且伴随着可以为购买者或使用者创造或增加使用价值的产品或服务
胡伯（Hulber）(1997)	是一种亟待满足的市场需求
阿迪齐维利（Ardichvili）(2003)	是创业者探寻到的潜在价值
埃克哈特（Eckhardt）和谢恩（2003）	一种情境，其中，新产品或服务、原材料、市场组织方法能够以创新的方式重新整合
谢恩和维卡塔拉曼（2002）	创业机会实际上就是新产品、新服务、新材料，甚至是一种新的组织形式，能够被引入生产并且以高于成本的方式实现销售
科尔（Cole）(1968)	发起、维持和开展以利润为导向的业务活动
维斯珀（Vesper）(1983)	开创独立的新业务
加特纳（Gartnar）(1985)	建立新的组织
洛瓦（Low）和麦克米伦（MacMillan）(1988)	创办新创企业
史密斯（Smith）等（2009）	是在未来情境下，创业者利用市场的不完善性来追逐利益的一种可能性。该定义包括了两种情境：一种情境是创业者通过创新来为市场提供一个不断创新的产品服务、原材料或组织方式；另一种情境是在未饱和市场中提供模仿性的产品服务、原材料或组织方式

以上关于创业机会的定义中，熊彼特（1934）、柯兹纳（1979）、谢恩和维卡塔拉曼（2002）、史密斯等（2009）的研究应用比较广泛。史密斯等关于创业机会的定义强调了创业环境的不确定性，并且提出了创业机会产生的两种情境：创新和未饱和市场的模仿。学者认为这一定义的内涵相对更加宽泛（王倩和蔡莉，2011）。在对以上研究回顾的基础上，笔者认为，创业机会是指在未来的情境下，创业者根据市场的不完善性通过创新或模仿产品、原材料、组织方式来满足市场需求和获得市场利润。

1.3.2 创业机会的类型

不同的创业机会对企业的成立有着重要的影响。如何评价、识别创业机会,以及如何对识别出的机会进行开发,需要参照各种类型的创业机会的特点。所以,关于创业机会的评价也成为创业机会研究中的重要内容。

关于创业机会的评价,蒂蒙斯提出了创业机会的评价体系,其包含8个大类53项指标,是一套比较完善的评价体系。这一评价体系也成了之后的学者们对创业机会评价的重要依据。姜彦福和邱琼(2004)在蒂蒙斯的机会评价体系的基础上,结合中国企业的特点,提出了适合中国创业者的10项关键指标。其中,人的因素是进行机会评价时最需要优先考虑的。陈海涛和蔡莉(2008)在蒂蒙斯的机会评价体系框架下,通过文献分析将创业机会指标分为盈利性指标和可行性指标。盈利性指标是指机会所带来的盈利能力,包含目标市场的占有率、目标行业和产业的吸引力、企业的竞争优势。可行性指标是指实现创业机会的把握度与可信度,包含创业者的能力、创业者的个人特征及创业者或团队的社会网络。他们还通过问卷调查的方式验证了这一适合中国创业者的创业机会的评价方法。杨俊(2006)通过市场特征、现有产品和技术、企业家知识与能力等进行创业机会的评价。林嵩(2007)将创业机会的评价指标分为创业机会的支持要素、创业机会的核心特征、创业机会的成长预期(财务指标、成长型指标、收获条件)。谌婷和刘晓正(2011)认为,可以通过财务、内部因素、创新与成长、顾客来评价创业机会。王佳和吴满琳(2014)提出从经济价值、市场价值、生命力强度和创业者价值的角度来评价创业机会。

除了对创业机会本身的特点或者价值进行评价之外,更多的学者探究的是不同类别的创业机会对创业绩效的影响(表1-2)。创业机会的分类也是各不相同,阿迪齐维利等(2003)根据机会可能带来的价值和机会本身的可行性将机会分为梦想型创业机会、尚待解决型创业机会、技术转移型创业机会和市场形成型创业机会。高建等(2003)将创业机会分为生存型创业机会和机会型创业机会。陈震红和董俊武(2005)将创业机会分为技术型创业机会、市场型创业机会和政策型创业机会。张承龙(2013)将创业机会分为发现型创业机会、创造型创业机会和想象型创业机会。柯兹纳(1973)根据创新的程度和面临的风险程度将创业机会分为创新型创业机会和模仿型创业机会。萨缪尔森(Samuelsson)(2001)关于创业机会的分类中,创新型创业机会与现有的业务范围明显不同,而均衡型创业机会则与现有的业务类型相似。张玉利等(2008)根据创业机会的创新程度将创业机会分为三种类型,

1 文献回顾与评述

并且指出创新型创业机会是三者之中创新性最高的,复制型创业机会是创新性最低的,改进型创业机会的创新性居中。刘佳和李新春(2013)将创业机会分为模仿型创业机会和创新型创业机会。

表1-2 创业机会的分类

学者及年份	创业机会的分类
柯兹纳(1973)	创新型创业机会和模仿型创业机会
萨拉斯瓦西等(2001)	创新型创业机会、改进型创业机会和复制型创业机会
张玉利等(2008)	复制型创业机会、改进型创业机会和创新型创业机会
高建等(2003)	生存型创业机会和机会型创业机会
萨缪尔森(2001)	创新型创业机会和均衡型创业机会
阿迪齐维利等(2003)	梦想型创业机会、尚待解决型创业机会、技术转移型创业机会、市场形成型创业机会
林嵩、张帏和姜彦福(2006)	按照市场优势和产品技术优势的强弱,将创业机会分为四种类型
任胜钢和舒睿(2014)	创业机会的识别主要借鉴奥兹根(Ozgen)等的研究,用三个题目来测度:我能很快掌握各种创业机会的信息、我能很快识别新信息带来的变化、我获得的创业机会具有很强的新颖性 创业机会的开发主要借鉴西蒙(Simon)等的研究,用三个题目来测度:我拥有开发新创业机会的资源、我能解决创业过程中遇到的问题、我能将新的商机快速融入创业中
刘佳和李新春(2013)	模仿型创业机会和创新型创业机会
萨缪尔森和戴维森(Davidsson)(2009)	创新型创业机会和模仿型创业机会
张承龙(2013)	发现型创业机会、创造型创业机会和想象型创业机会
陈震红和董俊武(2005)	技术型创业机会、市场型创业机会和政策型创业机会
史密斯等(2009)	编码型创业机会和内隐型创业机会
彭海军(2010)	技术主导型创业机会和市场主导型创业机会

由以上分析可以看出,学者们根据研究的目的把创业机会进行了分类,尤其是对创业机会的创新给予了更多的关注。但根据研究的目的进行的分类只是关注了机会表现出来的创新的特征,并没有探究创造型创业机会产生的根源。创业机会的发现说和创造说一直存在着争议,其背后的因果逻辑和效果逻辑的思维过程更有助于基于创业的过程分析创业机会的创新性和模仿性

创业机会等特征，从而有助于进一步探究创业机会对创业绩效的影响。

最初对创业机会的研究关注的是为什么一些个体更能发现创业机会（Shane & Venkataraman，2000）。创业者的特质使创业者比一般人更容易感知和发现创业机会。关于创业机会的来源目前尚无定论，争议的焦点在于创业机会是客观被发现的还是创业者主观创造出来的。

柯兹纳认为，创业机会来源于非均衡的市场需求。熊彼特认为，创业机会来源于创新和对均衡的破坏。卡森认为，创业机会来源于部分创业者能够发现特定资源的价值。萨缪尔森（2001）和赫尔伯特（Hulbert）等（1997）认为，创业机会实际上是一种待满足的市场需求。格耶瓦里（Gnyawali）（1994）指出，创业机会是创业者进行创业活动的可能性和成功的可能性。谢恩和维卡塔拉曼（2000）认为，创业机会是客观存在的，要由创业者去发现。传统的研究主要是识别出企业家如何发现并利用创业机会。

相反，萨拉斯瓦西等（2010）对创业机会提出了不同的观点。他们在西蒙研究的基础上，通过对创业者的研究发现，创业机会并不是客观存在的。在高不确定的环境下，创业者通过与环境和利益相关者的不断互动，对机会进行创造。创业者的行为不是先识别创业机会而是先采取行动，在不断地试错、调整中确定创业机会。这一观点认为，创业机会并不是客观存在的，也不早于创业者的认识。创业机会是一种社会结构，并不独立于创业者的感知（Roy，et al.，2015）。

之所以存在以上不同的观点，是因为学者们对创业机会的本质有着不同认知论的假设。发现理论者认为，世界是真实存在的，创业者像科学家一样发现创业机会；创造理论者认为，世界是社会化的构建，创业者像艺术家一样创造创业机会。

有大量的学者对创业机会的创造或者发现做出了研究贡献。关于这二者之间的争论，目前的研究从以下几个角度进行了分析：① 研究这两个观点的本体论（Alvarez & Barney，2007；Miller，2007；Klein，2008）；② 在构建理论上的协调（Chiasson & Saunders，2005；Sarason，et al.，2006）；③ 两种观点的认识论（Wood & McKinley，2010；Alvarez & Barney，2010；Roy Suddaby，et al.，2015）④ 基于学习理论（Dutta & Crossan，2005；Zahra，2008）；⑤ 两种观点的决策逻辑，即一个是效果逻辑，一个是因果逻辑（Sarasvathy，et al.，2010）。对创业过程的研究之所以会出现两种截然不同的理论是因为前提假设不同。阿尔瓦雷兹和巴尼（2007）进一步区分了创业机会的发现观和创业机会的创造观，比较了二者之间在创业者特点、创业决策制定和创业企业竞争优势等方面的差异。这主要表现在：① 机会的本质。发现理论认为，机会是存在的，由已有市场外生冲击产生，机会独立于创业者，运用的是现实主义哲学。创造理论认为，机会并不独立于创业者存在，由创业者个人的内生行为创造，运用的是进化主义哲学。② 创业者的本质。发现理论认为，创业者和非创业者不同。创造理论认为，创业者和非创业者可能不同也可能无差异，差异性可以被创业的过程强化。③ 决策制定情景的本质。发现理论认为，决策环境是有风险的，创业者根据已有的知识和经验进行风险和回报的评估，决策基于的是对市场的调研与分析。创造理论认为，创业环境是不确定的，创业者积累知识的方式是迭代和试错，创业决策是基于主观推断、渐进主义和归纳性逻辑，创业者则主要依靠个人魅力和感召来构建领导力（秦剑，2011）。表1-3为发现环境和创造环境下两种机会的区别。

表1-3 基于创业过程的创业机会的发现环境和创造环境的行为表现指标

	发现环境	创造环境
领导者	基于经历和经验	基于个人魅力
决策制定	基于风险数据的分析收集工具、风险决策工具；机会成本的重要性	迭代、归纳、渐进决策制定、启发式的运用、可承受失败的重要性
战略	比较完整和不变化	突发和变化
营销	在营销组合上的改变是如何根据新的机会展示自己	新的机会出现，营销组合彻底改变
持续竞争优势	速度、保密和设置进入障碍保持优势	路径依赖、隐性学习过程保持竞争优势

萨拉斯瓦西在西蒙的有限决策理性理论的基础上提出了效果逻辑理论，即在不确定的环境中，无法确定具体的目标，基于一组给定的方法或手段，寻找可能被创造出结果的过程。效果逻辑和因果逻辑都是创业者在决策过程中会使用的两种推理逻辑。因果逻辑是制定一个目标，然后寻找一定的方法和手段去实现它。传统的创业思维就是典型的因果逻辑。发现机会的过程首先通过调研，了解市场，制定企业的目标，然后通过一系列的方法实现这一目标，满足市场的需求以获得价值，这一过程便是因果逻辑的过程。创造机

会的过程首先是行动,在行动的过程中通过迭代、试错以逐步实现目标,这是效果逻辑的过程。这一研究得到了创业机会学术界的认可,学者们沿着这一思路进行了更为深入的探讨。里德(Read)等(2009)提出了效果逻辑的构成维度,主要包含手段导向、可承受损失、战略联盟和对意外事件的杠杆化利用。钱德勒等(2009)进一步推动了效果逻辑的操作化研究,开发了因果逻辑和效果逻辑测量量表。

国内学者也开始探讨发现型创业机会与创造型创业机会的区别。张玉利等(2011)通过对效果逻辑理论及其发展的分析提出,因果逻辑和效果逻辑思维模式的差异导致了创业机会来源产生区别,发现型创业机会的识别产生于稳定的市场环境,遵循着古典经济学的基础假设,基于对市场和竞争对手的分析和预测进行决策,决策方案也是既定的几个,创业者从中选择最优的即可。而创造型创业机会主要存在于不确定的环境中并且难以预测,但创业者具备的资源和手段是已知的,所以创业者会通过现有手段的组合创造可能的结果。发现型创业机会和创造型创业机会并不是孤立的,可以并存,同时,随着企业发展到不同阶段,二者之间还会不断演化。该研究根据企业行为和市场成熟度,分析了在企业发展的不同阶段创业机会的不同来源(图1-4)。若新创企业处于成熟的市场中且市场环境比较稳定,则创业者可以在对行业内标杆企业学习的基础上进行决策,从而倾向于进行发现型创业机会的识别。若新创企业处于新市场中且行业内还没有形成统一的知识体系,生态系统中各个要素的运行规则随时都可能改变,则创业者更倾向于创造型创业机会的识别。创业者一旦掌握了该行业的运作规则,则接下来会进一步识别发现型创业机会以促进企业的成长。总之,当进入的是新市场且无运作规则可遵循时,创业者通常采取创造型创业机会的识别;创业者一旦掌握了该行业的运作规则,或者有可以学习的成功或标杆企业作为参考,则采用因果逻辑进行发现型创业机会的识别。事实上,杰出的创业者能够根据创业的情景用好这两种模式,在不同的创业阶段,能够在两种创业机会识别方式之间进行切换或者实现共存。

	成熟市场	新市场
成熟企业	职能管理 战略管理	新产品开发/进入新的区域 多元化经营
新创企业	发现型创业机会	创造型创业机会

图 1-4 企业行为和市场成熟度的不同演化效果图

张秀娥和孙中博（2013）对效果逻辑的创业行为对创业绩效的影响进行了实证研究。通过对多地管理者的调研，他们验证了效果逻辑对创业绩效的作用：效果逻辑的大部分维度在不确定的环境下对创业绩效具有正向影响，效果逻辑和因果逻辑单独使用不一定能够产生好的效果，二者交替使用达到平衡才是最佳的思维方式。该研究同时提出，为了创造良好的创业绩效，可以根据组织的二元性合理地使用两种思维逻辑：一种是以对现有产品的深化、以降低成本扩大市场份额为目的的利用性活动，另一种是致力于新市场和新产品开发的探索性活动。利用性活动以因果逻辑思维为主，探索性活动以效果逻辑思维为主。创业企业的生存和成长需要两种逻辑相互配合，才能提高企业决策的合理性。这一研究为发现型创业机会和创造型创业机会的识别也提供了参考。发现型创业机会是基于因果逻辑的机会识别过程，通过对市场的调研和现有竞争对手的分析，构建企业的竞争优势。创造型创业机会是基于效果逻辑的机会识别过程，是在现有资源、手段的基础上创造企业的未来。二者相互配合才能共同促进企业的生存和发展，所以两种逻辑下的创业机会的识别会对企业产生不同的创业绩效。

秦剑（2011）进一步探索了不同的思维逻辑和理论基础下的发现型创业机会与创造型创业机会的差异；基于效果理论的视角，考察了创造型创业机会产生的过程；对创业机会的识别类型的进一步研究打下了基础。胡晓娣（2009）研究了创业机会的识别与社会资本作用的机理，研究表明，发现型创业机会易被市场中有创业警觉性的创业者发现，这取决于先前的知识和将猜想转化为资源支持的能力。社会资本影响着信息的获取和资源的来源，进而影响发现机会和创业实施的可能性。创造型创业机会是指目的和手段皆不明确，因此，创业者要比其他人更有先见之明，才能创造出价值的市场机会。在这种情况下,社会资本的影响将不再是静态的,而是创业者通过社会网络动态地与外部关系不断进行资源构造的过程,更倾向于社会资本的探索式利用过程。斯晓夫、王颂和傅颖(2016)应用跟踪性问题导向研究的方法,通过对创业机会经典文献的研究,结合我国的社会情境,对创业机会的来源和形成进行了研究,提出并证实了创业机会是一种多途径的探索与形成过程。他们从认识论、时间观、分析层次、环境、参与主体、先行要素六个方面,分析了发现型创业机会、创造型创业机会、发现型创业机会+创造型创业机会三者的区别与联系,并明晰了不同机会形成的条件和特征,如表1-4所示。该研究进一步分析了发现型创业机会与创造型创业机会的区别,并为理解大众创业、把握创业机会和开发创业机会提供了参考,为发现型创业机会与创造型创业机会对创业绩效影响的研究奠定了基础。

表1-4 发现型创业机会与创造型创业机会的比较

特征	发现型创业机会	创造型创业机会	发现型创业机会+创造型创业机会
认识论	客观认识论	主观认识论	客观+主观认识论
时间观	聚焦	发散	—
分析层次	环境偏稳定	环境可锻造	环境介于稳定与可锻造之间
环境	偏微观的分析层次	偏宏观的分析层次	偏宏观的分析层次
参与主体	大众	精英	大众+精英
先行要素	制度先行,创业者匹配制度	创业者先行,引领制度变迁	制度与创业者共同演进

由以上研究可以看出,针对创业机会是发现的还是创造的这一争议问题,国内外的学者进行了深入的探讨并达成一致共识:首先,创业机会既可以是发现的,也可以是创造的,二者的情境不同也就产生了不同的创业机会识别方式。即发现型创业机会产生于稳定的市场,有明确的目标,可以通过对消费者需求和竞争对手的分析来构建自身的优势,并且可以通过对标杆企业的管理经验的学习进行发现型创业机会的识别与开发。而创造型创业机会通常产生于不确定的环境,进行新产品、新市场的探索。由于无法预期未来的绩效,只能在整合现有资源与手段的基础上通过与利益相关者的共同努力来构建。其次,这两种类型的机会并不是孤立的,二者之间有着一定的

联系。

基于以上分析,笔者认为,创业机会可以分为两种类型:发现型创业机会和创造型创业机会。发现型创业机会来源于市场的不均衡,环境相对稳定,具有因果决策的逻辑。创造型创业机会是在不确定环境中,在不断地试错调整中确定的创业机会,运用的是效果逻辑,是基于现有资源、手段创造出来的创业机会。在新创企业发展的不同阶段,二者的作用不同。通常在不确定的环境下,企业会探索性地利用资源进行创造型创业机会的开发。一旦这个机会产生好的创业绩效,便有了该行业经验。为了发展,企业会进一步开发新的机会,此时可以进行发现型创业机会的开发。新创企业也可以在最初为了获得生存的条件,学习行业里成功企业的管理经验,进行发现型创业机会的识别与开发。当企业积累到一定的资源,为谋求进一步的发展,可以现有的资源与手段,整合利益相关者共同进行创造型创业机会的开发。企业在发展到一定程度时,也可能存在发现型创业机会与创造型创业机会共存的现象。所以,发现型创业机会与创造型创业机会不仅可以交替演化,也可以在创业企业的某一阶段共存,二者共同促进新创企业的生存与成长。

1.3.3 创业机会的开发

创业机会只有被开发出来,才有助于提升创业绩效。如果创业者不能有效地组织资源或者弥补需求差异,那么创业机会将不能实现成功创业。学者从创业者、组织、资源、机会特性及产品和服务创新等视角对创业机会的开发进行了探索(陈海涛,2007),并提出了创业机会开发的模型。

谢恩(2000)认为,创业机会的开发对创业绩效有很大的影响。创业企业的活动就是以创业机会的开发为依据展开的,同时创业机会开发的路径受到创业机会特点的影响。埃克哈特和谢恩(2003)进一步研究了创业机会开发的方式:一种是进行新的技术机会的开发,另一种是对目前产品和技术的改进。陈海涛(2007)认为,创业机会的开发还须考虑所处的环境,在对环境评估的基础上,结合企业内部的能力和外部的资源进行产品开发或市场开拓的行为。

一些学者进行了创业机会开发模型的探索。阿迪齐维利等(2003)提出了"机会的评价—机会的开发—新创企业形成"的创业机会开发模型。该研究考虑了创业者个体特征和社会网络的影响因素,但是没有涉及环境对这一过程的影响。林嵩和姜彦福（2005）构建了"机会搜索—机会识别—机会开发—新创企业战略—新创企业成长"的概念模型，考虑了创业机会的特点和创业者的个人特征对创业机会开发的影响。创业机会的特征对于创业战略的制定及创业成长具有重要的导向作用。陈海涛（2007）根据组织行为理论的"态度—行为—绩效"研究范式及战略管理理论的"结构—行为—绩效"的研究范式，提出了创业机会的特点影响企业战略的导向，进一步影响创业机会开发方式的选择，从而影响创业绩效。杜晶晶、丁栋虹和王晶晶（2014）运用扎根理论对创业机会开发的相关文献进行了分析，总结出了基于不同的理论视角（经济学视角、认知学视角、社会政治视角）的创业机会开发的研究框架。他们认为，创业机会的开发从横向上说是一个跨学科、多视角的聚合，从纵向上体现了机会开发的不同阶段、不同层次的演进，进而提出了整合开发模型。

在前人研究的基础上，笔者认为，创业机会的开发就是根据创业机会的特点，在分析所处环境的基础上，结合自身能力并整合相关资源进行新产品、新服务、新市场的开发，从而进行价值创造的过程。创业机会只有结合内外环境和资源，既为顾客创造价值，又为企业创造利润，才能帮助新创企业实现成功。所以，创业机会的开发其实也是价值的创造和实现的过程。

以上关于创业机会开发的研究，大多集中在创业机会对创业绩效的影响上，对创业机会开发的过程并没有明确的界定和维度的划分，所以也很少有创业机会开发模型的研究。关于创业机会开发的研究已经逐渐引起学者的重视，但是这一研究主题才刚刚起步，还需要进一步探索。

如何进一步开发创业机会？针对不同的创业机会，创业者的认知方式和思维逻辑是否影响这一过程的匹配？创业机会如何经由创业者演化为组织的决策过程？创业机会如何通过组织的活动如创业学习、创业资源的有效利用来实现开发？创业是一个动态的过程，如何在目前创业机会异质性属性研究的前提下，进一步挖掘其他要素与创业机会匹配的深层次机制？机会的开发过程如何与不同的组织资源相匹配？在不同情境下，创业机会如何产生不一样的过程和结果？这些都将是未来研究的重要方向（杜晶晶、丁栋虹和王晶晶，2014）。

1.3.4 创业机会与新创企业成长绩效

笔者通过梳理文献发现，创业机会的识别与开发对新创企业的成长有着

1 文献回顾与评述

重要的影响。目前关于创业机会对新创企业成长绩效的影响的研究主要从三个方面进行。

首先，研究创业机会对新创企业成长绩效的直接影响。创业机会的属性决定了创业行为创造的价值，进而影响创业绩效（Shane & Venkataraman，2000）。依据前述的文献分析，有的学者将创业机会指标分为可行性指标和盈利性指标，并进一步分析出这两个指标对创业绩效有显著性影响（王建中，2011；李青和刘莉，2008；高小峰和魏凤，2013；郭海和沈睿，2014）。有的学者将创业机会分为生存型创业机会和创新型创业机会，创新型创业机会相比生存型创业机会能产生更好的创业绩效（Aldrichhe & Martinezma，2001）。更有学者直接分析创业机会的创新性对创业绩效的影响（郭骁，2011）。谢觉萍、王云峰（2017）分析了创业机会的可行性和盈利性分别对创业的生存绩效、成长绩效和创新绩效的影响。

其次，分析创业机会与其他变量的关系，研究创业机会对新创企业成长绩效的间接影响。林嵩、张帏和姜彦福（2006）分析了基于市场优势和产品优势的不同组合而产生出的不同的创业机会，从而通过采取不同的战略来提高创业绩效。杨俊和张玉利（2008）构建了社会资本、创业机会和创业绩效的关系模型，分析了不同的创业机会类型即模仿型创业机会和创新型创业机会在社会资本与创业绩效之间的调节作用。也有学者分析了创业机会通过其他因素的中介作用对创业绩效产生的影响（郭海和沈睿，2014）。毛翠云、崔艳梅和李洪波（2014）分析了创业机会在双重网络嵌入与创业绩效之间的完全中介作用，有助于提高创业绩效。朱晓红、张玉利和陈寒松（2014）分析了创业机会的中介作用对创业绩效的影响。创业机会分别在特殊人力资源与创业绩效、个人关系资源与创业绩效间起中介作用。

最后，从企业成长的角度分析创业机会对新创企业成长绩效的影响。埃文（Evan）（2003）认为，在相对稳定的经营环境中，企业可能获得可持续的竞争优势，但当外部环境不确定时，保持可持续的竞争优势只是企业期望达到的一种理想状态。他建议以"机会的创造和利用"概念代替"可持续竞争优势"概念，这是企业追求成功战略假设的心理框架，是资源分配的试金石。奥斯本（Osbome）（2000）在美国做了一项研究，他将企业成长分为两个阶段，研究发现在第一个阶段成长的企业萎缩的原因并不是人们常说的，如资金的缺乏、企业家过于集权、创业精神的丧失等，而是不能跟随外部环境的变化克服障碍和复杂性从而及时把握成长的机会。

虽然创业机会对创业绩效的重要影响已引起学者们的关注，但大多数研究停留在不同类型的创业机会对创业绩效的直接或间接作用上，对创业机会转化为创业绩效的内在机制缺乏深入且清晰的认识。笔者观察到，已经有一些学者对这一转化机制中的影响因素如环境、创业者等进行了分析，但没有进一步探究其中的转化机制（郭海和沈睿，2014）。

1.3.5　创业机会研究的评述

通过对创业机会相关文献的回顾，笔者发现学术界对创业机会的研究大多停留在创业机会识别的影响因素和不同类型的创业机会对创业绩效的影响上，对于创业机会转化为创业绩效的机制还需要进一步探索。这一过程就是创业机会开发的过程。基于创业过程视角的创业机会的识别与开发是未来研究的重要方向，创业机会如何与其他要素相匹配以促进企业成长，以及对这一过程作用机制的研究还很缺乏。本书将通过对不同类型的创业机会开发机制决策的分析，探索提升创业绩效的路径。笔者认为，创业机会开发的过程就是创造价值的过程，但是以下很多问题还有待进一步解决：不同类型的创业机会在开发方式上是否有差异？从创业机会的角度来看，针对不同的创业机会，创业者的认知方式和思维逻辑是否影响这一过程？创业机会如何通过有效的组织活动如创业学习、创业资源等实现开发？不同的创业机会如何与不同的组织资源相匹配才能产生更好的创业绩效？

1.4　商业模式的相关研究

1.4.1　商业模式的概念及要素

自 20 世纪 90 年代，随着互联网的出现、新兴市场的发展、对"金字塔"底部问题的关注及企业组织边界的扩张，商业模式的概念引起了学术界的广泛关注。随着企业产品越来越趋于同质化，商业模式也成为重要的竞争力。针对这一点，一项调查研究表明，50%以上的企业高管认为，商业模式比产品和服务创新更易对企业成功产生影响（Johnson, et al., 2008）。显然

1 文献回顾与评述

企业商业模式已受到学术界及实业界的广泛关注和深入探讨。商业模式及商业模式的创新也成为该领域研究的重点。尽管有着大量的相关文献,但对于其定义的回答不尽相同。学者们对商业模式所下的定义多是基于自己的学科背景和研究目的,界定商业模式的属性也不统一。

莫瑞斯(Morris)(2005)在已有研究的基础上对商业模式的概念进行了归纳,并将其划分为三类:经济类、运营类和战略类,同时建议在对商业模式的概念进行认知时应采用整合的视角。笔者认为,目前对商业模式概念的总结还没有达到令人满意的程度,不同视角下的商业模式概念之间的边界具有一定的模糊性,甚至有些重合,且并不属于同一范畴(王水莲和常联伟,2014)。为什么会出现相同问题在概念和理论体系上存在这样明显差异的现象呢?李东(2014)认为,之所以会出现上面所谓的研究差异,是因为商业模式具有源自多主体性和多视角观察的权变性。李东(2014)进一步指出,商业模式的权变性是指研究者和实践者所处的角度不同、研究的目的不同导致商业模式这一概念各异。虽然学者们对商业模式所下的定义各不相同,但也逐步达成共识:商业模式是一套价值创造的体系,正成为一个新的分析单位。所以,学者们研究的对象有传统企业也有电子商务企业,有创业企业也有在位企业。基于不同的研究目的和研究对象,学者们所下的定义自然也有差异,构成要素也不同。随着对创新创业的关注越来越多,商业模式在这一领域的研究也越来越丰富。本书主要分析创业企业尤其是新创企业的商业模式。

关于商业模式的研究,玛格丽塔(Magretta)(2002)认为,讲好企业运行的故事即弄清了商业模式的关键,并且能够回答以下4个问题的才是好的商业模式:顾客是谁?顾客的价值是什么?如何赚钱?以适当的成本将价值传递给顾客的经济逻辑是什么?她认为,商业模式就是一个关于企业如何挣钱的"故事"。尤其在创业前期,创业者能否讲好这个故事非常关键。切萨布鲁夫(Chesbrough)等(2007)认为,商业模式是技术转化为经济价值的媒介。该研究采用了6个不同的方面界定商业模式的方式,并将商业模式分为6种类型,且这6种类型层层递进,根据这一框架可以评价公司商业模式所处的位置、下一步的前进方向及商业模式上升的路径。该研究同时指出,技术本身没有内在价值,除非将技术嵌入有吸引力的产品或服务中去,只有设计独特的商业模式才能实现技术的商业潜力。所以,商业模式在技术和经济效益之间起着重要的作用。阿密特（Amit）和佐特（Zott）（2001）通过对电子商务公司的研究，探索价值产生的理论基础，并开发了价值创造来源的模型。该模型表明，价值创造的来源包括效率、互补、新颖和锁定，分析的单位包括内容（产品和服务）、结构（参与主体）和监管（各种流和组织），并指出商业模式是企业创造价值的重要场所，也是为利益相关者创造价值的来源。该研究认为，创业者可以通过对商业模式的交易内容、结构和治理的设计，进行创业机会价值的创造。两位作者于2008年又提出新的观点，认为商业模式就是一个活动系统，该系统起始于焦点企业，但有可能跨越边界企业，这一系统里包含商业模式的架构（内容、结构和管理）和功能（新颖、锁定、互补、效率）。约翰逊（Johnson）等（2008）研究了商业模式的四要素：价值主张、关键资源、关键流程和盈利公式，在这一模式中各要素相互作用。

欧洲管理专家奥斯特瓦德（Osterwalder）和皮尼厄（Pigneur）（2011）提出，以"画布"作为行动指南设计商业模式，他们认为，商业模式的结构包含9个模块，分别是顾客细分、价值主张、分销渠道、客户关系、收入来源、关键资源、关键业务、合作伙伴和成本结构。为了开拓出必要的设计视野及设计出可以借鉴的"参考图样"，他们归纳了一些可以在一定条件下取得成功的商业模式。

国内学者也开始探讨商业模式的含义。王迎军和韩炜（2011）通过对新创企业的案例研究认为，新创企业的商业模式是企业内一种稳定的体系架构。魏炜、朱武祥和林桂平（2012）认为，商业模式是企业与其利益相关者的交易结构。这一结构包括交易主体、交易内容、交易方式及交易定价。魏江、刘洋和应瑛（2012）认为，商业模式是一种架构，将价值主张、价值创造和获取等活动连接在一起，是企业价值创造的概念化模式。表1-5是笔者罗列的部分商业模式的定义与构成要素。

1 文献回顾与评述

表 1-5 部分商业模式的定义与构成要素

学者及年份	商业模式的定义	构成要素
蒂默尔斯（Timmers）(1998)	是产品、服务和信息所构成的有机系统的要素组合	产品、服务、信息流、业务行动者及角色、行动者收益、收入
阿密特和佐特（2001，2010），佐特等（2011）	描述了为了开发商业机会所设计的交易内容、交易结构和交易治理；是超越核心企业的跨边界相互依赖活动的系统	交易架构、交易内容、治理、与交易伙伴之间的联系、活动系统
哈默（2000）	是一个框架，用以明确如何创立公司、销售产品和获取利润	顾客界面、核心战略、资源基础、价值网络
奥斯特瓦德（2004）	是一种概念性工具，表达了企业获取收益的一种商业逻辑	价值主张、目标客户、分销渠道、客户关系、价值配置、核心能力、合作伙伴网络、成本结构和收入
翁君奕（2004）	是各要素形态的一种有意义的组合	客户界面、内部结构、伙伴界面
莫瑞斯等（2000）	是用以说明企业经济模式、运营结构和战略选择等方面的一系列具有内部关联性的要素定位和整合的概念性工具	价值提供、盈利方式、客户关系、关系网络、内部结构、目标市场
谢弗（Shafer）等（2005）	是企业在一个价值网络中创造和获取价值的潜在核心逻辑和战略选择	战略选择、价值网络、创造价值、获取价值
切萨布鲁夫等（2007）	是技术发展和经济价值之间的媒介	价值主张、目标市场、价值链、盈利机制、价值网络、竞争战略
大卫·蒂斯（2010）	是企业如何向顾客传递价值并且把收入转化为利润的方式	选择嵌入在产品或服务中的技术和特征、确定顾客从产品中所获得的利益、识别细分的目标市场、确认有效的盈利流、设计价值获取机制

43

续表

学者及年份	商业模式的定义	构成要素
阿密特和佐特（2008）	是一个由独立的运营活动组成的活动系统，起始于核心企业，但有可能跨越企业边界	交易内容、交易结构、交易治理
卡萨德苏斯-马萨内尔（Casadesus-Masanell）（2010）	由连续的选择及其结果构成，这些选择包含运用怎样的运营逻辑来为利益相关者创造价值	政策、资产、管理结构
玛格丽塔（2002）	是"你准备如何赚钱"的故事，其核心是如何创造顾客价值，以及如何获取企业价值	准确的角色刻画、合理的动机、使人洞悉价值的故事情节
王迎军和韩炜（2011）	是企业内一种稳定的体系架构，由一组明确的价值活动和联系组成，能够保证企业的盈利	市场定位、经营过程、利润模式
魏炜、朱武祥和林桂平（2012）	是利益相关者的交易结构	业务系统、定位、盈利模式、关键资源能力、现金流结构和企业价值
魏江、刘洋和应瑛（2012）	描述了价值主张，是价值创造和价值获取等活动连接的架构。该架构涵盖了企业为满足客户价值主张而创造价值并获取价值的概念化模式	价值主张、价值创造、价值获取
奥斯特瓦德和皮尼厄（2014）	描述了企业如何创造价值、传递价值和获取价值的基本原理	客户细分、价值主张、渠道道路、客户关系、收入来源、核心资源、关键业务、重要合作和成本结构

因学者们研究的角度不同，故研究出的商业模式所包含的要素也不一样。大多数的学者研究的是成熟企业的商业模式构成要素。阿密特和佐特（2008）研究了创业企业的商业模式构成要素，认为商业模式包含交易内容、交易结构、交易治理。王迎军和韩炜（2011）通过对新创企业的研究认为，新创企业与成熟且复杂的企业相比，可以构建简化的商业模式，并且新创企业简化的商业模式包含市场定位、经营过程、利润模式三个要素。

通过以上文献分析，我们可以看出，从研究的对象上来看，多数关于商业模式的研究基于的是成熟企业或者管理复杂的企业。随着创业研究的兴起，创业企业如何进行商业模式的构建逐渐成为研究的热点，最近更有学者开始探究新创企业的商业模式。虽然学者对商业模式概念的认知有一定的差异，但都一致认为：商业模式是一种价值创造的机制。

通过对文献的回顾，本书参考阿密特和佐特（2008）关于商业模式的概念，认为商业模式描述的是通过开发商业机会来创造价值，在资源整合的基础上，涉及的要素有交易内容、交易结构和交易治理，它是超越核心企业的跨边界的、相互依赖的活动系统。

企业因能创造价值而存在，对于价值创造的逻辑，米勒（Miller）（1996）提出将创新和效率作为设计的主题。这一主题适合不确定环境下的新创企业商业模式设计主题的选择。创新和效率对于一个新出现的组织非常重要，因为创业者一般会创造新的或者复制当前的模式（Aldrich，1999）。创新是重新设计组织的边界，即以不同的方式采用当前的资源做不同的事情。这也是主张重新组合资源的熊彼特创新逻辑，通过创新即新的交易方式、新的交易伙伴、新的交易机制等进行机会的开发和价值的创造，体现了创新寻租理论。效率型商业模式通常以降低交易成本和提高交易效率为主要目的，模仿行业中当前存在的商业模式。效率型商业模式和新颖型商业模式并不互相排斥，在任何组织中都有可能同时存在，只是某一种模式表现得更加明显一些而已。对于创业企业而言，采取哪一种商业模式的设计取决于很多因素。

1.4.2 商业模式的设计

阿密特和佐特（2001）在运用熊彼特创新逻辑、交易成本、价值链等理论的基础上，通过对电子商务企业的研究，提出了电子商务企业价值创造的来源：效率、互补、锁定和新颖，具体如图1-5所示。这四种企业价值创造的来源为商业模式的研究奠定了基础。商业模式的构成包含以下三个方面：交易内容，主要指交易的产品和信息；交易结构，主要指参与交易的成员之间的连接方式；交易治理，主要指相关成员对信息、资源和产品流动控制的方式。

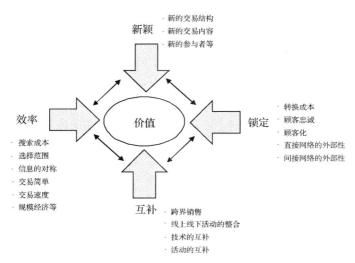

图 1-5　电子商务企业价值创造的来源

2007 年，阿密特和佐特进一步聚焦于跨组织边界的商业模式，构建了商业模式设计的概念，并以架构理论为基础开发了商业模式设计量表。尽管企业价值创造的来源可以是新颖、效率、互补和锁定，但是阿密特和佐特遵循米勒（1996）将创新和效率作为商业模式各要素编排和连接起来的主题的研究，亦将商业模式的设计主题聚焦于创新和效率，并进行理论的建立和实证检验。效率型商业模式主题设计是指企业通过商业模式获取交易的有效性，降低交易的成本，提高交易的效率。新颖型商业模式主题设计是指通过新的方式或交易机制与原有的交易伙伴发生联系。他们通过对欧洲国家和美国的 190 家新创企业的实证研究表明，新颖型商业模式和效率型商业模式对创业绩效的影响有差异，前者对创业绩效产生正向影响，后者对创业绩效产生的影响不显著。在 2008 年，他们进一步研究了效率型商业模式和新颖型商业模式与市场战略的匹配对创业绩效的影响。研究表明，对于两种市场战略：差异化和低成本，无论哪一种战略与新颖型商业模式匹配都对创业绩效的提升有促进作用。此后，国内外学者们（陈寒松，2017；姚明明，2014；王学军和孙炳，2017；Chang, et al., 2014；胡保亮，2015）开始借鉴阿密特和佐特的研究，将商业模式设计主题分为效率型和新颖型，并进行案例和实证研究。

本书借鉴阿密特和佐特（2007）的研究，也将新创企业的商业模式设计主题分为效率型和新颖型两种。商业模式的这两种设计主题符合新创企业在不确定环境下的价值创造的基本选择（Miller，1996）。为了表述的方便，本书将以效率为中心的商业模式表述为"效率型商业模式"，以新颖为中心的商业模式表述为"新颖型商业模式"。这两种商业模式的设计主题并不是独立存在的，有时也可能共存于同一组织中。之所以选择设计主题对商业模式的主要特点进行描述，是因为其从焦点企业的视角描述了整个商业模式的形态，更容易使其概念化和进行测量（Amit & Zott，2008）。

阿密特和佐特关于商业模式创新的研究得到了广泛认可，后续的学者对商业模式创新与创业绩效等其他因素的关系进行了大量案例和实证研究。姚明明（2014）和吴隽、张建琦、刘衡等（2016）基于阿密特和佐特的研究，探讨了新颖型商业模式对创业绩效的作用。罗兴武等（2017）运用阿密特和佐特（2007）关于商业模式"新颖型主题设计提供新颖的产品、服务和信息的组合"的 8 个题项度量新颖型商业模式。

1.4.3　商业模式的生成与调整

对于创业企业而言，新颖型商业模式的设计是企业生存和成长的关键。新创企业资源缺乏，通过商业模式的创新，有助于自身克服环境的不确定性，解决"新进入缺陷"的问题，使生存和成长成为可能（Vohora, et al.，2004）。如何设计适合的商业模式是新创企业成立时必须考虑的问题，这也越来越引起学者们的关注。新创企业商业模式的生成是一个不断调整的过程（Winter & Szulanski，2001）。随着创业研究的丰富，商业模式的起源和生成的过程逐渐成为学者们关注的焦点。

从前述文献的分析我们可以看出，商业模式的界定多是在成熟企业的情境下，关注的焦点也集中在商业模式的构成要素对创业绩效的影响上，忽视了商业模式是如何生成和演化的问题。而在笔者看来，由于创业环境的不确定性，商业模式的生成和演化问题也是复杂的。

阿密特和佐特（2013）认为，商业模式的演化与市场战略协同是多次创新的过程。莫瑞斯（2005）认为，商业模式的演化也是商业模式生命周期的成长过程，这一过程包含了阐述、改编、适应、修订和再造五个阶段。卡瓦尔坎特（Cavalcante）（2011）则认为，改变商业模式可以通过新建、拓展、修订和终止四种模式，这四种模式也构成了商业模式演化的生命周期。Andries 等（2007）通过案例分析研究表明，有的企业初始的商业模式并不合适，然后花了很大的代价重新设计商业模式；而有的企业创业的过程则是商业模式不断浮现且逐步明晰的过程，从而规避了企业需要彻底改造的问题。可见，商业模式的生成和演化是一个不断试错和学习的过程，商业模式的调整受多种因素的影响。

国内的学者也开始探讨商业模式的生成和演化问题。王迎军和韩炜（2011）通过分析新创企业的案例，研究了商业模式的构建，认为新创企业商业模式形成的过程与成熟企业有很大的差异；成熟企业的商业模式体系复杂，而新创企业由于业务简单应该使用更加简约的模式来描述商业模式的确立过程。新创企业的商业模式是企业内一种稳定的体系架构。通过对新创企业的跨案例研究，王迎军和韩炜构建了商业模式的三个要素：市场定位、经营过程、利润模式，为新创企业商业模式的研究提供了参考。云乐鑫等（2014）以组织变革中的原型理论为基础，运用跨案例研究的方法，构建了海归创业企业新颖型商业模式原型的生成过程模型，研究表明，海外的经验和网络嵌入对新颖型商业模式原型的构建有重要影响，同时学习在上述关系的转化中起着中介作用。

新创企业的成长过程是商业模式不断调整和完善的过程，企业的商业模式也是由简单向复杂不断发展的。所以，对于新创企业商业模式的构建，更多的学者从商业模式调整的角度进行研究。张敬伟和王迎军（2012）在共演的理论基础上，通过案例研究发现，商业模式的构建过程包含启动、重构和确立三个阶段。这一构建过程是企业定义业务、探索经营方式和最终实现业务可持续发展的过程。每个阶段商业模式的转换是在一定的驱动力下完成的，新创企业成长的任务不同，故应对策略也有差异。罗小鹏和刘莉（2012）通过对腾讯公司进行案例分析，探讨了互联网行业商业模式演化的三个阶段：重构型、调整型和完善型，以及各个阶段演化的诱因和特征差异。项国鹏和罗兴武（2015）基于物产业的单案例，分析了商业模式的构成要素——价值定义、价值创造和价值获取在企业发展的不同阶段即企业改革、企业转型和企业提升中的表现特征。陈熹等（2016）基于手段导向，构建了创业企业商业模式调整机制，认为商业模式的调整受创业者、利益相关者和环境的影响。创业企业应该通过验证性学习和与利益相关者、市场环境的互动来检验商业模式的假设并不断进行调整。这为创业企业快速寻找可行的商业模式提供了参考，同时也丰富了创业企业如何克服"新进入缺陷"的研究，回答了商业模式是如何生成的研究问题。李飞（2016）研究了在不同的企业类型中，企业成长与商业模式动态演进的过程。该研究在文献梳理的基础上，提出了商业模式包含价值主张、价值获取和盈利模式三大要素；根据经验，该研究总结了企业成长的三条路径，即单一业务成长路径、主导业务成长路径、多元化业务成长路径，并探究了在不同的成长阶段每一条路径中的商业模式三要素的动态演进过程。苏秦、王灿友和杨毅（2016）在对商业模式的相关文献研究的基础上，提出了商业模式的三个基本维度：价值主张、价值创造体系和价值获取，并结合企业成长理论，分析了3D打印行业商业模式动态调整的过程。安欣欣（2017）分析了在不确定的市场环境下商业模式动态调整的路径和评价，认为企业组织和个人学习在不确定环境下对商业模式的调整起着重要作用，尤其是失败学习，有助于改进和完善商业模式的动态调整。张新香和胡立君（2018）运用案例分析的方法研究了互联网企业商业模式动态调整的过程，研究表明，价值定义、价值实现、价值创造与传递是商业模式的三要素，这三者的主导地位随着商业模式的调整依次更替。企业的成长过程分为三个阶段，即创业期、发展期和成熟期，这三个阶段也是客户价值实现、企业价值实现和网络价值实现的过程。

1.4.4 商业模式与新创企业的成长

创业之初，企业就需要根据创业机会和创业目标进行商业模式的主题设计。商业模式是企业整合创业资源的基础。商业模式的主题设计对新创企业有着重要的影响。① 商业模式引导新创企业发展。在创业之初，创业机会虽被创业者识别到，但只有被开发出来才能有助于企业的成长。如何将创业机会的构想变成现实，商业模式提供了一套价值实现的体系：价值主张定义了企业将会为客户提供什么样的价值，价值获取将会明确企业以什么样的方式盈利，而价值创造的过程将会使创业者更明确如何实现价值。② 商业模式是创业资源整合的基础。为了实现价值的创造，商业模式有助于创业者对企业运作所涉及的各种要素进行周密考虑，从而形成相互支持和相互促进的有机体。在这一过程中，创业者需要整合现有资源，以实现创业机会的开发。③ 商业模式创造企业价值。商业模式既可作为企业的竞争力，也可作为中介，将具有竞争力的技术或者产品的价值实现。对于新创企业来说，在整合现有资源的基础上，通过商业模式的主题设计，能提供给客户独特的价值，形成企业竞争力。所以，商业模式在创业机会与创业绩效之间起着重要的纽带作用。

谢弗等（2005）认为，商业模式能更好地帮助创业者管理好企业，在创造企业成长绩效的过程中起到积极的作用。阿密特和佐特（2002）研究了商业模式对企业价值获取的影响路径，研究表明，越是设计新颖型商业模式，越能够对企业成长绩效产生更多的正向影响。他们通过探究不同的商业模式的主题设计与市场战略的匹配对创业绩效的影响，表明新颖型商业模式与各种市场战略相匹配都能产生较好的创业绩效，而低成本的市场战略最好采取效率型商业模式。蒂蒙斯的创业模型指出，创业过程中包含三大要素——商机、创业团队、资源，只有相互匹配、协调发展，才能产生较好的创业绩效。商业模式关注企业各要素发展的平衡，能较好地减轻或避免企业快速成长引发的问题，从而促进新创企业稳定发展。

张炜、谢吉华和邢潇（2007）的研究表明，商业模式价值对创业绩效有正向影响。姚梅芳等（2008）认为，商业模式对企业的资源进行整合、排列，有助于实现机会、团队和资源之间的平衡，进而对创业绩效产生直接影响。王翔、李东和张晓玲（2010）认为，商业模式是导致企业与企业间绩效存在差异的重要驱动因素。

更多的学者从以下两个角度研究了商业模式创新对创业绩效的影响：一是商业模式创新对创业绩效的直接作用；二是与其他因素共同作用对创业绩效产生的影响，这包含了商业模式与其他因素的匹配对创业绩效的影响、其他因素在商业模式创新与创业绩效中的调节作用和中介作用、商业模式创新在其他因素与创业绩效之间的中介或调节作用。

吴隽、张建琦和刘衡等（2016）通过对200多家企业进行实证研究，验证了新颖型商业模式对创业绩效有直接的正向促进作用，且效果推理逻辑和因果推理逻辑的新颖型商业模式对创业绩效起到调节作用。其中，效果推理逻辑正向调整二者之间的关系，且比因果推理逻辑的调节作用更加明显。张郑熠、金珺和陈俊滢等（2015）研究了新创企业商业模式的主题设计对创业绩效的影响，研究发现，新颖型商业模式正向影响创业绩效，效率型商业模式影响不明显，环境的友善性和吸收能力正向调整新颖型商业模式与创业绩效的关系。郭海和沈睿（2014）以商业模式作为创业机会与创业绩效之间的中间变量进行分析，研究表明，商业模式创新的引入为企业将创业机会转化为创业绩效提供了现实操作路径,有助于创业绩效的提升。王翔(2014)实证研究了商业模式在技术创新和企业获利之间的调节作用;在不同的商业模式情境下,技术创新与企业获利之间的关系具有差异性;新颖型商业模式在技术创新与企业获利之间起到正向增强作用,效率型商业模式和新颖型与效率型两种类型兼顾的商业模式在技术创新和企业获利之间的调节作用不明显。王素娟和王建智(2016)采用多元回归技术,检验了商业模式匹配跨界搜索战略对创业绩效的影响。研究结果表明,效率型商业模式与技术知识跨界搜索战略的匹配、新颖型商业模式与市场知识跨界搜索战略的匹配有助于提升创业绩效。同时,技术知识和市场知识分别积极调节效率型和新颖型商业模式对创新绩效的作用,进而促成匹配。姚明明(2014)研究了不同的商业模式设计主题与技术创新战略的不同匹配模式如何影响后发企业的追赶绩效。研究表明,新颖型商业模式不论是与技术引进战略还是与自主研发战略的匹配都能够提升追赶绩效。管玉娟(2015)研究了产品创新与商业模式创新的组合对创业绩效的影响。

1.4.5 商业模式研究的评述

新创企业的成立不仅代表着新企业的出现,也表明需要构建一种机构制度及推行一定的管理方式。由文献综述我们可以看出,商业模式是企业价值创造的核心逻辑,是企业组织的价值产生机制。新创企业需要新颖型商业模式。随着商业模式领域的研究越来越丰富,已有不少学者在探讨商业模式对创业绩效的影响。学者们将商业模式的研究拓展到新的领域,开始探索商业模式作为一个影响因子与其他要素之间的匹配对创业绩效的影响(Zott & Amit, 2008)。魏江、刘洋和应瑛(2012)认为,商业模式创新与企业战略、技术创新等的匹配已成为现有研究的热点。可见,商业模式的研究已经逐步进入与企业要素协调匹配共同促进企业成长的领域。但这领域的研究才刚刚起步,对新创企业如何设计与其他要素相匹配的商业模式以促进自身的生存和成长的研究比较缺乏,需要学者们进一步探索。

1.5 创业学习的相关研究

虽然国内外的学者对创业学习进行了大量的研究,但其内涵并没有得到大家的一致认同。笔者认为，目前关于创业学习的研究还不够深入，主要集中在创业学习模式、学习过程及对创业活动的影响三个方面（单标安等，2014）。

1.5.1 创业学习理论的发展

在关于创业的研究中，创业者如何将先前经验进行转化以获取新的知识来帮助创业成功已经成为学界和实践领域关注的问题。与成熟企业相比，新创企业由于刚刚成立，拥有的资源少，因此，难以凭借自身的资源优势来占领市场。创业者只有在先前知识和经验的基础上，不断地对内、外环境进行观察、思考、反思和总结，才能有效地识别和开发创业机会，这个过程即创业学习的过程。

在关于创业机会的研究中，学者们强调了创业者对创业机会识别与开发的影响，但事实表明，从创业学习的视角解释这一现象更有说服力（Politis，2005）。很多学者探讨了创业学习对创业过程的影响，并对创业学习的概念进行了界定。

创业机会是创业过程的核心，在其识别和开发的过程中，都需要创业者具备丰富的知识，而创业学习能够帮助创业者不断地获取新的知识，进行知识的储备，这将有助于创业机会的识别与开发（Smilor，1997）。安德森（Anderson）（1982）认为，创业学习就是不断将新的知识与已有知识进行整合，并应用于创业的过程；知识来源于先前的经验和对别人的模仿。迪金斯（Deakins）和弗里尔（Freel）（1998）认为，创业学习是创业者为了提升创业能力而进行的学习。瑞伊（Rae）和卡斯威尔（Carswell）（2001）认为，创业学习指创业者为了识别和开发新机会，在企业创立和管理新创企业的过程中重构新方法的过程。国内学者夏清华（2008）指出，创业学习是创业者将先前经验和知识进行转化从而积累和创造新知识的过程。

以上学者认为，创业学习大多来自先前经验和知识的转化。除了先前经验之外，学者们也研究了其他因素。明尼蒂（Minniti）和拜格雷夫（Bygrave）（2001）认为，创业者不仅通过经验进行学习来获得创业知识，还会从失败中总结经验教训来获得知识。这一学习方式除了能够增强创业者的自信心外，还能够扩充知识。对于先前经验如何通过学习转化为有用的创业知识，学者波利蒂斯（Politis）（2005）认为，创业学习是开发有关创建和管理新企业的知识的过程，并提出了经验转化为知识的过程和方式。

蔡莉等（2012）认为，目前关于创业学习的概念，学者们持有两种观点：一是认为创业学习是获取、积累和创造知识的过程，二是认为创业学习是获取知识的一种途径。创业者可以通过观察他人行为、试错等方式来获取知识。学者们虽然对创业的概念有分歧，但一致认为：创业知识是创业学习的结果。

关于创业学习，学者们研究的层面也不同，目前主要分为个人层面和组织层面。大多数学者在进行研究时以创业者为研究对象，认为创业学习是创业者个体的行为，但也有一部分学者从组织的角度进行创业学习的研究（陈文婷和李新春，2001；刘井建，2011），这些研究中对组织层面创业学习的研究与组织学习的研究比较相似。

综合表1-6中关于创业学习的定义，结合本研究的目的，笔者认为，创业学习是在创业过程中，创业者为获取创业知识进行学习的过程，创业者依据其所处的环境和自身的经验知识，为提高知识水平和创业能力，不断地通过学习获取相关信息和知识的动态演进过程。对于研究的层次，笔者认为，创业学习研究个人层面的学习更合理，相比于成熟企业，新创企业组织结构不完善，还没有建立起内部的学习体系和文化，所以学习还是以创业者个体学习为主。

表1-6 创业学习的定义

学者及年份	对创业学习的定义
安德森（1982）	是通过先前的经验和在创业过程中模仿别人的行为来丰富创业知识并提高创业技能，将新知识与已有知识进行整合，最后作用于创业行为的过程
斯米勒（Smilor）（1997）	是创业过程的核心，创业者需要通过不断的学习来获得和提高创业意识、机会开发、资源获取和管理企业的能力
迪金斯和弗里尔（1998）	是创业者在创业过程中为了提升网络化能力、总结经验、反思既往战略、认知失误、获取资源、吸收外部成员加入创业团队等进行的学习
瑞伊和卡斯威尔（2001）	是指创业者在识别和开发新机会及创立和管理新创企业的过程中重构新方法的过程
波利蒂斯（2005）	运用经验学习理论分析了创业学习过程，把创业学习看作持续开发有关创建和管理新创企业的知识的过程

续表

学者及年份	对创业学习的定义
明尼蒂和拜格雷夫（2001）	是适应性动态过程
鸿薷吉马（Atuahene-Gima）和穆里（2007）	主要是指创业者的学习，也即创业者吸收、积累和利用信息和知识的一种有益方式
陈弘昕（Chen）（2009）	从动态学习的角度将创业学习定义为企业创建过程中通过获取外部知识而进行的连续性行为，它是动态性、社会化的行为

1.5.2 创业学习的模式

由于在概念上存在着创业学习是创造知识的过程还是一种获取知识的途径的分歧，所以创业学习的模式也有差异。有的学者从认知学习的视角认为，创业学习是创业知识创造的过程，该视角强调的是创业过程中知识的获取、分享和利用（Minniti，2000；Politis，2005）。也有学者从研究层面的角度对创业学习进行分析，瑞伊（2001）将创业学习的层面分为组织层面和个人层面。在组织层面的相关研究中，詹姆斯·马奇（James G. March）（1991）从组织学习的视角将学习分为探索式创业学习与利用式创业学习，探索式创业学习主要通过搜索、试验、创新等方式获得新颖、多样的知识（Levinthal & March，1993），利用式创业学习是使目前现有的知识和能力变得精练并加以挖掘（Rothaermel & Deeds，2004；Schulz，2001；杨隽萍等，2013）。陈文婷和李新春（2010）、刘井建（2011）等也从组织层面对创业学习进行了研究。他们关于组织层面创业学习的研究与组织学习的研究相似，学习的方式包含探索式学习和利用式学习两种。以上学习方式更适合成熟的企业，对于新创企业是否适应还需要进一步验证。杨隽萍、唐鲁滨和于晓宇（2013）对探索式学习和利用式学习的研究进行了总结，他们认为，利用式学习是使已有知识和能力变得精练并加以挖掘，很少有冒险的成分；而探索式学习是创造新的知识的过程，这个过程具有创新性和冒险性，同时在促进创新的基础上保持竞争的优势。他们认为，在市场竞争激烈的条件下，探索式学习更能促进新创企业的发展。

在创业学习的个人层面的研究中，学者们通常将创业学习分为经验学习、认知学习和实践学习。经验学习是创业者对已有的经验和知识进行转化从而获得创业知识的过程。波利蒂斯和加布里埃尔森（Gabrielsson）（2005）

认为，经验学习过程中通过提炼、转化、扩展及修改相关经验能够拓展创业知识体系，将新知识应用到创业机会的识别和开发中，这有助于企业解决创业过程中遇到的问题。蔡莉等（2012）认为，创业者将原有的经验、经历等转变成知识，可用以指导创业实践。认知学习，也称"榜样学习"或"观察学习"，是通过观察和向标杆进行学习而获得创业知识的过程。霍尔库姆（Holcomb）（2009）研究表明，认知学习是通过观察和模仿别人学习新知识并与自己的认知结构相结合的过程，是一种将外部获取的知识内化以提升知识储量的过程；通过有效地向别人学习构建认知的模式可以提高自身学习的效率。库恩（Coon）（2004）认为，认知学习是通过对他人的学习，吸收新的知识，与自己的认知模式进行组合重构并对自身的能力、观念进行重组的过程。实践学习则是通过自身的实践获得知识。在较为动荡的环境中，创业者难以根据以往的经验进行学习，也难以仿照他人，此时创业实践是获取和领悟新知识最好的方式。经验学习、认知学习和实践学习并非孤立，而是相互补充的（蔡莉等，2012）。创业学习的模式分类具体如表1-7所示。

表1-7 创业学习的模式

学者及年份	创业学习的模式
格林（Green）等（2003）	创业经验学习、创业认知学习和创业实践学习
马奇（1991）	利用性学习、探索性学习
斯雷特（Slater）和纳沃（Narver）（1995）	适应性学习、创造性学习
葛宝山和王浩（2017）	经验学习、认知学习和实践学习
科普（Cope）（2005）	适应型的创造式学习和预期型的创造式学习
波利蒂斯（2005）	探索式学习、利用式学习
单标安等（2014）	经验学习、认知学习和实践学习
蔡莉、汤淑琴和马艳丽等（2014）	经验学习、认知学习
安宁和王宏起（2011）	探索性学习、开发性学习

本研究的对象是新创企业，规模较小、员工人数少并且结构不够完善，所以笔者研究了个人层面的创业学习与企业成长绩效的关系。创业者可以通过转化先前积累的经验或者观察他人的行为等获取和掌握相关创业的知识（Cope，2005；Holcomb，et al.，2009）。在创业过程中，创业者的学习途径

主要有两条,即经验学习和认知学习(蔡莉、汤淑琴和马艳丽等,2014)。而根据单标安等(2014)的研究,经验学习和认知学习对新创企业的影响最大。所以本书主要探讨经验学习和认知学习对创业过程的影响。

1.5.3 创业学习与新创企业的成长

新创企业面临着资源短缺、市场环境不确定等问题,在解决"新进入缺陷"的问题上,创业学习是方法之一,可促进企业的成长(于晓宇,2011)。创业学习能够使创业者进行相关经验和知识的积累与创造(Rae,2006),同时帮助创业者更好地进行决策(Minniti & Bygrave,2001)。所以,学者们认可创业学习对新创企业的生存和成长起着积极的作用。通过创业学习形成新的知识有助于构建企业的竞争力。同时,组织学习也有助于创业企业形成新的知识,提升企业的创新能力,为创业绩效的增长奠定基础(Hurley & Hult,1998)。

国内外的学者研究了创业学习对创业绩效的影响。明尼蒂和拜格雷夫(2001)在创业学习的基础上更新相关的知识,旨在进一步矫正企业的策略从而提升创业绩效。昂(Ang)等(2008)通过研究发现,经验对提高选择和评估能力具有积极作用,对企业短期财务效益的提高和长期战略绩效的改善具有积极作用。萨德勒-史密斯(Sadler-Smith)等(2006)研究了在高度竞争的环境中,学习是组织高效运作的核心能力,企业家具备高效学习的能力特质是企业成功的关键。

国内学者对这一问题的探讨也做了很多研究。安宁和王宏起(2011)将创业学习分为探索型学习和开发型学习,研究了不同的创业学习模式在先前经验和新技术企业绩效之间的中介作用。结果表明,创业学习模式在创业者先前经验与新技术创业绩效间起到部分中介作用。刘井建(2011)采用多群组 SEM 方法对新创企业和成熟企业进行比较分析,发现创业学习、动态能力对新创企业绩效的作用相比成熟企业更显著。赵文红和孙万清(2015)以西安高新技术开发区的 165 家新创企业的调研数据为依据,探索了创业者的先前知识对创业绩效的作用,并检验了探索型学习和应用型学习的调节作用。研究结果表明,探索型学习负向调节产品/技术知识与创业绩效之间的关系,而应用型学习的作用则相反;探索型学习正向调节顾客/市场知识与创业绩效之间的关系。蔡莉、汤淑琴和马艳丽等(2014)研究了不同的学习

1 文献回顾与评述

方式对创业能力的影响并进而影响了创业绩效,研究表明,无论是经验学习还是认知学习均对新创企业的绩效产生积极影响;创业能力在创业学习和创业绩效之间起到中介作用,但是不同的创业能力在二者间的中介作用不同。赵文红和王文琼(2015)也以西安高新技术开发区的 165 家新创企业的创业者调研数据为依托,探讨了创业学习与创业绩效的关系,以及创业环境的调节作用。结果显示:① 探索型学习能够有效促进资源构建,而应用型学习则相反;② 探索型学习和应用型学习的交互项与资源构建呈负相关;③ 环境动态性能够促进资源构建与创业绩效间的正向作用,而环境敌对性的作用则相反。林琳和陈万明(2016)构建了创业导向、双元创业学习与新创企业绩效关系的理论模型并进行了实证研究。先动性与创新性两个维度分别与利用式创业学习和生存绩效呈正相关。创业导向分别通过利用式创业学习和探索式创业学习影响新创企业的生存绩效和成长绩效。杨隽萍、唐鲁滨和于晓宇(2013)的研究也表明,创业学习正向影响成长绩效,创业网络通过创业学习的中介作用影响成长绩效。该研究进一步揭示了不同的创业学习方式在与创业网络来源匹配时对创业绩效的影响有差异。

1.5.4 创业学习研究的评述

从关于创业学习研究的文献梳理中,我们可以看出,目前关于创业学习的研究主要集中在其对创业机会识别的影响上和创业学习与其他因素共同作用对创业绩效的影响上。以上研究验证了创业学习对创业过程具有正向作用,这为后续进一步探讨创业学习的研究奠定了基础。

1.6 创业机会、创业学习、商业模式与新创企业成长的相互关系

1.6.1 创业机会与商业模式

关于创业机会和商业模式之间的关系研究,主要体现在以下几个方面。
(1)商业模式是创业机会的开发机制
创业的过程是机会开发和资源整合的过程(Stevenson,2002)。商业模式是价值创造的机制,是企业为了开发创业机会而进行的资源整合模式和组

织设计。佐特和阿密特（2008）认为，商业模式通过开发创业机会而创造价值，这一过程需要整合资源，它是超越核心企业的跨边界相互依赖的活动系统。

（2）商业模式的中介作用

商业模式在创业机会和价值的实现之间起到中介作用。切萨布鲁夫（2002）通过对技术企业的研究发现商业模式是链接技术潜力和实现经济价值之间的启发逻辑。企业设计独特的商业模式有助于商业潜力的实现（Franke, et al., 2008）。只有当创业机会的开发与商业模式有机整合时，才能确保机会价值的获取（Teece, 2010）。创业机会影响了商业模式的设计，当创业机会不确定时，商业模式的构想也难以实现（Heirman, 2004）。国内学者通过实证研究也进一步验证了商业模式在创业机会与创业绩效之间所起的中介作用（郭海和沈睿, 2014；王翔, 2014）。

（3）商业模式是创业者对机会的不断丰富和逻辑化

创业机会的识别是创业的起点，创业者需要对识别出的创业机会进行加工，进而形成差异化的商业模式。当创业者构建起商业概念并逐步得到完善时，创业机会就发展成商业模式。卡萨德苏斯-马萨内尔（2010）认为，商业模式就是一种企业逻辑，它围绕如何运营、如何为股东创造价值、如何组织各种活动和资源来保障持续获利和企业成长。哈默尔（2000）认为，商业模式是一个框架，用以明确如何创立公司、销售产品和获取利润。玛格丽塔（2002）更是进一步认为，在创业之前如何将创意实现，需要以商业模式构建资源来进行价值创造逻辑的设计。她认为，商业模式就是一个关于企业如何挣钱的"故事"，尤其在创业前期，创业者能否讲好这个故事非常关键。

由以上研究，我们可以看出，商业模式是为了把握创业机会，通过整合企业内外部资源进行创业机会开发，为客户创造价值从而实现新创企业生存与发展的一种组织形式。学者们都认可商业模式在创业机会开发上的作用，但这一作用是如何发生的，不同的创业机会采取哪一种商业模式才能更好地提升创业绩效？另外，目前的研究主要探讨商业模式对创业机会的作用，反之，创业机会是如何影响商业模式的设计的，不同的创业机会是否会影响商业模式的创新，回答以上问题，还需要进一步探索创业机会对商业模式创新的影响机制，进而探讨对成长绩效的影响机制。

1.6.2 创业机会与创业学习

早期的研究主要集中在创业学习对创业机会识别的影响上（倪宁和王重鸣，2007）。瑞伊等（2001）也认为，创业学习的目的在于对创业机会的识别与开发，并能够成功组建和运营创业企业。由于存在"新进入缺陷"，创业者需要不断解决新问题，捕获新机会，实现资源与机会的匹配，进而实现企业的持续成长。这一过程依赖对信息和知识的获取与转化的学习过程（Corbett，2007）。杜塔（Dutta）和克罗森（Crossan）（2005）提出，创业机会的识别建立在创业者的知觉、解释及对环境因素的理解活动的基础上。创业机会的识别需要创业者具备一定的经验和知识，才能进行机会的发现或者创造。迪莫夫（Dimov）（2007）的研究表明，创业者对前沿技术和新知识的掌握有助于识别创业机会，进而先于竞争对手开拓市场。波利蒂斯和加布里埃尔森（2005）的研究也证实了企业家探索式学习与创业机会识别呈显著正相关。

国内学者近两年开始初步探索创业学习对创业机会识别的影响。刘井建（2010）据考博特（Corbett）和兰普金（Lumpkin）等的相关研究将创业机会识别阶段与创业学习模式探索匹配并探索层级提升的路径，阐释了创业学习对新创企业成长的作用机理。陈文沛（2016）探索了经验学习、认知学习和实践学习对创业机会识别的影响，认为创业学习在关系网络和创业机会识别之间起到中介作用。李军和杨学儒（2016）等探讨了探索型学习和利用型学习对创业机会识别的影响，认为探索型学习对创业机会的识别具有显著影响，但利用型学习与创业机会的识别成倒"U"形关系；同时，强调社会网络的联系强度在创业学习和创业机会识别中间起到调节作用。张秀娥、祁伟宏和李泽卉（2017）通过对创业者经验、创业学习、创业自我效能、创业机会识别四者之间的内在关系的分析，探讨了创业学习对创业机会识别的作用用。研究表明，探索型学习在创业者经验和创业机会识别之间起着部分中介作用，应用型学习在创业者经验和创业机会识别之间起着完全中介作用；创业学习对创业机会的识别有着显著的正向作用。

笔者认为，关于创业学习对创业机会的影响的研究才刚刚开始，在这一研究领域中，关于创业学习是如何影响创业机会的识别是最主要的内容，而关于创业学习是如何影响创业机会的开发则关注得比较少，但也有学者涉及,比如,陈弘昕(2009)注重研究创业学习在整个创业过程的动态性。国内学者夏清华(2010)在回顾新创企业成长理论的基础上,提出了新创企业成长框架,强调了创业学习在整个创业过程中,尤其在新创企业成立后的作用。

1.6.3 创业学习与商业模式

组织学习对商业模式的创新有一定的影响,这个观点在学术界已经达成共识。商业模式的创新就是要打破原有的价值创造体系,构建新的价值创造方式。组织学习理论认为,打破惯性的最有效的途径就是接触新的知识和信息。切萨布鲁夫(2010)认为,商业模式的创新过程实质是开放式学习的过程;在行业层面上会发现价值创造和获取的方式具有很强的相似性,这其实就是相互学习的结果。克里斯坦森(Christensen)和斯奈德(Snyder)(1997)研究发现,成熟的企业之所以屡次被新企业打败,根本原因是这些成熟企业嵌入在一定的行业内部的网络中,习惯了从行业内部获取知识,很难从行业外获取新的知识以打破原有的价值创造逻辑。由于总是跟从既有的顾客、供应商和同行,因此,形成了价值网络的惯性。如果想要在竞争中获得优势,必须打破这一惯性,善于学习行业外的知识。所以,构建新颖型商业模式也需要从不同的网络中学习新的知识。

很多学者在探讨商业模式创新时认可知识管理的作用(王建刚等,2011),但极少进一步研究创业学习与商业模式创新之间的关系。所以,在笔者看来,这一方面的研究还有待进一步探索。

1.6.4 创业机会、创业学习与商业模式

通过文献分析,笔者发现,创业机会、创业学习和商业模式三者之间都有一定的联系,但目前的研究不够深入,很少有学者分析创业学习对创业机会开发的影响。张红(2016)虽然也探讨了创业学习、创业机会与商业模式之间的关系,但还是着重在创业学习如何影响创业机会的识别上,进而研究三者之间的匹配关系。作为创业机会开发机制的商业模式与创业机会有着很大的关系,创造型创业机会更容易产生新颖型商业模式。由先前的文献可以看出,创业学习在商业模式创新上的作用也很少被深入探讨。所以,笔者认为,创业过程中一定存在着"创业机会—创业学习—商业模式创新"的作用

机制，至于这一作用机制有着怎样的作用机理和路径还需要进一步探讨。

1.6.5　创业机会、商业模式与创业绩效

关于创业机会、商业模式与创业绩效的研究已经有学者进行初步的探索，尤其是商业模式创新在创业机会与创业绩效之间的中介作用更是学者们关注的焦点，而对其他类型的商业模式的作用分析较少。

郭海和沈睿（2014）运用交易成本理论和资源依赖理论，探讨了创业机会在转化成创业绩效的过程中商业模式所起的作用。研究表明，创业机会对创业绩效有影响；商业模式创新在创业机会与创业绩效之间起到中介作用，环境在创业机会与商业模式创新之间起到调节作用。该研究验证了商业模式创新的中介作用，但没有对其他类型的商业模式的中介作用进行分析。尤其是在探讨创业机会对商业模式创新的影响机制上，只分析了直接作用，对间接作用没有进一步探讨。张承龙（2013）将创业机会和商业模式作为网络嵌入与技术创业绩效之间的中介进行分析，同时分析了商业模式设计类型的调节作用，但没有涉及创业机会与商业模式之间的关系研究。

另外，笔者发现，目前研究的焦点集中在创业机会上，虽然暗含了商业模式的主题设计对创业机会开发的影响，但并没有进行案例或者实证的研究。其实，在创业机会开发的过程中，不同的创业机会适宜采用哪种商业模式设计才是创业者尤其关注的问题。大量的现实案例也表明，创业者即使拥有很好的（市场或技术的）创业机会，也会由于缺乏明确的价值主张、价值创造和价值捕获的逻辑从而导致创业失败；也有创业者面临即使针对创业机会进行了商业模式的主题设计，依然没能产生较好的创业绩效。同时，基于不同的创业机会类型需要设计与之相匹配的商业模式的共识，不同的商业模式类型如何与创业机会匹配以促进新创企业的生存和成长，在企业发展的不同阶段创业机会与商业模式的设计呈现怎样的动态匹配特点也需要进一步分析。

1.7 环境的不确定性

环境是企业经营过程中必须考虑的因素（Duncan，1972）。企业的外部环境比较固定，通常是供应商、客户、竞争对手。因为环境的特点会影响企业的战略决策和组织绩效，所以企业的经营活动需要与环境相适应（Aldrich & Pfeffer，1976）。创业环境对创业绩效有着重要的影响，是创业主体进行创业活动的全部外部因素的总称（Gartner，1995）。

对于环境的具体维度，学者们进行了深入的研究，奥德里奇（Aldrich）（1979）将环境分为三个维度，即环境容忍度、环境动态性和环境复杂性。由于产品和顾客的需求还不确定，新创企业难以进行市场预测，因此，环境的不确定性高，这一特点增大了新创企业失败的风险。

米尔肯（Milken）（1987）将环境的不确定性定义为人们对于外部环境变化动向的不可预知程度。关于环境动态性的测量，邓肯（Duncan）（1972）认为，构成因素包括动态性和复杂性。米勒和弗里森（Friesen）（1983）将环境的不确定性分为变动性、异质性、竞争性三个维度。迪安（Dean）（1991）认为，环境的不确定性由复杂性、动态性和丰富性构成。在匝若（1996）的研究中，动态性、敌对性和异质性是环境不确定性的三个构成维度。李大元（2009）将环境的不确定性分为动态性、敌对性两个维度。王玲玲等（2018）将环境的不确定性分为竞争性和需求性两个维度，研究环境不确定性对商业模式创新的影响。郭海和沈睿（2014）从环境的竞争性和动态性角度来研究环境不确定性对商业模式创新和创业绩效的影响。

基于以上分析，本书根据新创企业面临的市场特点，将环境的不确定性分为竞争性和动态性。竞争性是指影响组织生存与发展的资源稀缺程度和资源获取的竞争激烈程度。郭海和沈睿（2014）的研究认为，竞争强度是反映环境不确定性的重要因素。竞争强度越高，竞争对手的替代性创新和竞争性创新都会使得创业机会的识别与开发具有很大的不确定性。从交易理论的角度看，竞争性的增强将会加大交易成本。在竞争激烈的环境中，竞争对手的介入、替代品的出现、目标客户的转移等都会增加企业收益的不确定性。匝若和科文（Covin）（1995）发现，在恶劣的竞争环境中，积极应对、保持创新有助于企业成长。对于新创企业来讲，企业初创期若市场竞争激烈并且没有创新产品，则难以在市场立足，相反，若市场需求很大且还有成长空间，则有益于新创企业快速获取合法性。所以，环境的竞争性对新创企业的绩效有着重要影响。

环境的动态性一直是环境要素研究中关注的内容，尤其是关于创业企业的研究，更是将其作为重要的因素，因为对于环境的变化，新创企业没有足够的资源来应对。通过文献梳理，笔者发现，动态性作为调节变量是一个很重要的研究内容。研究表明，越是创新，新创企业越能够从容应对市场的变化。姜爱军（2012）的研究也发现，环境动态性作为调节变量，对中小企业的网络嵌入、动态能力和企业成长有调节作用，环境的动态性越高越能强化这一关系。环境的动态性不仅在创业者和企业创新之间起到正向调节作用（Baron & Tang，2011），还在企业战略导向和创业绩效之间起到调节作用（Lumpkin & Dess，1996）。匝若和博格纳（Bogner）（2000）研究了技术战略和创业绩效的关系，研究结果表明，在相对动态的环境中，产品技术战略的调整有助于创业绩效的提升。夏清华等（2016）的研究表明，环境的不确定性在商业模式创新与创业绩效之间起到负向的调节作用。

本书在探索创业机会与商业模式的匹配对创业绩效的影响时，分析了环境不确定性对这一关系的影响。新创企业由于面临着不确定的环境，因此，会不断寻求新的机会，重塑自己的创业机制以形成企业竞争力。创业机会的开发是在外部环境约束下的一种博弈行为（买忆媛，2009）。新创企业处于不同环境下，开发创业机会所付出的成本和获得的收益必定会存在差异，这一差异也会影响其自身的绩效进而影响其成长。比如，在竞争激烈的环境中，企业只有创新产品和构建新颖的价值创造体系，才能提升创业绩效。在动态性高的情况下，各种因素难以预测，行业内的创新会不断涌现。此时，新创企业只有通过开发创造型创业机会才能树立先动优势，以利于企业的持续发展。本研究将关注环境的不确定性对创业机会和商业模式的匹配与新创企业成长绩效的调节作用。

1.8 现有研究评述及其对本书的启示

通过文献梳理，笔者发现，新创企业具有"新进入缺陷"，组织内在能力的缺乏和外部环境的不确定是大量新创企业失败的根源。如何在现有研究不足的基础上充分考虑新创企业的独特性，探究其成长的机制是本研究寻求创新的一个重要的出发点。

新创企业的成长就是不断地识别和开发创业机会的过程。现有的研究中，很少涉及新创企业如何更好地开发创业机会的问题。资源和机会是新创企业成长的起点，新创企业只有把资源转变为与创业机会相匹配的组织能力，才能促进自身的成长。而商业模式是资源整合的基础和企业价值创造的逻辑。当商业模式的设计与创业机会的特点相匹配时，就会提升新创企业的生存率进而促进其成长。笔者认为，可以从以下几个角度展开研究：

第一，以创业机会与创业理论的研究为基础，进行创业机会类型的研究及创业机会量表的开发。创业机会目前大多被分为创新型和模仿型两类，但这并不能体现创业者的创业机会识别的思维逻辑和创业过程的特点，我们可以从目前关于创业机会类型的研究中受广泛关注的发现观和创造观的角度进行创业机会的划分和创业机会量表的开发，丰富创业机会的研究。

第二，商业模式是一种重要的创业机会开发机制。商业模式如何与创业机会匹配来促进新创企业的生存和成长，尤其是在创业企业发展的不同阶段，创业机会与商业模式呈现怎样的匹配特点，都需要进一步分析。目前针对商业模式对创业机会的作用的研究还处于初步阶段，基于创业过程理论和商业模式理论，还需要进一步探索"创业机会—商业模式—创业绩效"的内部机制，并考虑环境的不确定性在这一过程中的调节作用。

第三，基于创业学习的中介作用，探索创业机会与商业模式匹配的路径。研究表明，创造型创业机会有助于商业模式的创新，但这一内部作用机制并没有被学者进一步探讨。通过文献研究，笔者发现，创业学习在创业开发的过程中起着重要的作用，同时创业学习对商业模式的创新也有着重要影响，所以可以进一步探索"创业机会—创业学习—商业模式"的内部机制，从而形成"创业机会—创业学习—商业模式—新创企业成长"的创业模型。

第四，创业成长是一个动态的过程。企业成长的过程是不断识别与开发创业机会的过程，不同阶段的创业机会与商业模式如何匹配才能产生更好的成长绩效，以及在动态成长的过程中，创业机会、商业模式与创业绩效之间存在怎样的相互影响机制，这些问题对研究新创企业的成长有着重要的意义，也需要学者们进一步研究。

1 文献回顾与评述

以上研究内容的展开将进一步推动探讨出创业过程中各要素如何匹配才能促进新创企业成长的内在机制。

1.9 本章小结

本部分内容回顾了与企业成长理论、新创企业成长、创业机会、商业模式及创业学习等概念相关的国内外学者的有关研究,并对创业机会、创业学习和商业模式,以及三者之间的互动对新创企业成长的影响研究的现状进行了深入探讨。这对于本书的研究奠定了重要的文献与理论研究的基础。笔者通过文献梳理发现,新创企业具有"新进入缺陷",组织内在能力的缺乏和外部环境的不确定是大量新创企业失败的根源。新创企业的成长就是不断地识别和开发创业机会的过程。现有的研究中对新创企业如何更好地开发创业机会的研究很少涉及。资源和机会是新创企业成长的起点,而商业模式是资源整合的基础和企业价值创造的逻辑,通过对"创业机会—商业模式设计—创业绩效"内部机制的研究,进而探索新创企业成长的规律,将为本研究提供新的视角,并对研究即将展开的思路有积极的启发作用。

2 案例研究与理论模型构建

通过对相关文献的梳理,笔者进一步明确了本研究的理论基础和需要解决的问题。在文献研究中,我们发现,商业模式是价值创造的体系,是创业机会开发的机制。只有选择合适的商业模式才有助于开发创业机会,提升新创企业的成长绩效。本章内容通过案例的选择、数据的收集、数据的编码与分析等步骤进行初步研究,构建创业机会、商业模式和新创企业成长绩效关系的初始理论模型。

2.1 研究设计

案例研究作为一种经验性的研究方法,有助于建立或拓展理论,并能够很好地解释"怎么样"和"为什么"的问题(Yin,2009)。本书探索的是创业机会与商业模式如何匹配才能更好地促进新创企业成长绩效的提升。目前关于这方面的研究涉及较少,现有的理论也难以准确解释这一现象,所以笔者将通过探索性案例研究来探究这一问题。

2.1.1 案例选择

笔者在第1章已经指出本研究的研究对象是新创企业,尤其是成立8年以内的企业(Zahra,1993)。在案例的选择上,本研究除了对企业的成立时长有限制以外,还设有如下标准:① 地理范围上同属于苏州市的企业,以降低地域性的差异;② 为看到企业的成长过程,案例企业必须成功地进行了创业机会的开发;③ 行业的分布上有差异,且具有一定的代表性;④ 获得企业信息的可行性和丰富性。表2-1为案例企业2017年的基本情况。

2 案例研究与理论模型构建

表 2-1　案例企业 2017 年的基本情况

企业	A(电子商务企业)	B(包装科技企业)	C(网络平台企业)	D(光电企业)
成立年份	2014 年	2011 年	2010 年	2012 年
2017 年员工数/人	8(代理商家分销商 123 人)	28	230	28
2017 年销售额/万元	890	1 500	800	1 000
主营业务	农产品品牌的孵化和销售	个性化产品包装	淘宝导购交易平台	条码扫描仪和扫描引擎
主要市场	国内	国内和亚洲	国内	国内

2.1.2　数据的收集

本研究收集的数据主要是一手的访谈资料和二手的宣传资料。一手资料主要是通过对创业团队、客户等的访谈获得，二手资料主要通过企业的网站或者 App、企业相关的报道及企业的宣传资料等获得。笔者在访谈之前，向被访谈对象说明了创业机会、商业模式、创业学习和创业绩效的相关概念，然后进行访谈大纲的设计，通过对创业企业创业过程的详细访谈以获得相关资料，再根据结果资料进一步识别出相关的内容。在访谈的过程中，为保证数据的准确，笔者遵循"三角验证"原则，使用多种数据来源，同时在资料整理的过程中遇到不确定的问题时，笔者及时与访谈人员沟通，增加效度后再进行分类整理。案例企业的资料收集方式见表 2-2。

表 2-2　案例企业的资料收集方式

企业	访谈次数	实地考察	二手资料
A(电子商务企业)	CEO 3 次、创业团队其他成员 1 次、分销商 3 次	公司实地考察，参与招商会 2 次	公司内部资料、宣传资料、网站资料、手机客户端及相关的报道
B(包装科技企业)	CEO 2 次、员工 4 次	公司实地考察	公司网站资料、内部报告、宣传手册等
C(网络平台企业)	CEO 1 次、部门负责人 2 次、员工 3 次、客户 4 次	公司实地考察	公司网站资料、内部资料
D(光电企业)	CEO 2 次、部门负责人 3 次	公司实地考察	公司网站资料、内部资料

2.1.3 数据的编码与分析

笔者参考阿尔瓦雷兹和巴尼（2007）的研究，将创业机会识别的方式分为发现型和创造型。同一企业可能同时存在这两种类型的创业机会，笔者选择的样本均以其中一种创业机会识别方式为主。关于商业模式，笔者遵循米勒（1996）、佐特和阿密特（2007）的研究，将商业模式设计的主题分为效率型和新颖型进行分析，并进行理论的构建和检验。借鉴蔡莉（2014）、单标安（2014）的研究，笔者将创业学习分为经验学习和认知学习。而关于新创企业成长类型，笔者借鉴科文和斯莱文（Slevin）等（1990）的研究，将其分为成长潜力和盈利能力。

在此基础上，笔者采用典型内容分析编码和归纳式数据编码相结合的方法，对收集的定性数据进行分解、比较，使其概念化和范畴化，从大量的定性资料中提炼主题，进而探究概念之间的逻辑关系。笔者严格根据已有的理论设定编码的变量并进行相应的编码。笔者在进行数据分析时：首先，针对访谈录音、二手资料进行一级编码归档，对4家企业的访谈资料做标记，依次为F1、F2、F3、F4；对于二手资料，依次编为S1、S2、S3、S4，以形成本研究的文字材料。其次，根据创业机会、商业模式、创业学习和创业绩效相关理论，定义出相关编码变量，并对每个案例企业的表现特征进行归档编码，形成二级条目库。最后，通过案例间的分析，对比4家企业的各个变量，并进行归纳总结，识别出变量间的相互关系。

在编码的过程中，为保证研究的信度，笔者采取双人编码，有异议的地方反复讨论直到达成一致，无法达成一致的条目则删除，并将编码的结果与企业相关人员进行研讨，数据得到确认后方进入下一个阶段。笔者根据相关理论和证据梳理提出了变量的测度与特征表达（表2-3）。

表 2-3　变量的测度与特征表达

变量	测度	特征表达
创业机会	发现	机会的来源基于经历和经验、兴趣爱好的影响；机会决策基于风险数据的分析收集工具；战略上，比较完整、变化较小；以速度、保密和设置进入障碍来保持竞争优势
	创造	基于个人魅力、意愿，创业者具有较强的质疑、观察、社交、说服大众的能力；创业者对跨组织边界较关注并进行资源的整合；创业决策采用迭代、归纳、渐进的方式；公司发展过程中战略是突发和变化的；以创新来保持竞争优势
商业模式	效率	交易速度快；交易流程的费用低；交易便利；交易可扩展；获取有利于决策的信息；减少信息不对称；交易的透明；运作模式与竞争对手相似
	新颖	新的参与者；空前的大量参与者和产品；参与者之间新的连接；空前的大量连接（质量和深度）；商业方法上的专利申请；商业模式的首创；新的（连接）产品、服务和信息；新的激励机制；创新过程保持竞争优势
创业学习	经验学习	创业过程中注重各种经验的积累；以已有的经验进行决策；从失败中能吸取教训；使已有的知识变得精练；挖掘已有的知识
	认知学习	探索新的领域而不是重复旧的知识；通过试验解决新领域遇到的问题；经常与行业内外的人交流；向标杆企业学习，进行知识的探索；经常阅读相关的书籍和文献获得有价值的创业信息
新创企业成长	盈利能力	相比竞争对手，有较强的获利能力；过去三年创造了较好的利润；市场不景气时也能创造较好的利润
	成长潜力	将销售收入与同行相比；将员工人数增长情况与同行相比；将市场份额增长情况与同行相比

2.2　案例分析

2.2.1　案例内分析

笔者从 2013 年 9 月开始追踪企业的发展，密切关注企业发展战略的变化。基于此，本研究成立专家小组，对所收集的各个案例的数据做初步整理，然后分别对每家企业的创业机会、商业模式、创业学习、创业绩效进行详细的描述分析，以得到结构化、编码化的数据信息。为判定案例企业的创业机会、商业模式和创业学习以哪一种类型为主导，在编码的同时，专家小组还对变量表现出来的特点进行评价，同意的打"√"，非常同意的打"√√"，不同意的打"×"；将创业绩效根据其在行业中所处的水平分为"差—较差—中—较好—好"。专家组由2名学术专家和1名企业专家组成，遇到不一致的情况须通过协商确定。分析的过程中，专家们就理论、数据和文献反复研讨，以完善研究结果。

（1）创业机会

创业以创业机会的识别为起点。新创企业的创业机会存在两种类型：发现型创业机会和创造型创业机会。这两种创业机会并不是相互排斥的，甚至可能同时存在，但会以某种创业机会识别方式为主。经过案例分析我们可以看出，企业在发展的不同阶段识别了不同的创业机会。对于发现型创业机会的识别，通常是基于创业者的先前经验，如A、C、D三家企业在初创阶段基于的是创业者的先前经验，对不饱和市场的机会进行了识别，并且以速度、保密的方式获得竞争优势。而处于相同阶段的B企业则以创新获得竞争优势，以创造型创业机会为主导。在再创业阶段，企业为了进一步发展，对每个创业机会的识别方式都进行了调整。A企业在互联网创业的热潮下，为满足用户对高品质农产品的需求，进行了农产品品牌化的探索，通过对新产品的反复迭代、探索，最终赢得了市场的认可。B企业为了拓展市场空间，在"一带一路"倡议的背景下，进行了越南市场的开拓，并在越南采取与国内相似的运营模式。C企业随着原有业务的萎缩，在充分把握互联网用户需求的情况下，突破原有模式，构建电子商务平台，开发"随身购""热淘"等产品，获得了用户的认可。随着市场对二维扫描设备需求的增加，D企业以技术创新为主导，开拓新的市场。具体情况见表2-4。

（2）商业模式

企业在发展的不同阶段都会基于创业机会的特点进行商业模式的设计。新创企业的商业模式存在两种类型：效率型商业模式和新颖型商业模式。这两种类型的商业模式并不互相排斥，可能同时存在，只是在某一阶段以某一种类型为主。A企业和C企业在不同的创业阶段对商业模式进行了调整。这两家企业在初创阶段以降低成本为主要目的，均采用的是效率型商业模式，A企业初创阶段的培训业务采取了与同行相似的运营模式；C企业也开展了与同行基本一致的业务内容，复制同行的运作模式。在再创业阶段，两家企业都进行了新的市场和业务的开拓，所从事的业务没有成熟的运作系统可参考，需要结合业务的特点进行商业模式上的创新，此时两家企业的商业模式设计主题以新颖为主。B 企业在两个发展阶段都采用了新颖型商业模式，而 D 企业在创业的两个阶段都采用了效率型商业模式。具体情况见表 2-5。

（3）创业学习

创业的过程也是学习的过程。创业学习可分为经验学习和认知学习。基本上 4 家企业在不同的发展阶段采取了不同的学习方式。A 企业创始人在初创阶段基于先前的培训工作经验，成立了培训公司，模仿原来从事公司的业务内容和运营方式；C 企业创始人在创业之前有着丰富的互联网工作经验，在对已有的知识进行挖掘后，开始开发淘宝购物平台的业务。这两家企业在初创阶段采取了经验学习方式。B 企业在再创业阶段根据已有的经验在越南成立公司采用的也是经验学习的方式。D 企业在两个阶段都是基于现有产品、现有市场，运用已有的经验进行认知学习。在 B 企业的初创阶段和 A 企业、C 企业的再创阶段，创业企业从事了与原有业务完全不相关的内容，创业者需要探索新的领域，向行业外的企业学习，进行新知识的探索以解决问题，这时采用的学习方式均是认知学习。具体情况见表 2-6。

（4）新创企业成长绩效

对于不同创业阶段新创企业的成长绩效，笔者分析案例发现，在初创阶段，A 企业和 C 企业的成长绩效都较差，主要是因为这两家企业在此阶段没有竞争优势，而且市场竞争越来越激烈。B 企业因为进行了创新，能够提供低成本、高效率的创新型服务，越来越得到市场的认可，所以成长绩效好。D 企业的情况与以上 3 家企业有差异，虽然其产品不具有创新性，但运营成本低，所以也有一定的竞争力，成长绩效较好。在再创业阶段，4 家企业都进行了不同程度的创新和改进，成长绩效都好，为企业的进一步成长打下了基础。具体情况见表 2-7。

表 2-4 创业机会典型证据举例及编码

企业	时间	创业机会典型证据举例	具体做法	创业机会识别方式
A（电子商务企业）	初次创业阶段（2010年7月—2013年9月）	"我在培训行业做了4年，发现还有机会赚钱，便与朋友一起成立培训公司。""竞争比较激烈，客户越来越少。"（F1）	行业经验决策基于市场分析	发现型创业机会
A（电子商务企业）	再创业阶段（2013年10月—2017年9月）	"我想通过自己的力量帮助销售家乡特产。在一款蜂蜜经过不断测试推向市场后，开始拓展企业的其他产品。推广的方式包括招商会和朋友推荐，以获得客户和经销商。创始人、企业员工、客户都是产品的推广者。本公司的企业文化是核心竞争力，不惧怕别人模仿。"（F1）	跨组织边界进行资源的整合决策迭代、归纳、渐进	创造型创业机会
B（包装科技企业）	初次创业阶段（2012年3月—2015年9月）	"我在外企从事包装8年，后来读了MBA，有经验又有思路，决定试试。"（F2）创业者打破原有包装行业成本高、效率低的现状，开发包装机器人进行智能化包装，提高效率，降低成本。由于新机会的出现，公司的营销组合策略发生较大的变化，通过微型工厂，共同创业的方式开拓市场。（S2）"我们公司不惧怕模仿和竞争，欢迎合作。"（F2）	行业经验、技术创新、决策迭代创ភ造竞争优势	创造型创业机会
B（包装科技企业）	再创业阶段（2015年10月—2017年9月）	"受'一带一路'倡议的影响，创业团队开始开拓越南等市场，将国内的经营模式进行复制。"（F2）	行业经验、市场分析决策、模式复制	发现型创业机会

2 案例研究与理论模型构建

续表

企业	时间	创业机会典型证据举例	具体做法	创业机会识别方式
C（网络平台企业）	初次创业阶段（2010年5月—2013年2月）	创始人具有多年的互联网从业经验，根据当时淘宝购物客户的需求成立淘宝导购平台业务。"当时需求很大，只要用心经营一定能从中分一杯羹。"（F3）	行业经验、风险数据分析，以速度保持竞争优势	发现型创业机会
	再创业阶段（2013年3月—2017年9月）	2012年，由于淘宝不支持网站做导购。为了让公司的运营模式有所突破，除了做导购平台，创业者于2013年成立自己的交易平台，开发服务产品包含"随身购""热淘"等。（S3）	产品创新、决策迭代、战略变化大，创新竞争优势	创造型创业机会
D（光电企业）	初次创业阶段（2012年8月—2014年12月）	创业者拥有多年的光电技术开发经验，根据市场的需求开发条码扫描设备，应用于零售、医疗等领域。"刚开始开发这段时间，我们一直不敢太多宣传产品，怕别人抢占市场。"（F4）	行业经验、市场分析决策，以保持竞争优势	发现型创业机会
	再创业阶段（2015年1月—2017年9月）	"随着互联网的发展，三维扫描设备需求将会增大。我们发现这一机会，便着手进行该项专利的研发，2015年1月申请获得该项专利，并尝试生产这一产品，不断改进以满足市场需求。"现在不再偷偷赚钱，而是大力宣传我们的产品"。（F4）	技术创新、决策迭代，以创新保持竞争优势	创造型创业机会

73

表 2-5 商业模式典型证据举例及编码

企业	时间	商业模式典型证据举例	具体做法	商业模式设计主题
A（电子商务企业）	初次创业阶段（2010年7月—2013年9月）	"尽量降低成本，培训内容基本沿袭我原来服务的公司。员工也是培训师从业过程中的朋友，培训场户基本来自以前服务的客户。"（F1）	交易便利、有利于获得决策信息	效率型商业模式
	再创业阶段（2013年10月—2017年9月）	"相比其他竞争者，能够将散户的优质的农产品通过品牌的打造，区域代销商模式的运作实现有需要的客户手中，实现企业、农家、客户和代理商之间利益的共享，构建了新的交易机制。"（S1）	新的参与者，空前大量的参与者，参与者之间新的连接，新的产品服务，新的激励机制	新颖型商业模式
B（包装科技企业）	初次创业阶段（2012年3月—2015年9月）	"传统企业的包装通常是企业复制样品，进行包装设计。相比竞争对手，我们采取了智能化的包装技术。远程获得用户的包装信息，在线建模，提供方案，通过智能柔性生产降低包装生产的成本。"（F2） "同时为了鼓励员工的积极性，分销系统上采用合作创业模式，做微型工厂，实现现场包装服务。"（F2）	参与者之间新的连接，新的产品与服务、商业模式上的首创	新颖型商业模式
	再创业阶段（2015年10月—2017年9月）	"在越南建立工厂，与当地的客户保持较好的联系。在进行智能化包装的同时，由于当地部分企业信息化程度不高，企业有时会上门进行包装方案的设计，快速、便利，与客户及时沟通以了解他们的需求和改进的建议。"（F2）	参与者之间新的连接，新的产品与服务、商业模式上的首创	新颖型商业模式

续表

企业	时间	商业模式典型证据举例	具体做法	商业模式设计主题
C（网络平台企业）	初次创业阶段（2010年5月—2013年2月）	作为商家和用户之间的平台，产品和商家销售，使交易成本更加便利，高效率的选品服务，但是竞争太激烈，太容易模仿。"（F3）	交易信息透明、交易便利、低成本	效率型商业模式
C（网络平台企业）	再创业阶段（2013年3月—2017年9月）	迅速将公司的产业链再次细化，除了"随身淘"，他们还开辟出"九块九包邮精选""热淘"这两个新的产品线，三大产品线构成网络等商品平台。（S3）	参与者之间新的连接、新的产品与服务、低成本	新颖型商业模式
D（光电企业）	初次创业阶段（2012年8月—2014年12月）	"我们的目标客户主要是有条码扫描设备需求的中小企业，提供性价比高的扫描设备和解决方案。""交易方式很方便。"（F4）	交易信息透明、交易便利、低成本	效率型商业模式
D（光电企业）	再创业阶段（2015年1月—2017年9月）	"商业运作方式与原来差不多，只是改进了产品，推出各种不同的解决方案以提高客户的工作效率。"（F4）	运作模式与竞争对手相似、交易便利、低成本	效率型商业模式

表 2-6 创业学习典型证据举例及编码

企业	时间	创业学习典型证据举例	具体做法	创业学习方式
A（电子商务企业）	初次创业阶段（2010年7月—2013年9月）	"所有的内容、流程都是参照以前以前服务过的公司。"（F1）	以已有的经验探索已知的领域	经验学习
	再创业阶段（2013年10月—2017年9月）	"目前做的内容是我们以前从未没有接触过的，好不断地摸索，天天与螃蟹学习。比如，在我们开发螃蟹产品时，了解螃蟹的特点，一起了解大量的文献资料，收集一线信息，查阅大量的文献资料，逐步将产品的优势打磨出来。"（F1）	通过试验解决新领域遇到的问题	认知学习
B（包装科技企业）	初次创业阶段（2012年3月—2015年9月）	"之所以创业，是因为我有很丰富的包装行业的经验。但是还只有这点经验的话，我的包装公司很难存活，所以我们开始与机器人行业人士进行合作，开创智能化包装服务模式。"（F2）	向行业内外的专业人士学习，以试验的方式探索新知识	认知学习
	再创业阶段（2015年10月—2017年9月）	"在越南建立工厂，是出于'一带一路'所提供的创业机会。在这个过程中，我们很关注国家的政策，通过对越南市场的了解决定将这一模式复制到越南。"（F2）	运用已有知识解决问题	经验学习
C（网络平台企业）	初次创业阶段（2010年5月—2013年2月）	"那时没想那么多，别人做什么咱们就做什么，简单、高效，况且我们也有这方面的经验。"（F3）	经验的积累，相关行业内的学习	经验学习
	再创业阶段（2013年3月—2017年9月）	"这个阶段我们必须转型，要做出特色才有出路，所以我们改变了与供应商的合作模式，这种模式是在做此磨合中不断创造出来的一种模式。"（F3）	探索新的领域而不是旧重复的知识，向行业内外的专业人员学习	认知学习
D（光电企业）	初次创业阶段（2012年8月—2014年12月）	"国外有相似的设备，但价格比高的，经过努力并获得了专利。"（F4）	对已有的知识进行挖掘	经验学习
	再创业阶段（2015年1月—2017年9月）	"基本上还是用原来的经验进行生产与管理。"（F4）	经验的积累，相关行业内的学习	经验学习

2 案例研究与理论模型构建

表 2-7 新创企业成长绩效典型证据举例及编码

企业	时间	新创企业成长绩效典型证据举例	成长绩效
A（电子商务企业）	初次创业阶段（2010年7月—2013年9月）	"刚开始还能有点盈利，但是相比竞争对手，成长速度较慢，后期客户也越来越少，三年内也没有增加新员工。"（F1）	较差
	再创业阶段（2013年10月—2017年9月）	"我们公司现在的业务发展速度很快，第一款'臻蜜牌'蜂蜜第一个月的销量为1500罐，两个月后经过了两次招商会，对我们的产品感兴趣的人很多，公司人数每月以50%以上的速度增长。""发现这个市场很大，我们已有多款产品在策划中。"（F1）	好
B（包装科技企业）	初次创业阶段（2012年3月—2015年9月）	"运用软件对包装进行个性化远程软件设计，降低包装成本。企业发展速度很快，盈利率远远高于同行。虽然整个包装行业不景气，但我们的盈利情况很好。"（F2）	好
	再创业阶段（2015年10月—2017年9月）	"相比国内的竞争对手来讲，我们开发的新市场成长较快。相对越南的竞争对手，我们的产品具有创新性，成本也不算高，还是很有竞争力的。""预计明年市场会更好，我们公司打算再招聘一些员工。"（F2）	好
C（网络平台企业）	初次创业阶段（2010年5月—2013年2月）	"刚进入市场还好，能获得较大的盈利空间，因为那时竞争对手少，市场发展空间有限，比不过实力更强的企业，所以需要转型做新业务。"（F3）	较差
	再创业阶段（2013年3月—2017年9月）	"3年后自建平台日访问量有50万次，如我们最近3个月的销售额一直在增长，十几个人到两百多名员工。"（S3）	好
D（光电企业）	初次创业阶段（2012年8月—2014年12月）	"因为目前低成本开发这类产品的较少，我们开发的新产品投入市场，所以有一定的竞争力，公司也开始转亏为盈，由创业初期的亏损到现在的盈利，盈利空间还好。""利润率在30%~50%。"（F4）	较好
	再创业阶段（2015年1月—2017年9月）	"自从自主研发的新产品投入市场，在国内同行中处于领先地位。我们一直保持在销售增长快，需要扩大方面，打算招聘更多的员工。""最近一年销售增长成能力方面，打算招聘更多的员工。"（F4）	好

77

2.2.2 案例间分析

本部分将案例内分析的结果进行进一步汇总，得到表2-8。借助表2-8可以看出，不同的创业机会与不同商业模式匹配时会对新创企业的成长绩效产生不同的影响。

表2-8 案例企业创业机会、商业模式和成长绩效的汇总

企业	创业阶段	创业机会描述	商业模式描述	成长绩效
A（电子商务企业）	初次创业阶段	发现型为主	效率型为主	较差
	再创业阶段	创造型为主	新颖型为主	好
B（包装科技企业）	初次创业阶段	创造型为主	新颖型为主	好
	再创业阶段	发现型为主	新颖型为主	好
C（网络平台企业）	初次创业阶段	发现型为主	效率型为主	较差
	再创业阶段	创造型为主	新颖型为主	好
D（光电企业）	初次创业阶段	发现型为主	效率型为主	较好
	再创业阶段	创造型为主	效率型为主	好

在不同的创业情境下，企业需要采用不同资源的整合方式。创业机会与商业模式之间的匹配可以分为四种：发现型创业机会×效率型商业模式、发现型创业机会×新颖型商业模式、创造型创业机会×效率型商业模式、创造型创业机会×新颖型商业模式，如图2-1所示。成长绩效越好，说明匹配度越高。通过以上分析我们可以发现，当企业采用新颖型商业模式时，无论是与发现型创业机会还是与创造型创业机会匹配都能产生较好的成长绩效。效率型商业模式与创造型创业机会匹配时也能产生较好的成长绩效，但与发现型创业机会匹配时效果不确定。

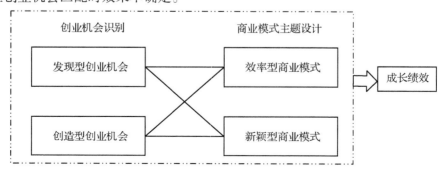

图2-1 创业机会识别与商业模式主题设计的匹配

笔者进一步对创业机会、创业学习和商业模式之间的关系进行分析发现，在发现型创业机会情境下更容易产生效率型商业模式，而在创造型创业机会情境下更容易产生新颖型商业模式。同时，商业模式类型与创业学习的方式也更相关，经验学习方式下更容易产生效率型商业模式，而认知学习方式下更容易产生新颖型商业模式。在发现型创业机会情境下，更倾向于采用经验学习方式；而在创造型创业机会情境下，更倾向于采用认知学习方式。由此可以初步推断，创业学习可在创业机会类型与商业模式主题设计之间起到中介作用。从表2-9我们可以看出，在案例中的8条匹配路径中，以"发现型创业机会—经验学习—效率型商业模式"和"创造型创业机会—认知学习—新颖型商业模式"为主。

表2-9 案例企业采用的创业机会、商业模式和创业学习一览

企业	创业阶段	创业机会描述	创业学习描述	商业模式描述
A（电子商务企业）	初次创业阶段	发现型为主	经验学习	效率型为主
	再创业阶段	创造型为主	认知学习	新颖型为主
B（包装科技企业）	初次创业阶段	创造型为主	认知学习	新颖型为主
	再创业阶段	发现型为主	经验学习	新颖型为主
C（网络平台企业）	初次创业阶段	发现型为主	经验学习	效率型为主
	再创业阶段	创造型为主	认知学习	新颖型为主
D（光电企业）	初次创业阶段	发现型为主	经验学习	效率型为主
	再创业阶段	创造型为主	经验学习	效率型为主

创业机会的特点会影响商业模式主题设计的类型，所以创业机会对商业模式的主题设计具有直接影响。同时，不同类型的学习方式在创业学习与商业模式主题设计之间起到中介作用。创业机会与商业模式主题设计的匹配机制与路径如图2-2所示。

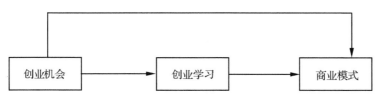

图2-2 创业机会与商业模式主题设计的匹配机制与路径

2.3 理论模型构建

2.3.1 创业机会与新创企业的成长

笔者从案例分析上验证了创业机会的来源有两种类型：机会的发现和机会的创造。企业在发展的不同阶段会遇到不同的创业机会，但这两种机会并不相互排斥，可以同时存在，只是某一阶段以某一种创业机会为主。不论是何种类型的创业机会，只要进行了有效的识别和开发都会促进新创企业的生存与成长。市场机会的选择使得连续创业者可以获得更高绩效（Gruber, et al., 2008），但对于创业机会的识别如何影响新创企业成长绩效，以及其内在的机制是什么的研究目前较少。另外，不同类型的创业机会对成长绩效的影响也是有差异的。通过案例分析我们可以看出，在创业的两个阶段，4家企业无论采取哪一种创业机会都促进了自身生存能力的提升，而企业如果要获得更好的成长绩效，创造型创业机会显然更有助于实现这一目标。吉尔尼克（Gielnik）等（2012）的研究也表明，商业创意的原创性对企业成长有积极影响，所以创造型创业机会对成长绩效的影响更明显。

2.3.2 商业模式与新创企业的成长

商业模式的主题设计是在识别创业机会后通过资源整合对创业机会进行开发的方式（陈娟和邢建国，2018）。那么，不同的创业机会更适宜与哪一种商业模式相匹配呢？从案例分析中我们不难看出，在不同的创业阶段，新创企业分别选择了效率型商业模式和新颖型商业模式。虽然商业模式有差异，但都对初创企业生存能力的提升和企业成长做出了贡献。

效率型商业模式设计的特点是交易成本低、交易效率高、进入门槛低，能够快速构建起价值创造的体系。所以，该类商业模式对成长绩效的影响通过降低成本、提高交易效率等发挥作用，以克服新创企业资源缺乏、资金短缺等的弊端（陈娟和邢建国，2018）。效率型商业模式的这一特点有助于新创企业克服交易成本太高和市场不确定性带来的风险，同时，高效的商业模式能够提高交易环节的效率，发挥企业优势。在A企业的初次创业阶段，基

2 案例研究与理论模型构建

于培训业务机会的开发,创业者采用了模仿同行的商业模式。C 企业在初次创业阶段构建的淘宝导购平台也以低成本为主要的竞争优势。这两家企业成立之初的商业模式价值主张、关键资源和关键流程都与其他成熟的企业相似,整个商业模式环节简单直接、效率极高。这一模式除了能够通过降低成本促进成长绩效的提升之外,企业由于有现成的运行体系,因此,能够快速构建起运行机制,同时提供客户熟悉的业务也能在一定程度上减少客户对业务的质疑,有助于新创企业快速建立企业的合法性,进而初步获得生存的能力。D 企业也是这种情况,不论是模仿型产品还是创新型产品的生产与开发,都采用效率型商业模式来降低新产品开发的不确定性。对于新创企业而言,由于成立时间较短,效率型商业模式能够在短期内带来平稳的财务回报。

新颖型商业模式的特点体现在交易内容、交易方式及交易参与方的创新上。这种商业模式对成长绩效的促进是通过探索新的合作伙伴、新的合作机制等以发挥企业优势来实现的(陈娟和邢建国,2018)。如案例中 A 企业在再创业阶段跨越企业的边界进行资源的整合,整个商业模式既有新产品的开发又有新的交易方式和新的合作伙伴参与。通过商业模式的创新,同时又准确识别了顾客的需求,该企业在此阶段实现了规模和收益的快速成长。B 企业运用智能化包装技术,远程把握客户的需求,同时为了鼓励员工的积极性,在分销系统上采用合作创业模式——微型工厂,实现现场包装服务。通过这一系列的商业模式的创新,企业获得高的成长绩效。C 企业在创业阶段也有类似情况,通过构建与供应商新型的合作方式将产业链进行细化,准确地满足了网络用户的需求,因而企业的成长速度很快。由以上分析我们可以看出,新颖型商业模式的构建有助于新创企业成长绩效的提升。

2.3.3 创业机会与商业模式的匹配对新创企业成长的影响

创业机会的识别方式分为发现型和创造型,商业模式的设计主题分为效率型和新颖型,两相匹配可以产生 4 种匹配模式,这 4 种匹配模式对新创企业成长绩效的影响都有差异。

(1) 发现型创业机会与商业模式的匹配

根据权变理论,成长绩效越好,说明二者的匹配程度越高。发现型创业机会是基于市场的不均衡,由创业者在行业经验和市场调研分析的基础上识别出来的。这一创业机会以快速、保密获得竞争优势。

发现型创业机会与效率型商业模式的匹配在案例 A 企业、C 企业和 D 企业的初次创业阶段都有体现。A 企业根据培训市场不饱和的现状，结合自身的经验进行了创业机会的识别，采取了模仿同行的效率型商业模式，成立培训企业，短期获得了一定的利润。C 企业也是基于创业者的 IT 背景，识别了发现型创业机会，并构建了与竞争对手相似的商业模式，快速成立企业，获得了短期利润。这两家企业经历最初的获利后，随着竞争的加剧，成长绩效逐渐变差。这种匹配模式在新创企业的成立和获取合法性上有一定的促进作用，因为企业在成立之初短期内获得生存和盈利很重要。但随着企业的发展，这种匹配模式不具有创新性和竞争优势，成长绩效会逐渐变差。D 企业也有类似的情况，在初次创业阶段采用这一匹配模式取得了较好的成长绩效。所以，效率型商业模式与发现型创业机会的匹配效果不确定，二者之间的匹配还受其他因素的影响。

发现型创业机会与新颖型商业模式的匹配，体现在案例 B 企业创业的第二个阶段，创业者及时关注了"一带一路"倡议对企业的影响，将国内的运作模式复制到越南市场，由于较早进行了市场的拓展，商业模式比较新颖，取得了很好的成长绩效。

通过以上分析我们也可以看出，发现型创业机会通常采取效率型商业模式进行机会的开发，而不是采用风险较大的新颖型商业模式。

（2）创造型创业机会与商业模式的匹配

创造型创业机会是基于创业者对市场的超前思考，在手段和目标都缺乏的情况下确立的新机会。创业者发挥了主观能动性，在不断地试错和迭代过程中识别出这一创业机会。这一机会是目前市场上没有的，具有一定的创新性，所以在创业机会开发的模式上也通常采用新颖型商业模式。如案例中 A 企业和 C 企业的再创业阶段和 B 企业的初次创业阶段。A 企业在再创业阶段进行了创造型创业机会的识别，在开发产品的过程中，通过不断地测试找到合适的产品，如从一款蜂蜜开始，为了提高产品的体验感，创业团队在蜂蜜的来源选择、包装、品牌策略的制定上都进行了反复检验。仅就包装的密封性，企业综合考虑产品的特性、产品的形象和物流的特点，进行了 17 次试验，最终确定了第一款蜂蜜产品，一上市便获得消费者的认可，很快售罄。有了第一次产品开发的经验，A 企业采用类似的方式开发了枇杷、螃蟹等品牌化的农产品，获得了市场的认可，加快了自身的成长速度。在此过程中，创造型创业机会的识别与新颖型商业模式的设计同时进行，因为创新才有了差异，进而提升了企业竞争力，有助于企业的成长。B 企业在初次创业阶段发现现有的包装业务模式成本高且效率低，只有突破当前行业的技术困境，才能实现企业的成长。基于此，创始人开始运用智能化和机器人技术进行远程包装方案的设计，并由机器人完成包装。这一运营模式不仅提高了效率，还降低了成本。在这一业务的实施中，B 企业的创业团队也经历了不断探索的过程，由摸索到被市场认可进而实现快速成长只用了三年的时间。C 企业在再创业阶段进行了创造型创业机会的识别和新颖型商业模式的主题设计，企业由亏转盈，日访问量增加到 50 多万次，员工数量也由最初的十几人增加到两百多人。由以上分析可见，创造型创业机会更倾向于与新颖型商业模式相匹配，且能够产生很好的成长绩效。

　　创造型创业机会有时也会采用效率型商业模式进行创业机会的开发和利用，并产生较好的成长绩效。如 D 企业在再创业阶段，商业模式的运作方式与竞争对手相似，但是企业由于进行了新技术的开发，可以保证将这一技术较稳妥地为客户所接受和应用，因此，实现了较好的企业成长绩效。

　　由此看出，不论是什么类型的创业机会，若将其匹配新颖型商业模式，企业所获得的成长绩效都相对较好。这与其他学者研究的商业模式创新更有助于企业提升成长绩效的研究结果一致。效率型商业模式与创造型创业机会匹配有时也能产生较好的成长绩效；但与发现型创业机会匹配时由于不具有竞争优势，成长绩效较差，只有在市场不饱和的情况下，这一匹配方式才有可能获得一定的盈利。

2.3.4　创业机会、创业学习与商业模式

　　在创业机会开发的过程中，创业者在进行商业模式选择时受到创业机会特点的影响。为什么发现型创业机会更倾向于匹配效率型商业模式而创造型创业机会更倾向于匹配新颖型商业模式？通过案例研究我们发现，创业学习的方式在其中起着重要的作用。A 企业、C 企业、D 企业的初创业阶段都是以发现型创业机会为主的，这些企业在这一情境下基于原有的工作经验和学习经历采用了以经验学习为主的方式，同时都选择了效率型商业模式。A 企业、C 企业在再创业阶段，以创造型创业机会为主，此时两家企业必须跨越

当前行业信息的限制去学习新的知识，故采取的都是认知学习方式，同时也采用了新颖型商业模式。由此可见，创业机会的特点对商业模式的选择是有影响的。林嵩、张帏和姜彦福（2006）的研究也表明，创业机会的识别是创业的起点，创业机会的特征会影响创业战略的选择，进而影响企业的成长绩效（Ardichvill, Cardozo & Ray, 2003）。笔者更进一步分析案例发现，D 企业采用的学习方式一直是经验学习，采用效率型商业模式进行发现型创业机会和创造型创业机会的开发。因而，笔者认为，认知学习的情境下更容易采用新颖型商业模式，而经验学习的情境下更倾向于采用效率型商业模式。

2.3.5 环境不确定性的调节作用

新创企业的成长是一个高度依赖情境的复杂现象。创立时的环境与资源条件作为新创企业开展各项活动的限制或促进因素，可能会对新创企业的成长产生重要影响。

企业采取效率型商业模式时，通常基于的是发现型创业机会，但发现型创业机会与效率型商业模式匹配时会产生不同的成长绩效：A、C、D 企业成长绩效较差，B 企业较好。前一种类型的匹配发生在这 3 家企业的初次创业阶段，他们有着共同点，即基于创业者的行业经历进行初次创业。对于新创企业来讲，模仿式创业要求的门槛不高，依托创业者丰富的行业资源和行业经验能够快速识别创业机会，并进行创业机会的开发。比如，A 企业创始人有培训讲师的先前经验，离职后创建一家培训公司，还是在原来的市场上采用竞争对手常用的商业模式进行创业机会的开发。C 企业也是基于工作经验发现新的商机，建立淘宝服务平台，以低成本吸引目标客户群，但由于竞争激烈，只好在后期转型。除了创业者有丰富的行业经验以外，以上两家企业在初次创业阶段的后期也处在行业竞争比较激烈的时候。创业者凭借自己的经验判断进入市场，但由于竞争激烈、运作模式基本与竞争对手雷同，因此，竞争力不强。随着市场需求的萎缩、市场竞争愈加激烈，企业必须开发新的创业机会才能获得持续成长。而对于 B 企业而言，虽然同样是发现型创业机会和效率型商业模式的匹配，但是客户的需求特点和市场竞争不激烈的环境决定了采取这种组合方式更适合企业成长。

由此我们可以看出，发现型创业机会与效率型商业模式的匹配受行业环境的影响，会起到调节作用。当行业竞争激烈时，市场已经淘汰大量缺乏比较优势的技术和企业。提供具有相似价值的产品和服务的企业只能获取较低的行业平均收益,市场发展空间较小,采取与竞争对手相似的商业模式很难竞争过大企业。采取这种组合方式通常难以维持企业较好的成长绩效,要想盈利,企业需要具备更为出色的方法或新的组合,所以竞争越激烈的行业采取新颖型商业模式越能取得好的成长绩效。

但是,当行业环境竞争不激烈时,这种模式能够快速地以低成本获得利润,获取较为稳定的短期回报。而且较少的竞争对手也能够为新创企业的生存和成长提供保证,有利于新创企业成长绩效的提高,所以行业环境的竞争性在发现型创业机会与效率型商业模式匹配对成长绩效的影响之间,起到调节作用。

萨拉斯瓦西(2001)发现,在高度不确定性条件下,创业者更倾向于采取手段导向型而非目标导向型的行为方式,通常是在实施的过程中找到最优解。所以,在环境动态性高的情况下,进行创造型创业机会的识别有助于应对外部环境的变化。比如,A企业在再创业阶段根据互联网技术的发展和顾客对食品安全的担忧,通过创造型创业机会的识别逐步把握顾客的需求特点进行产品的迭代和开发,很好地应对了环境动态性的变化。

笔者由以上分析提出本研究初步的理论模型:创业机会与商业模式的匹配影响新创企业的成长绩效,环境的不确定性在这一过程中起到调节作用。而创业学习在创业机会与商业模式的匹配中起到中介作用,能实现创业机会与商业模式匹配的路径机制。初步理论模型如图2-3所示。

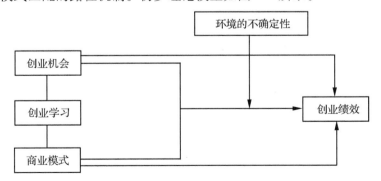

图2-3 初步理论模型

2.4 本章小结

本章通过多案例分析对创业机会与商业模式匹配如何影响新创企业成长绩效的机制进行了初步探索。发现型创业机会与创造型创业机会分别与效率型商业模式、新颖型商业模式进行匹配能产生不同的成长绩效，不论是什么类型的创业机会，匹配新颖型商业模式时，成长绩效都相对较好。效率型商业模式与创造型创业机会匹配有时也能产生较好的成长绩效，但与发现型创业机会匹配时由于不具有竞争优势，成长绩效较差。在这一影响机制中，环境不确定性因素起到调节作用。而在创业机会与商业模式匹配的路径机制中，创业学习起到中介作用。认知学习的情境下更容易采用新颖型商业模式，而经验学习的情境下更倾向于采用效率型商业模式，创业机会的特点对商业模式的设计产生影响，同时学习方式的差异是造成这种影响的重要路径机制。基于以上分析，本章初步构建了理论模型。

探索性案例适合在变量之间因果关系不明显的情况下进行初步探索，但案例本身具有特殊性，研究结果也仅仅是初步的，其适用性具有一定的范围限制，所以还需要进行进一步的文献分析，并且通过收集大样本实证研究对初始理论模型进行验证。

3 创业机会与商业模式的匹配对新创企业成长的影响：假设的提出

通过第 2 章对探索性案例的研究，我们发现，创业机会与商业模式的匹配会对新创企业成长绩效产生影响，并提出了初步的理论模型。本章将在进一步结合新创企业成长理论、架构理论和权变理论等的基础上对创业机会与商业模式的匹配对新创企业成长的影响机制进行更深层次的理论探讨，并进行假设的细化和模型的概念化。

权变理论认为，一个组织的有效性（如创业绩效）是不同变量匹配的结果，是权变各要素匹配的函数。根据加尔布雷思的研究（1977），匹配性是成功的主要决定因素。比如，企业的组织架构与多元化战略的一致性对创业绩效有积极的意义（Chandler，1962）。企业战略与组织结构之间的研究也证实了这些结构对创业绩效产生的积极作用（Mintzberg，1990；Siggelkow & Levinthal，2003；Zott & Amit，2008），表明了战略与结构的交互作用对创业绩效的影响及各要素的一致性相比预期会带来更好的绩效（Zott & Amit，2008）。交互作用是指两个变量共同作用时对因变量的影响不等于二者分别影响因变量的简单相加（陈晓萍和徐淑英等，2008）。在交互作用的分析中，两个变量的地位可以是对称的，即可以把其中任何一个解释为调节变量；也可以是不对称的，即只要其中一个起到了调节变量的作用，交互作用就存在（Aiken & West，1991）。当创业绩效达到最好的时候，也表明企业内各要素的匹配性是最好的（Siggelkow，2001）。如果两种要素是互补的，则它们之间存在着良好的匹配性，即一个要素的边际效应会随着另一个要素的改变而改变（Milgrom & Roberts，1995）。本章节将探讨创业机会与商业模式的匹配对新创企业成长的影响。

3.1 创业机会与新创企业的成长

新创企业是将创业机会和创业者资源结合而诞生的。企业的成长是创业机会识别与开发的过程，这一过程也是创业者在识别创业机会的基础上，进行资源的整合进而实现价值创造的过程。新创企业成长的过程是不断地利用已积累的资源和能力进行创业机会的开发从而螺旋上升式成长的过程（陈娟和邢建国，2018）。

对创业机会与创业绩效的密切相关性，郭海和沈睿（2014）进行了分析。首先，从创业机会的概念角度分析，创业机会往往来源于创新的事物，所以创业者能够以高于成本的方式销售其生产的商品，从而实现价值。创业机会是创业的核心，创业机会的识别与开发贯穿创业的全过程，而创业机会的开发只有最终实现价值的创造才能满足客户的需求（Shane & Venkatarman，2000）。其次，从创业机会的来源角度分析，创业机会源于未被发现或满足的市场需求（Shane & Venkatarman，2000），企业在开发创业机会的同时满足了市场的需求，进一步提高了成长绩效。从以上分析我们可以看出，创业机会具有潜在的价值属性。此外，学者们也对此进行了研究，比如，吉尔尼克等（2012）、塞巴斯万（Sambasivan）等（2009）、郭海和沈睿（2014）的研究都认为，创业机会的识别对创业绩效有重要影响，是企业竞争优势和绩效的重要来源。

在经典的创业模型中，创业机会是创业过程中的要素之一，蒂蒙斯创业模型表明，创业的核心是识别创业机会，创业机会也是创业的起点。创业机会与其他要素协调发展能够提升创业绩效。威克姆创业模型和萨尔曼创业模型也揭示了创业机会的重要性，创业机会是创业要素中重要的一个，认为机会的特点会影响资源组合的方式。创业者所识别和把握的创业机会的属性决定着实际创业行为的最终价值创造潜力，影响着创业绩效的高低（Shane & Venkatarman，2000）。

基于以上分析，笔者提出以下假设：

假设1：创业机会的识别能够提高新创企业的成长绩效。

3.1.1 发现型创业机会与新创企业的成长

创业机会的发现观认为,创业机会是独立于创业者客观存在的,只有具备警觉性的创业者才能够发现这一机会(Kirzner,1973),创业者的主要作用就是对创业机会进行识别与发现(Kirzner,1979、1997)。外部因素的变化,如技术的进步、政策的变化及因社会和结构的变迁而导致的市场的不均衡状态,正是这种不均衡状态为创业机会的出现提供了可能性(Shane,2003)。所以,创业者并不影响创业机会的存在,仅仅是识别并开发了创业机会。创业者与非创业者之间的差别也使创业者具备一定的先前知识经验和发现创业机会的警觉性。由于机会是客观存在的,因此,创业机会也存在着一定的风险,并且影响了这种机会的特点。

由于发现型创业机会来源于既有的行业和市场,如果创业者具有一定的行业经验并具备一定的创业警觉性,就能够识别这一创业机会。此种创业机会的不确定性较低,且可以通过对市场的调研和分析来确定未来的目标。由于新创企业面临着"新进入缺陷",缺乏各种资源且合法性没有得到确立,因此,通过发现型创业机会的识别可以快速构建企业未来的业务方向,并根据行业的经验进行发现型创业机会的评价、开发,基于此,显然发现型创业机会对创业绩效是有一定的影响的。同时,根据市场的需求对现有产品进行改建和完善,会尽量减少资源约束的影响,从而为新创企业带来收益。基于以上分析,笔者提出假设:

假设1a:发现型创业机会的识别能够提高新创企业的成长绩效。

3.1.2 创造型创业机会与新创企业的成长

持创业机会的创造观的学者并不认可创业机会是客观存在的这一观点。他们认为,创业机会不但可以通过外部环境产生影响,还可以由创业者通过对市场和产品的探索行动进行内生性的创造(Shane,2003)。这种创造的模式是由创业者基于自身的知识和经验,通过发挥主观能动性,在创业实践中不断试错而产生的,并不是现有行业或市场里客观存在的。这一创业机会的识别过程是创业者通过初始的行动并逐步经市场验证后产生的(Aldrich,1999),初始行动和市场检验过程促进了创业机会的生成(Shane,2000)。所以,创业者在探索和学习的过程中,根据环境的变化不断地调整创业机会的认知（Delmar & Shane，2004；Choi，1993），逐步形成创业的路径。因此，创业者在初始进行创业机会识别的过程中，因为面临的市场具有极大的不确定性，所以无法进行市场信息的准确收集和分析。创业者在不断探索、学习、试错、验证的过程逐步体现出与非创业者之间的差别。创业者的主观能动性在这一过程中很重要，所以创业者必须不断激发自己的创造性和风险精神，采取魅力型领导行为（Alvarez & Barney，2005）。

在机会不明晰的情况下，创业者的决策过程也是不断地试错和迭代的过程，所以此种情境下的创业战略表现出很大的灵活性。采取创业行动之后形成的创业路径也影响着创业战略的选择，这一路径具有一定的创新性，成为企业竞争优势的来源（Dierickx，1989）。新创企业进入市场，如果能够识别出竞争对手难以模仿的创业机会，则会加速自身的成立和成长。新创企业在不确定环境中的成长需要不断创新产品和机制（Eric Ries，2012）。基于以上分析，笔者提出如下假设：

假设1b：创造型创业机会的识别能够提升新创企业的成长绩效。

3.2 商业模式与新创企业的成长

新创企业的成长是在克服自身资源、合法性缺陷等的基础上得以生存进而成长的过程。这一过程与资源、环境、战略及创业者的特质和能力都有着很大的关系，尤其是多要素间的互动匹配关系。由于新创企业的成长是创业者、创业机会与创业行为之间动态匹配互动的过程（张玉利和杨俊，2008；Shane & Venkatararmn，2000），因此，挖掘新创企业成长过程中创业者、创业机会与创业行为等关键要素的互动匹配关系，有助于识别影响企业成长的机制。

商业模式是企业竞争优势的来源（Teece，2010）。在新创企业成长的过程中，商业模式能够帮助新创企业克服"新进入缺陷"进入成长阶段。商业模式可以用架构理论进行描述和测量（Miller，1996；Zott & Amit，2007）。架构是经常发生的设计元素的汇聚，它的本质就是一个相互依赖的复杂系统，可以将组织的元素根据某单一的主题进行编排（Miller，1996）。学者们都采用了效率和创新两种主题将商业模式的各要素集合起来，他们认为，这

3 创业机会与商业模式的匹配对新创企业成长的影响：假设的提出

两种商业模式是创业企业在不确定环境下创造价值的两种方式。本文研究的对象就是新创企业，这类企业要么以低成本取胜，要么通过创新获得优势，结合第 2 章的案例分析，本研究将商业模式的设计主题分为效率型和新颖型，这两种模式不仅不会相互排斥，还有可能同时存在（Zott & Amit, 2007）。

根据以上理论逻辑和对探索性案例的分析，笔者提出以下假设：

假设 2：商业模式（包括效率型和新颖型）有助于提升新创企业的成长绩效。

3.2.1 效率型商业模式与新创企业的成长

创业企业创造财富的方式可以是复制现有的产品、组织或商业模式。换句话说，企业家可以选择模仿而不是创新，即做与现有组织类似的事情，以更有效的方式完成这一过程（Zott，2003）。效率型商业模式的设计核心是减少企业与所有交易企业之间的交易成本（Williamson，1975）。威廉姆森（1983）认为，交易属性（包括信息不对称和复杂性）决定了交易将以最小化成本和最大化绩效的方式组织到市场或层级中。而交易成本的降低包括降低不确定性、复杂性程度及合作成本和交易风险（姚明明，2014）。所以，通过提高交易的可靠性和简单性、减少交易参与者之间的信息不对称、实现需求聚合、减少库存、提供交易可扩展性或降低交易的成本等方式，交易中各个环节的效率能得到提高（Zott & Amit，2007、2008）。新创企业采取效率型商业模式时可以通过降低成本、提高交易有效性等方式克服"新进入缺陷"，促进企业的生存和成长。而这主要通过以下三种方式实现：一是通过提升新创企业的投入产出比，更好地获得利润，提升生存能力；二是以用户熟悉的模式提供产品，能够快速建立合法性，获得初步生存的能力；三是可以促进企业知识的吸收和创造。

首先，新创企业相对于成熟企业来讲，具备更大的市场不确定性、交易成本高等缺点。效率型商业模式低成本、高效率的特点，除了有助于新创企业克服交易成本高和环境不确定性的劣势之外，也意味着企业在销售额不变的情况下，会获取更多的利润，从而提升新创企业的生存能力。低成本的运营也会增加合作者、供应商和客户的数量（Zott & Amit，2007），可以进一步降低焦点企业的成本，也有助于降低市场的不确定性。对于新创企业而言，由于成立时间较短，效率型商业模式能够短时间内带来平稳的财务回报。另外，现成的运行体系能使企业快速构建起运行机制，同时提供客户熟悉的业务也能在一定程度上降低客户对业务的质疑以助于快速建立新创企业的合法性，进而帮助新创企业获得初步的生存能力。

效率型商业模式的目标是降低交易成本，它可以在利益相关者之间实现更好的信息流动，并减少各方之间的信息不对称，有助于新创企业广泛地获取外部知识。同时，高效的交易方式能够增强焦点企业和相关利益企业之间的黏性（Zott & Amit, 2007）。对于有"新进入缺陷"的新创企业而言，这一黏性作用有助于企业发现更多的资源和机会，与客户的良好关系可以协助企业更好地识别客户需求，与供应商的良好关系可以使企业获得稳定的原材料来源等，同时在合作的过程中创造出新的合作方式或新的产品，通过对合作者的学习、观察，以及与合作者的互动实现焦点企业知识的创造。

根据以上分析，笔者提出以下研究假设：

假设 2a：效率型商业模式对新创企业的成长绩效有显著的正向影响，即商业模式设计的效率性越强，成长绩效越好。

3.2.2 新颖型商业模式与新创企业成长

熊彼特（1934）认为，不管资源增加与否，都可以通过不同的方式利用资源或者以现有资源生产出不同的产品。新颖型商业模式与这一创新逻辑是一致的（Zott & Amit, 2007）。新颖型商业模式是企业通过新的路径与不同的参与者实现经济交易的方式，比如，企业通过互联网重新配置与利益相关者的关系或者开发新的联系等是对新的经济交易方式的概念化采用；再比如，与以前没有连接的合作者以新的方式进行交易或者设计新的交易机制（Zott & Amit, 2007、2008），从而获得价值的实现。当商业模式的新颖程度越高时，客户和合作伙伴的转换成本越高。因此，在一定程度上新颖型商业模式的设计有助于企业克服"新进入缺陷"，提升成长绩效。

首先，新颖型商业模式的设计实现了新的价值的改造和获取。新创企业以创新的方式进入市场，能够获得创业租（Rumelt, 1987），这一垄断类型的租不仅为焦点新创企业所有，也会使利益相关者受益，从而增加合作的黏性和转换成本。在这一过程中，新颖型商业模式因其拥有新的交易机制和连接方式，具有获取高水平信息的优势，能够实现更多新价值的获取，提高产

3 创业机会与商业模式的匹配对新创企业成长的影响：假设的提出

出与投入的比例，从而提升新创企业的生存和成长能力。相比成熟企业，新创企业没有成熟企业的惰性，更加灵活，更容易进行商业模式的创新，以新的方式实现投入向产出的转化以创造更多的价值。

其次，新创企业由于缺乏资源，合法性程度弱，对市场的把握并不充分，需要在不断试错的过程中找到市场和技术的正确方向，逐步明确市场定位（Cho & Kim，1998）。新颖型商业模式的设计使新创企业有机会接触更多新的合作伙伴（Zott & Amit，2007），与更多、更新的合作伙伴发生联系有助于新创企业在试错阶段通过广泛地获取不同的知识优化试错内容，避免走更多的弯路，从而提升试错的效率、缩短试错的时间。新颖型商业模式使企业接触更多的合作伙伴，学习更多企业外的知识。

根据以上分析，笔者提出如下假设：

假设2b：新颖型商业模式对新创企业的成长绩效有显著的正向影响，即商业模式设计的新颖性越强，成长绩效越好。

3.3 创业机会与商业模式的匹配和新创企业的成长

新创企业成长的实质是不断有创新或者创业活动，以进入新业务或者扩展现有的业务领域实现企业经营规模的扩张和成长阶段的不断演进。新的业务的开始通常始于市场机会或者技术机会，每一种机会在识别和评估后都需要通过一定的业务模式来实现。业务模式通过构造与目标市场相适应的组织方式，调节价值创造的过程（Chesbrough & Rosenbloom，2002）。

新创企业具有"新进入缺陷"，在资源和外部环境上都受到约束。创业者在进行机会开发的过程中，必须结合机会的特点和自身的资源禀赋来制定和实施相应的创业战略，即不同的创业机会需要采取不同的开发策略。学者李海洋（2001）提出，创业者所面临的市场机会和威胁将会给成长绩效产生一定的影响，而这种影响的大小，需要通过创业企业的战略选择来实现。林嵩、张帏和姜彦福（2006）研究了创业机会与其他变量的相关关系对创业绩效的间接影响，只有根据不同的创业机会特点采取合适的战略才能提高创业绩效。

商业模式可以作为价值创造的机制，对创业机会的开发起着重要的作用。通过前述的文献分析可以看出，学者们一致认可商业模式在创业机会向创业绩效转化过程中的作用（Zott & Amit，2008；Chesbrough，2002；Teece，2010；Hamel，2001）。商业模式是为了把握创业机会，通过整合新创企业内外部资源为客户创造价值，从而实现企业生存和发展的一种组织形式。

不同的商业模式设计主题适合哪一种类型的创业机会？商业模式设计和创业机会如何匹配才能产生更好的创业绩效？为了评估创业机会和商业模式的匹配对创业绩效的影响，本研究考虑两种商业模式，即效率型商业模式和新颖型商业模式，以及两种创业机会来源类型，即发现型创业机会和创造型创业机会。在不同的创业机会情境下的创业需要的资源也有差异，由此导致新创企业会采用不同的战略进行创业机会的开发，设计与创业机会相适应的商业模式，从而实现创业绩效的提升。根据以上分析，笔者提出如下假设：

假设3：创业机会与商业模式的匹配有助于提升新创企业的成长绩效。

3.3.1 发现型创业机会与效率型商业模式的匹配

对于发现型创业机会，创业者在组织企业资源进行商业模式设计的过程中，既可以采用效率型商业模式，也可以采取新颖型商业模式。这两种商业模式对发现型创业机会的开发机制有着显著的差别。

发现型创业机会与效率型商业模式之间会产生怎样的交互作用呢？由于发现型创业机会的特点是倾向于模仿市场上现有的创业机会，所以具有可预见的较好的创业绩效。正是因为能够预测市场前景，所以创业者会采用与竞争对手相类似的商业模式进行创业机会的开发。这一开发过程往往依赖的是创业者先前的经验和资源。采取效率型商业模式对新创企业的快速生存能力的获得有很大的帮助。企业可以通过低成本、高效率的方式进行创业机会的开发，在尽量短的时间内获得盈利。企业采用现有技术，对既定市场供给产品（He & Wong，2004），这足见发现型创业机会开发速度快、不确定性低、价值回报稳定。另外，相似的创业机会已经被反复实践，所以能够较大程度地避免一些不必要的投入。由此可见，发现型创业机会加强了效率型商业模式对新创企业的成长绩效的作用，二者的交互对成长绩效存在着正向的影响。

但是由于发现型创业机会和效率型商业模式易于模仿，与竞争对手没能形成差异化，因此，企业可能难以生存。同时，模仿性的创业机会和模仿性

3 创业机会与商业模式的匹配对新创企业成长的影响:假设的提出

的开发方式及短期可预见的盈利可能会导致新创企业缺乏学习的动力,失去创新的能力,不利于新创企业构建长期的成长能力。而研究进一步表明,这种匹配的进入门槛较低,会有更多的竞争者参与进来,所以二者的匹配对成长绩效的作用不能确定。基于以上论述,笔者根据陈晓萍、徐淑英等(2008)提出的交互作用的两种类型,即增强型交互作用和干扰型交互作用,提出以下假设:

假设3a:发现型创业机会与效率型商业模式呈现良好的匹配,对促进新创企业成长绩效的提升有增强型交互作用。

假设3b:发现型创业机会与效率型商业模式匹配性较差,对促进新创企业成长绩效的提升有干扰型交互作用。

3.3.2 发现型创业机会与新颖型商业模式的匹配

当创业者识别了发现型创业机会,并采用新颖型商业模式进行开发时,因为当前的创业机会存在一定的模仿性,虽然采用效率型商业模式能够快速构建企业的合法性并获得生存的资格,但是从长远来看,企业的成长绩效不一定会很好。所以,当新创企业采用区别于竞争对手的新颖型商业模式时,会用新的交易方式或者引入新的交易伙伴类型产生区别于竞争对手的差异化价值。这种匹配模式下,不仅企业能够获得创业租,相关的利益企业也会受益,从而增强了创业企业与合作伙伴的黏性,提升了发现型创业机会对创业绩效的影响。这一匹配模式能发挥出新创企业的创新性优势,实现新价值的创造和原有价值的增值,规避新创企业缺陷,提升新创企业的成长绩效。

由于新颖型商业模式引入新的合作伙伴,发现型创业机会能通过区别于竞争对手的更新的资源组合方式实现更独特的价值创造。同时,由于新的合作伙伴的加入,企业具有更加广泛的获取知识的渠道,从而优化价值创造,提升自身的竞争优势。在与新的合作伙伴交易的过程中,企业也会获取区别于竞争对手的知识体系,并结合自身的实际情况,进一步实现知识的创造,从而提供价值创造的新方式,促进创业绩效的提升。

但不可否认的是,新颖型商业模式具有一定的风险性和不确定性,而发现型创业机会的不确定性较低,所以发现型创业机会可以在一定程度上弥补新颖型商业模式设计的不确定性,从而更好地发挥新颖型商业模式对创业绩效的正向影响。

基于以上分析，笔者提出以下假设：

假设3c：发现型创业机会与新颖型商业模式的匹配能够提升新创企业的成长绩效。

3.3.3 创造型创业机会与效率型商业模式的匹配

创造型创业机会具有与发现型创业机会不同的特点，所以企业在开发战略的选择上也会有差异。由于创造型创业机会具有很大的不确定性，创业者只有在与机会互动的过程中，不断进行试错、学习，才能逐步完善创业机会和市场产品信息，实现依靠创新开拓利基市场的目标。在这种情况下，创业者在整合资源、开发创业机会的过程中，需要不断地通过拼凑的方法来获取和整合创业资源，而不是通过市场交易的按时来筹措创业所需要的资源（Bhide, 1999）。在创造型创业机会的情境下，没有可参考的组织构建体系，新创企业需要整合新的资源来提供新产品，通过构建产品的独特性来形成企业的竞争力。

当创造型创业机会匹配效率型商业模式时，一方面，效率型商业模式强调降低交易成本（Zott & Amit, 2007），而创造型创业机会意味着需要投入较高的成本和更多的新资源。但效率型商业模式不确定性低、风险程度也低，这恰能够更好地摆脱新创企业的劣势，增强创造型创业机会对创业绩效的正面影响。另一方面，效率型商业模式在降低风险的同时也减少了信息的多样化来源，这与创造型创业机会需要更多、更新颖的交易合作方的需求相互矛盾。从这方面看，效率型商业模式和创造型创业机会对创业绩效的交互作用无法确定。

在此基础上，笔者提出以下假设：

假设3d：创造型创业机会与效率型商业模式呈现良好的匹配，对新创企业成长绩效的提升有增强型交互作用。

假设3e：创造型创业机会与效率型商业模式匹配性较差，对新创企业成长绩效的提升有干扰型交互作用。

3.3.4 创造型创业机会与新颖型商业模式的匹配

如果一个企业以创新不断获得市场的竞争优势，所有的活动也逐步以创新作为特点且活动之间的创新性相互影响，则这家企业的创新能力会越来越

3 创业机会与商业模式的匹配对新创企业成长的影响：假设的提出

强（Zott，2003）。当企业的创业机会和商业模式的匹配以创新为主要特点时，有助于增强彼此的创新性，如在创造型创业机会开发的过程中，企业可以采取新的方式进行资源的整合；而新颖型商业模式在获取企业租的过程中能够很好地发挥新创企业的创新优势，从而增强创造型创业机会对创业绩效的影响。同时，创造型创业机会的开发需要更多的知识和信息的来源，而新颖型商业模式提供新的加入者、新的产品等新的资源组合方式，有助于提升创业者的学习能力和资源拼凑能力。此外，新颖型商业模式能使创业者接触更多的合作伙伴，从而有利于跳过试错阶段，更好地发挥信息溢出的优势，增强创造型创业机会对新创企业成长绩效的正向影响。

新颖型商业模式以其有助于获取创业租和提升学习能力而正向影响创业绩效（姚明明，2014）。创造型创业机会本身的特点对这一影响会起到加强作用。创业者在与创业环境互动的过程中发挥主观能动性，通过试错、迭代等方式逐步识别出创造型创业机会。这个过程也是创业者不断学习的过程，创业者基于自身认识的发展不断调整对创业机会的认知（Choi，1993）。创业者在与利益相关者互动的过程中，更容易整合跨界资源，采用区别于竞争对手的方式引入新的合作伙伴或者以新的方式、新的交易机制进行创业机会的开发，更有助于新颖型商业模式的设计，强化其对创业绩效的正向作用。

创造型创业机会与新颖型商业模式的相互影响不断促使企业进行创新，从而形成区别于竞争对手的差异，为企业长期获利奠定基础。在环境不确定的情况下，这一优势更加明显（March，1991；Tong, et al., 2008）。对新创企业来讲，不确定性是其最显著的特点，所以这一匹配模式会对新创企业的成长绩效产生积极影响。同时，这一匹配模式更容易实现知识的创新，能不断克服新知识随着时间的增加而递减的缺陷（Katila & Ahuja，2002），新创企业通过不断获取新的知识突破这一瓶颈，增强其成长绩效。

基于此，笔者提出以下假设：

假设3h：新颖型商业模式与创造型创业机会呈现良好的匹配，对促进新创企业成长绩效的提升有增强型交互作用。

3.4 环境的不确定性的调节作用

由第 2 章的探索性案例分析我们可以看出，创业环境对创业机会与商业模式的匹配对新创企业成长绩效的影响起到调节作用。笔者经研究发现，当创业机会与新颖型商业模式匹配时，成长绩效总是比较好的；而当创业机会与效率型商业模式匹配时，成长绩效不确定，这主要表现为：当创业环境竞争不激烈时，成长绩效较好；当竞争加剧时，成长绩效变差。一直以来，环境都是影响组织绩效的重要变量，权变理论认为，环境和组织影响企业的生存与发展（Zeithaml, et al., 1988）。创业活动开展的过程及最终的结果都受到环境的重要影响（Covin & Slevin, 1991）。所以，笔者初步认为，创业环境的不确定性会调整创业机会与商业模式的匹配对成长绩效的影响。

环境的不确定性源于环境的动态变化和不可预测性。创业环境的不确定性主要包含竞争强度和动态性。竞争强度直接体现为市场竞争的激烈程度，动态性则反映了市场需求、顾客需求变化的程度。

在高度竞争的环境中，企业对关键资源争夺激烈，只有获取资源并先于竞争对手开发出新的商机才能提升竞争优势。而对于只是一味模仿竞争对手的企业，只有当市场的包容度比较高、市场需求量比较大时，才有生存的空间。匹若和科文（1995）发现，在环境条件越是不利的情况下，致力于创新的企业往往会取得较好的创业绩效。

由此，笔者提出以下假设：

假设 4：环境的竞争性在创业机会与商业模式的匹配和新创企业成长绩效之间起到调节作用。

假设 4a：环境的竞争性在发现型创业机会与效率型商业模式的匹配对新创企业成长绩效的增强型交互作用中起到负向调节效应/干扰型交互作用中起到正向调节效应。

假设 4b：环境的竞争性在发现型创业机会与新颖型商业模式的匹配对新创企业成长绩效的增强型交互作用中起到负向调节效应。

假设 4c：环境的竞争性在创造型创业机会与效率型商业模式的匹配对新创企业成长绩效的增强型交互作用中起到负向调节效应/干扰型交互作用中

起到正向调节效应。

假设4d：环境的竞争性在创造型创业机会与新颖型商业模式的匹配对新创企业成长绩效的增强型交互作用中起到正向调节效应。

新创企业通常因缺乏成熟的产品和充足的资源而无法适应环境的变化，同时，创业机会的特点不同对成长绩效的影响也有差异。当采取发现型创业机会时，如果环境的动态性低、技术更新速度慢、顾客需求的不确定性低，企业可以通过改进产品跟上环境的节奏使成长绩效不至于太差（李正卫，2003）。如果动态性高、技术更新速度快、顾客的需求很难预测，企业与利益相关者的合作也会出现很多不可预知的变化，从而导致企业很难有效开发创业机会。所以，在发现型创业机会情境下，动态性对成长绩效起到负向作用。而创造型创业机会则相反，在动态水平高的情况下，技术更新速度快、消费者需求变化也快，此时进行创造型创业机会的识别能够更好地跟上产业发展的节奏甚至走在行业的前列，通过提供新产品或新服务获得顾客的认可，建立起市场进入的壁垒，从而提升创业绩效。相反，如果环境的动态性很低，此时技术和顾客的需求都相对稳定，如果企业投入大量的资源进行创造型创业机会的识别与开发，则会因为投入太多成本并且忽略顾客需求而造成较大的风险和资源的浪费，从而对成长绩效产生负的影响。很多学者也验证了这一点。巴隆（Baron）和唐（Tang）（2011）的研究表明，环境的动态性在创业者和企业创新之间起到正向调节作用。姜爱军（2012）的研究也发现，环境动态性作为调节变量，对中小企业的网络嵌入、动态能力和企业成长有调节作用，环境的动态性越高越强化这一关系。匹若和博格纳（2000）通过探讨技术战略和创业绩效之间的关系，表明在相对动态的环境中，调整产品战略有助于成长绩效的提升。兰普金等（1996、2001）的研究也表明，环境动态性在企业战略导向和创业绩效之间起到调节作用。夏清华等（2016）的研究发现，环境的不确定性在商业模式创新与新创企业成长绩效之间起到负向的调节作用。以上种种研究说明，创新战略在环境动态变化时更容易灵活应对以利于企业成长。如果环境的动态性较低，则创新战略的效果不明显。

基于此，笔者提出如下假设：

假设5：环境的动态性在创业机会与商业模式的匹配对新创企业成长绩效的交互作用中有调节作用。

假设5a：环境的动态性在发现型创业机会与效率型商业模式的匹配对新创企业成长绩效的增强型交互作用中起到负向调节效应/干扰型交互作用中起到正向调节效应。

假设5b：环境的动态性在发现型创业机会与新颖型商业模式的匹配对新创企业成长绩效的增强型交互作用中起到负向调节效应。

假设5c：环境的动态性在创造型创业机会与效率型商业模式的匹配对新创企业成长绩效的增强型交互作用中起到负向调节效应/干扰型交互作用中起到正向调节效应。

假设5d：环境的动态性在创造型创业机会与新颖型商业模式的匹配对新创企业成长绩效的增强型交互作用中起到正向调节效应。

基于以上研究，笔者提出本研究的创业机会与商业模式匹配的理论模型，如图3-1、图3-2所示。

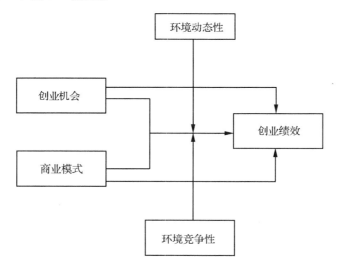

图3-1 创业机会、商业模式与新创企业成长的影响机制模型

3 创业机会与商业模式的匹配对新创企业成长的影响：假设的提出

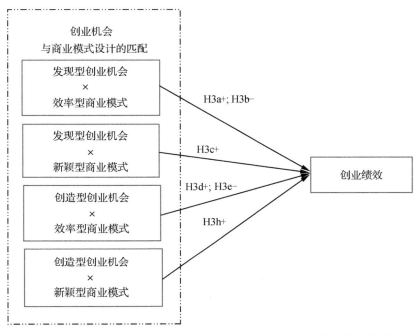

图 3-2　创业机会与商业模式的匹配对新创企业成长的影响机制模型

3.5　本章小结

本章研究的目的在于探索创业机会与商业模式的匹配影响新创企业成长绩效的机制，以环境的不确定性为调节变量，进一步分析不同的环境在不同匹配方式下对创业绩效的影响。在以上分析的基础上，笔者提出的假设具体内容如下：分析了创业机会与商业模式的匹配对新创企业成长绩效的影响。发现型创业机会和创造型创业机会的识别能够提高新创企业成长绩效；效率型商业模式和新颖型商业模式的设计有助于提升新创企业成长绩效。笔者进一步分析了创业机会与商业模式如何匹配才有助于提升新创企业的成长绩效。研究表明，发现型创业机会和创造型创业机会与新颖型商业模式的匹配都能够提升新创企业的成长绩效。新颖型商业模式与创造型创业机会呈现良好的匹配，对提升新创企业成长绩效有增强型交互作用。但是发现型创业机会与效率型商业模式的匹配、创造型创业机会与效率型商业模式的匹配效果不确定，因其受到环境不确定性的影响。同进，笔者还分析了环境竞争性和环境动态性对上述匹配机制的调节作用。

4 研究设计

4.1 创业机会量表的开发

关于量表的开发程序，丘吉尔（1979）及吴晓波等（2011）的研究提供了借鉴。同时，已有的研究也表明测量量表的开发包括两种途径：一是进行质性研究，通过案例访谈获得原始资料，将资料进行编码分析，开发出测量量表，当某个领域尚处于探索阶段且相关研究较少又不完善时，这种方法比较适合；二是基于已有的文献资料、二手资料和其他可以收集到的信息材料，通过概念分析及借助已有的测量量表开发出相应的测量量表。当某个领域的文献资料较多且以概念分析为主，又存在较多的争论时，这种方法比较合适。当已有研究基础且概念处于探讨阶段，缺乏成熟的测量体系，实证研究也缺乏时，可以借鉴并结合以上两种方法进行维度的测量（单标安等，2014）。关于发现型创业机会与创造型创业机会虽然存在着一定的争议，但学者们已经开始较多地探讨这两种概念。并且阿尔瓦雷兹和巴尼（2007），以及斯晓夫、王颂和傅颖（2016）通过文献分析，对二者之间的内涵和区别进行了更深入的探讨，但还缺乏成熟的测量体系。所以本研究将借助已有的文献分析创业机会的内涵和构成维度，将其作为理论依据，同时结合半结构化的访谈，进行质性分析，形成创业机会量表。具体来看，本研究将采用以下步骤进行创业机会量表的开发。首先，通过对创业机会相关文献的阅读，归纳出有益的研究结论进而发现其中存在的不足。其次，通过文献分析初步得出创业机会的分类和初始测量量表。再次，通过访谈研究和案例的规范性分析改进测量量表，并根据初始量表编制调查问卷，对创业者进行调研，通过探索性因子分析，将变异量较小的题项删除再进行信度的分析。最后，大规模发放修正后的量表，并将获得的有效数据进行验证性因子分析，从而进一步确认所开发的量表。

4.1.1 创业机会量表的研究现状

前面的文献综述中已对创业机会进行了深入的分析，但极少有创业机会量表的研究。不可否认的是，学者们也进行了初步的探索。比如，基于蒂蒙斯的指标体系，陈海涛和蔡莉（2008）研究了创业机会的构建，包含创业机会的可行性和盈利性，根据这两个维度判断创业机会的特点及对创业绩效的影响，这一度量指标得到广泛应用。萨拉斯瓦西（2003）依据创业机会所蕴含的"手段—目的"关系的明确程度对创业机会进行了分类，包括创新型机会（手段和目的都不确定）、改进型机会（手段和目的中有一方不确定）及复制型机会（手段和目的都确定），这一分类方式也得到较广泛应用，尤其是学者们对创新型创业机会进行了度量。龙丹等（2013）借助产品或服务在市场上独特、产品或服务面临的竞争压力低、产品或服务很新颖、产品或服务面向刚出现的市场4个方面来度量创新型创业机会。刘佳和李新春（2013）借助194份新创企业样本分别考察模仿型机会和创新型机会的开发对创业绩效的影响。以产品创新性、技术可得性和工艺变革性测量企业创建时的开发方式来度量创新型创业机会的开发。张承龙（2013）将创业机会分为发现型创业机会、创造型创业机会及想象型创业机会，从6个维度来测量创业机会。也有的学者借助创业机会的数量来度量创业机会识别与开发的能力。以上分别从不同的研究角度提出创业机会度量的标准。

但关于"创业机会是发现的还是创造的"争论一直是研究的热点。在笔者看来，两方争论的来源及对创业绩效的影响研究一直没有太大的突破。其实创业机会的这两个类型并不冲突，只是基于不同的视角、不同的机会识别过程而已。任何一家企业都可能存在这两种创业机会。机会的发现基于的是目标的识别方式。机会的创造基于的是手段的识别方式。第一种更倾向于新创业者识别机会，而第二种更倾向于专业的创业者识别机会（Sarasvathy，2003）。目前关于这两种机会的研究大多集中在文献研究方面，多是质性研究（Alvarez & Barney，2007；斯晓夫、王颂和傅颖，2016），极少有学者进行实证分析。

本研究试图在文献分析的基础上开发创业机会量表，以便更好地识别发现型创业机会和创造型创业机会对创业绩效影响的不同路径。为了更好地把握创业机会的内涵，本研究对已有文献进行系统分析，对代表性学者们的观点进行总结（表4-1）。

表4-1 创业机会的概念与维度研究

学者及年份	概念	构成维度
柯兹纳（1979）	创业者凭借警觉性来发现不完备市场上客观存在的获利机会，创业者的主要作用是对创业机会的识别和发现	发现创业机会
谢恩（2000）	客观存在论的观点认为，创业机会先于创业者的意识存在于客观环境，由慧眼独具的创业者发现	发现创业机会
萨拉斯瓦西等（2001、2008）	创业机会的构建是创造性想象	创造创业机会
托赫尔（Tocher）等（2015）	创业机会存在于更加广阔的社会或文化环境，受助于创业者想象与社会化技能的互动，通过创业者的概念化、客观化及实施三个过程来完成创业机会构建的过程	创造创业机会
贝克和纳尔逊（2005）	创业机会不但可以是由外生因素促成的客观存在，也可以由创业者通过采取创造新产品和新服务的探索性行动来内生。创业机会是创造性"拼凑"的产物	发现创业机会 创造创业机会
阿尔瓦雷兹和巴尼（2007）	在机会发现和机会创造的理论前提下，创业者、创业机会和创业决策情境各不相同。在不同的创业机会下，创业者开发机会的能力及其行为表现也具有不同的特征	发现创业机会 创造创业机会
斯晓夫、王颂和傅颖（2016）	创业的客观环境近年来发生了很大的变化，创业机会既可以被发现出来，也可以被构建出来	发现创业机会 构建创业机会 发现+构建创业机会

对于发现型创业机会与创造型创业机会之间的区别，学者们也做了进一步区分。阿尔瓦雷兹和巴尼（2007）在对创业文献研究的基础上认为，在机会发现和机会创造的理论前提下，创业者、创业机会和创业决策情境各不相同，这主要体现在：① 机会的本质。机会发现理论认为，机会是存在的，由已有市场冲击产生，机会独立于创业者，运用现实主义哲学；机会创造理

论认为，机会并不独立于创业者存在，由创业者个人的内生行为创造，运用进化主义哲学。② 创业者的本质。机会发现理论认为，创业者和非创业者不同；机会创造理论认为，创业者和非创业者可能不同也可能无差异，差异性可以被创业的过程所强化。③ 决策制定情境的本质。机会发现理论认为，决策环境是有风险的；机会创造理论认为，创业环境是不确定的，在不同的创业机会下，创业者开发机会的能力及其行为表现也具有不同的特征。该研究从多个方面对二者进行了区分，表 4-2 所示的是基于创业过程的机会发现和创造环境行为表现指标。

表 4-2　基于创业过程机会发现和创造环境行为表现指标表

指标	发现环境	创造环境
领导者	基于经历和经验	基于个人魅力
决策制定	采用基于风险的数据收集和分析技术做出创业决策	采用直观推断、认知差异、渐进主义和归纳逻辑做出创业决策
人力资源	广泛招募特定的人力资本	柔性地招募人力资本
战略	比较完整和不变化	突发和变化的
融资	银行和风险投资公司	"步步为营"或朋友、家庭
营销	根据新的机会展示自己	新的机会出现，营销组合彻底改变
持续竞争优势	通过速度、保密和设置进入障碍保持优势	通过路径依赖、隐性学习过程保持竞争优势

斯晓夫、王颂和傅颖（2016）通过分析大量的文献，结合我国创业的实践，提出创业机会是可以将发现和创造兼有，机会发现是一种客观导向性的印迹（imprinting）过程，是一种具有科学发现特征的机会发现过程；机会创造是一种主观导向性的众迹（reflexivity）过程，是综合创业者、市场、客户等因素的机会的构建过程（表 4-3）。

表 4-3　创业机会的来源分析表

指标	基于发现型创业机会	基于构建型创业机会
创业者	大众	精英
客观与主观	印迹：外部环境要素为创业经历的决定因素。印迹要求创业者拥有对客观环境的注意力或警觉性以发现机会	众迹：倾向于描述创造机会的主观要素。发挥想象力和创造力，通过迭代的方式打破环境束缚，达成更优的安排
机会识别的方式	发现型创业机会的识别是创业者从聚焦关键事件一步步分析、探索、聚类和筛选的结果	创业者通过发散的方式对众多因素进行分析，最终形成一种多因素组合的模式
时间观	时间拥有独立的、片段的影响。在时间的作用下，路径依赖出现，关键事件在此经受着促进或限制识别机会能力的影响	时间不是确定的、迭代反复的。随着时间的流逝，创业者与创造机会的环境二者交互改变
分析层次	从微观层次（个体或团队）研究创业者	从组织域或行业的层次观察世界
创业和制度	制度先行，创业者匹配制度	创业者先行，引领制度变迁

国内学者梁强、张书军和李新春（2011）通过分析不同来源的创业机会即发现型创业机会和创造型创业机会，以及分析其所导致的新创企业劣势的特征，探讨不同机会情境下的创业战略的选择。从创业资源和产品市场两个维度来考察新创企业劣势的成因及相应的对策。该研究在阿尔瓦雷兹和巴尼（2007）的研究的基础上，对发现型创业机会和创造型创业机会的特点做了进一步分析，具体内容如表 4-4 所示。

表 4-4　梁强、张书军和李新春（2011）关于发现型创业机会与创造型创业机会的区别表

指标	发现型创业机会	创造型创业机会
产品市场	现存的市场机会，产品市场信息相对明晰，具有一定的创业风险	市场新创造的市场机会，产品市场信息缺乏，不确定性高
创业资源	可以通过关系网络从外部获取创业资源，利用已有经验来整合资源	创建新的资源组织规则，内部拼凑资源，需要采取全新的资源整合方式
新创企业劣势	面临竞争激烈的产品市场，缺乏获取资源的外部合法性和声誉	新创企业面对新的社会生态环境和资源内部积累的不确定性
创业战略	以发展外部关系为主，注重创业资源获取的及时性，以构建先动优势	开发和积累专用性资源，以难以复制的资源整合方式提供创新产品，创造差异化优势

杭（Hang）等（2014）在阿尔瓦雷兹和巴尼（2007）的研究的基础上，将创业机会分为发现型创业机会和创造型创业机会，并且跨案例分析了不同的创业机会对破坏性创新的影响。研究发现，低端市场的创新通常与发现型创业机会相关，新兴市场的创新与创造型创业机会的关系更强。该研究为破坏性创新和创业机会提供了新的视角。

4.1.2 实地访谈与分析

（1）整体访谈情况与主要结论

在整个研究的过程中，我们开展了四轮关于创业者的访谈，经过第一轮、第二轮访谈，笔者对所研究的问题有了初步了解，为量表和问卷的设计打下了基础；第三轮、第四轮访谈的目的是对量表进行优化。

笔者通过文献阅读对发现型创业机会和创造型创业机会有了一定的认知基础，然后开始对新创企业的创业机会的识别与开发过程进行实地访谈。在初步的访谈中，我们了解了创业者创业机会识别的过程。初步访谈时有访谈的大纲，但不局限于访谈大纲，旨在通过创业者对创业机会识别、开发过程的详细描述获取相应的信息。在访谈的过程中，笔者分别参访了三位创业团队的成员以进行三角验证保证访谈的效度，也有助于理解文献阅读的内容。通过此次访谈，笔者对创业机会的理解更为深刻，然后进一步阅读关于创业机会、商业模式和新创企业成长的文献，与企业经营的实际情况进行对比，找出存在的困惑点和本研究目标还需要进一步明确的问题，形成初始的量表资料，准备第二轮访谈。通过对文献的梳理和对实际企业的调研，笔者在两次文献阅读和企业调研活动的交替中不断将理论和现象进行对比，形成初步的理论判断。基于此，笔者也形成了本研究的第一部分探索性案例分析成果。本研究发现：

① 在创业企业机会识别的过程中存在着发现型创业机会和创造型创业机会两种类型。由于创业环境的差异和创业者自身特质的差异，在识别创业机会的过程中，有的创业者依据自身的经验和行业情况，识别出发现型创业机会并获得短期的盈利，给企业的生存打下一定的基础。但是此种创业机会一般是以低成本或者速度作为优势，只适合存在一段时间，要想获得持续的成长还需要进一步发掘新的机会。而另一种有经验的创业者凭借资源的整合能力和对未来的洞察力，积极主动地去开创创造型创业机会，该种机会具有

很大的差异化，一旦度过了最初的风险期将会给企业带来较大的收益，有益于提升企业的生存能力和成长能力。

② 同样的创业机会，经过不同的机会开发方式，成长绩效存在差异。通过案例分析我们可以看出，创业机会的开发方式对成长绩效有着重要的影响。一般情况下，不论哪一种创业机会，采用新颖型商业模式都有助于创业机会价值的实现。而效率型商业模式对成长绩效的影响还受到创业环境的调节作用。创业环境的不确定性对创业机会价值的实现产生重要影响。所以，不同的创业机会只有结合当时的创业环境并设计相匹配的商业模式，才能更好地实现创业机会的价值。

③ 不同的创业机会对商业模式创新的影响不同。通过案例研究我们发现，创造型创业机会更容易产生新颖型商业模式，在这一机制构成中，创业学习的方式和知识转化的方式对商业模式有一定的影响。

(2) 访谈资料的分析

本研究将访谈资料形成文字后，运用扎根理论进行了编码。基于扎根理论进行的编码至少包含两个阶段：一是初始阶段，包括为数据的每个词、句子或者片段命名；二是聚焦和选择阶段，使用最重要的或出现最频繁的初始代码来对数据进行分类、综合、整合和组织（凯西·卡麦兹，2009）。柯利（Corley）和乔亚（Gioia）(2004) 在此基础上认为的分析流程，包含文本数据的开放式编码和主轴编码。开放式编码是将文本数据概念化、类别化，目的是对数据现象进行系统的识别并命名；主轴编码是将经开放式编码后的数据进行中心整合以确定类别和子类别。本节研究的重点是探测创业机会的不同维度并对其进行操作，所以亦将编码的阶段分为开放式编码和主轴编码。

在进行开放式编码时，本研究将访谈的内容，按照创业机会开发的过程制成独立的语句，并初步形成与创业机会相关的概念标签，将内容相近的整合进一个概念里。通过对资料的初始编码，从资料中抽出创业者特征、创业经验、机会决策方式、营销策略、竞争优势、跨界整合、战略调整等概念，再对这些概念进一步分类编码，形成初始范畴。然后对初始范畴深入分析，探索初始概念之间的关系，直至没有任何新概念、新范畴出现，则认为初始范畴全部饱和。此时，形成两个副范畴：发现型创业机会和创造型创业机会，最终被一起归纳到主范畴——创业机会之中，名称及示例如图 4-1 所示。

4 研究设计

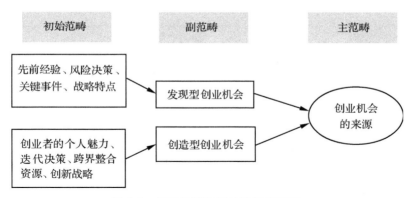

图 4-1 基于访谈资料的编码示意图

对访谈文本内容分析的结果表明，创业企业在回答"创业机会来源"的基本问题方面，主要体现在两个维度上：一是发现型创业机会，创业者基于经验和先前知识对不均衡市场进行识别，决策方式具有一定的风险性，但基本可以通过分析市场调研数据等进行市场的预测从而决策；二是创造型创业机会，针对不确定性较高的市场环境，创业者通过发挥主观能动性并与环境互动，基于手头的资源进行拼凑，甚至跨界整合相关资源以不断构建出创业机会。

实地访谈中，关于创业机会的部分例证如表 4-5 所示。

表 4-5 实地访谈中关于创业机会的部分例证

构念	维度	访谈资料的部分观点
创业机会的来源	发现型创业机会	<ul><li>我们刚开始选择做立体仓库软件的开发，是因为我们有多年的在IT部门工作的经验。</li><li>创业之初，我们根据经验评估了市场上的需求量，根据市场的培训需求进行产品的开发。</li><li>当时市场上对这一产品的需求正旺盛，行业内有不少企业在生产这个产品，我们也想从中分一杯羹。</li><li>推广产品的过程中，我们采取与竞争对手基本相同的营销模式，没有大改变。</li><li>经营的战略基本没有什么变化，因为这一市场在当时的需求还比较稳定。</li><li>我们保持优势的方式就是快，很担心被竞争对手模仿，所以不会大范围宣传自己的产品。</li></ul>

续表

构念	维度	访谈资料的部分观点
创业机会的来源	创造型创业机会	• 我们的创始人很有个人魅力，很多经销商通过现场会议当场签约，为企业的初始运行资源的聚集提供了支持。 • 我们在开发产品的时候有一个初步的想法，但对于能做到什么程度还不确定，所以从第一款产品"臻蜜"开始不断进行测试、改进。在获得初步认可后，开始不断迭代、扩大业务。 • 因为初创期资源不够丰富，所以我们在做决策时有多大的能力做多大的事情，不会超出自己的承担能力。 • 在创业的过程中，为了销售出我们提供的产品，我们将农村、个人经销商等相关资源进行了跨界整合。 • 经营方向做了大的调整，刚开始做培训，后来转为做绿色名产品的品牌推广。营销推广策略也发生很大的变化。 • 关于竞争，我们不惧怕竞争与模仿，希望以更开放的方式让更多的人加入进来。

4.1.3 编制初始测量题项

通过前期的案例研究，我们发现阿尔瓦雷兹和巴尼（2007）、斯晓夫等（2016）关于不同创业机会的特点的描述在企业实际的运作中都有体现，所以笔者以他们的研究为基础，进行创业机会测量量表的设计。前期的文献研究中，笔者已经对创业机会识别方式的两个维度——发现型创业机会和创造型创业机会进行了深入的分析以确定其定义和内涵。本研究根据已有文献对发现型创业机会和创造型创业机会的理解，结合对创业企业的访谈，确定创业机会的初始量表。

为保证所开发的量表能够真实反映创业机会的内涵，本研究选取了三位不同行业的创业者进行半结构化访谈，对量表进行了修订。第三次访谈发生在初始的创业机会测量量表形成后，针对量表中存在的问题与三位创业者深入讨论，与企业人员共同分析，从而对初始量表进行相应的调整。调整主要表现在：一是对已有的部分题项进行语言上的修改，使之更简易、准确，以便于创业者理解从而保证答题的有效性；二是将部分未考虑到的问题加入题项中，本研究没有另外加入相应的内容；三是删除不适合中国企业的选项，比如，"不同创业情境下的资金的来源特点"选项，访谈企业认为，这并不是明显的区别创业机会类型的特点，应把该项去掉。创业机会初始量表如表4-6所示。

表 4-6 创业机会初始量表

维度	相关概念	测量指标	来源
发现型创业机会	创业机会是客观存在的发现观的核心前提假设,是市场不完全和市场信息的非均衡分布(Shane, 2000; Kirzner, 1973、1997; Miller, 2007)	机会的来源基于经历和经验,受家人朋友、兴趣爱好的影响	阿尔瓦雷兹和巴尼(2007)、斯晓夫等(2016)
		机会决策基于风险数据的分析收集工具;考虑机会成本的重要性	阿尔瓦雷兹和巴尼(2007)
		关键事件对创业机会的来源有重要影响	斯晓夫等(2016)
		以保密和设置进入障碍保持优势	阿尔瓦雷兹和巴尼(2007)、梁强等(2011)、斯晓夫等(2016)
创造型创业机会	创业者在进行创业观察和采取创业行动的过程中,通过发挥自己的主观能动性创造出来(Alvarez & Barney, 2007)	机会来源于创业者主观具有的质疑、观察、社交、说服大众的能力	阿尔瓦雷兹和巴尼(2007)、斯晓夫等(2016)
		机会决策基于能够承担的损失和掌握的资源进行不断迭代、试错	阿尔瓦雷兹和巴尼(2007)、维卡塔拉曼(2005)、斯晓夫等(2016)
		创业者对跨组织边界较关注并进行资源的整合	梁强等(2011)、斯晓夫等(2016)
		不断创新过程保持竞争优势	阿尔瓦雷兹和巴尼(2007)、梁强等(2011)

4.1.4 预调研与量表纯化

首先,对创业机会的初始量表进行预调研。调研的对象主要是苏州市的创业企业,问卷来源的渠道共分为三个:一是通过苏州市电子协会收集了 23 份问卷,二是借助苏州工业园区金鸡湖创业长廊项目收集了 22 份问卷,三是通过身边的创业朋友回收了 14 份问卷。合计回收 59 份预调研问卷,其中,有效问卷 58 份。

其次,基于预调查得到的数据,对问卷量表中所涉及的题项进行纯化。标准如下:① 删除 CITC 值小于 0.4 且删除后能使 Cronbach's α 系数

(Cronbach's alpha，克隆巴赫系数）增加的题项。② 删除因子载荷小于 0.5 或者具有交叉载荷的题项。

探索性检验 KMO 值为 0.8，说明非常适合进行因子分析；Bartlett's 球状检验对应 P 值小于 0.05，说明适合进行因子分析。因子分析时，一共提取出 2 个因子，特征根值均大于 1，旋转后 2 个因子的累积方差解释率为 57.403%。进一步用最大方差旋转方法进行旋转，以便找出因子和研究项的对应关系、因子对于研究项的信息提取情况。研究发现，以保密和设置进入障碍保持优势和不断创新过程保持竞争优势，这两项存在着交叉载荷。这两项在不同机会类型的体现上没有明显的区分度。针对这一现象，我们在预调研的过程中需要根据条目是否符合企业实践进行优化（梁建和樊景立，2012）。调研结果发现，企业在不同的创业机会下可能会采取这两种战略。所以创业者在回答这一问题时，才会出现难以选择的现象。同时，这两项体现的是对创业机会的开发过程，不能着重体现创业资金的来源特点，所以将创业资金的来源删除后有必要再进行一次探索性因子分析。

在第二次探索中，探索性检验 KMO 值为 0.814（大于 0.5），说明非常适合进行因子分析；Bartlett's 球状检验对应 P 值等于 0，也说明适合进行因子分析。因子分析时，一共提取出 2 个因子，特征根值均大于 1，旋转后 2 个因子的累积方差解释率为 69.33%。

观察各因子上的载荷，发现题项载荷均大于 0.5，且不存在横跨因子的题项。因子载荷在 2 个因子之间具有较好的区分效度。通过因子分析笔者观察到，因子一包含 1 到 3 共三个题项，衡量发现型创业机会；因子二包含 4 到 6 共三个题项，衡量创造型创业机会（表 4-7）。

表 4-7 创业机会探索性因子结果

题项	因子载荷	
	创造型创业机会	发现型创业机会
机会的来源基于经历和经验，受家人朋友、兴趣爱好的影响	0.322	0.769
机会决策基于风险数据的分析收集工具；考虑机会成本的重要性	0.016	0.847
关键事件对创业机会的来源有重要影响	0.422	0.567
Cronbach's α 系数	0.7	

续表

题项	因子载荷	
	创造型创业机会	发现型创业机会
机会来源于创业者主观具有的质疑、观察、社交、说服大众的能力	0.791	0.144
机会决策基于能够承担的损失和掌握的资源进行不断迭代、试错	0.859	0.095
创业者对跨组织边界较关注并进行资源的整合	0.806	0.267
Cronbach's α 系数	0.806	

本研究量表可靠性检验结果表明各系数均大于或等于 0.7，说明本研究开发的量表具有较高的信度。

4.2 变量的测量和量表的选择

4.2.1 商业模式的测量

通过商业文献综述我们可以看出，目前的研究大多从案例角度进行定性分析，但部分学者已开始进行实证研究。对于商业模式的测量，米勒（1996）提出新颖和效率是商业模式设计的两个重要主题，这两个主题也反映了创业企业在不确定市场环境下的创造价值的选择。新颖和效率对于新创企业的成立起着很重要的作用，新创企业可以选择新创一种模式或者复制当前的一种模式而获得生存（Aldrich，1999）。佐特和阿密特（2003）也依据以上文献的研究开发了创业企业商业模式设计的量表，并运用此量表进行了商业模式设计与企业战略的匹配对创业绩效的影响的研究（Zott & Amit，2008），得到了学术界的认可。国内学者胡保亮（2015）、姚明明（2014）、陈琦（2010）也结合中国的企业情境对佐特和阿密特（2008）设计的测度量表进行了实证分析。笔者认为，佐特和阿密特的测度量表更为精练和准确，同时比较适合本研究的研究对象——新创企业。基于以上分析，本研究商业模式量表的设计在佐特和阿密特的测度量表的基础上，结合对新创企业的访谈，确定了商业模式设计的量表，并采用Likert 5点量表进行测量（表4-8）。

表4-8 商业模式设计的测度

维度	相关概念	测量指标	来源
效率型商业模式	企业通过商业模式获取交易的有效性，其核心是减少企业与所有交易参与者的交易成本	• 减少了合作伙伴的成本（如库存成本、沟通成本、市场和销售成本） • 在交易中会降低错误 • 能够帮助合作伙伴做出更明智的决定 • 与合作伙伴的交易活动简单易行 • 交易更透明（信息、服务和产品的信息被查询） • 使合作伙伴可以获得更多的产品相关信息，降低信息的不对称性 • 加快交易的速度 • 提高交易的效率	佐特和阿密特（2007、2008）
新颖型商业模式	企业发现并运用能够被实现的新的经济交易方式，或者通过新的方式、交易机制与原有的交易伙伴发生联系	• 接触到不同的合作者和产品 • 以新的方式提供产品、信息和服务的新的组合 • 在交易中使用新颖的方式激励合作伙伴 • 与合作伙伴交易的方式是新颖的 • 与合作伙伴交流沟通的方式是新颖的 • 获得了较多的发明 • 贵公司的商业模式有竞争力且新颖 • 在商业模式上不断地改进和创新	佐特和阿密特（2007、2008）

4.2.2 新创企业成长绩效的测量

针对新创企业成长绩效的测量，有的学者从"量"增长的角度进行测量，通常测量的指标为员工数量、销售额、产品或服务的种类、利润的增长速度（Parker，2008；余红剑，2007）。也有的学者以盈利的水平测量成长绩效，张炜、谢吉华和邢潇（2007）以销售利润率、资产负债率、净资产收益率和销售平均增长率等财务指标测量创业绩效。单标安等（2017）以销售额增长速度、新员工数量增长速度、市场份额的增长速度测量创业绩效。在笔者看来，学者们大多是从"量"和"质"两个角度测量创业绩效的。祝振铎（2015）以员工数量增长速度、销售额增长速度、净收益增长速度等测量新创企业成长绩效。朗恩（1995）等在其研究杠杆投资和公司成长的文献中选取了三个描述成长性的指标：固定资产账面价值、资本支出增长率和员工

4 研究设计

人数增长率。徐国祥、檀向球和胡穗华（2000）结合中国企业经营的情况，将总资产增长率、主营业务收入增长率、净利润增长率用来反映公司的成长能力。王重鸣、刘帮成（2006）以销售额增长、资产增长、员工数量增长、利润增长及竞争能力增长等指标来衡量企业成长绩效。胡望斌、张玉利和牛芳（2009）通过盈利水平、成长潜力和相对业绩来测量企业成长绩效。这里的"相对业绩"的测量范围包括与其他企业相比较销售收入的增长率、市场占有率及税前利润增长率。蔡莉和单标安（2010）将成长绩效分为净收益增长速度、销售额增长速度、新员工数量增长速度、新产品或服务发展速度、市场份额增长速度和资金周转速度。杨敏利和党兴华（2014）通过净利润增长率、净资产增长率、市场份额增长率、员工增长率来度量新创企业成长绩效。刘冰欣和赵丙奇（2016）通过员工数量增长、销售额增加、产品和服务种类增长、市场份额增长、营业利润增长和行业知名度提升等六个方面来衡量新创企业成长。

新创企业的成长绩效需要从"量"和"质"两个方面加以评价，除了企业规模增长之外，新创企业首要的目标是生存然后才是成长。新创企业经常面临着市场占有率和销售利润率之间的选择。扩大市场份额对新创企业有重要的意义，但也要与一定的销售利润率相匹配。本研究借鉴大多数学者的观点，同时从"质"和"量"的角度对新创企业的成长绩效进行测量。

关于新创企业成长的测量，为体现新创企业的成长特征，本研究借鉴钱德勒等（1994）、派克等（2008）学者的研究成果，从成长潜力和盈利能力两个指标进行度量。由于新创企业数据相对保密和难以获取，根据主观相对绩效，采用 Likert 5 点量表进行测量（表4-9）。

表4-9 新创企业成长绩效的测度

维度	相关概念	测量指标	来源
成长潜力	企业持续经营的可能性及应对成长危机的能力	• 销售收入与同行相比较好 • 员工人数增长情况与同行相比较好 • 市场份额增长情况与同行相比较好	钱德勒等（1994）、派克等（2008）
盈利能力	企业在经营的过程中获取利润的能力	• 相比竞争对手，有较强的获利能力 • 过去三年创造了较好的利润 • 市场不景气时也能创造较好的利润	

4.2.3 环境不确定性的测量

环境最主要的特征是不确定性。本文参考卡西利亚斯（Casillas）（2011）、李大元（2009）、沃斯（Voss）（2000）、德萨博（Desarbo）等（2005）、贾沃斯基（Jaworski）和科利（Kohli）（1993）等关于环境不确定性的研究，从动态性和竞争性两方面考察环境的不确定性。环境的动态变化和难以预测的特点使环境变得不确定，竞争强度和需求不确定性是反映环境不确定的两个关键维度（郭海和沈睿，2014）。最终量表如表4-10所示，测量采用的是Likert 5点量表。

表4-10 环境不确定性的测度

维度	相关概念	测量指标	来源
环境动态性	环境变化的速度和不稳定性，不仅仅是量的变化而且包含不可预测性	行业内产品或服务更新换代速度快	卡西利亚斯等（2011）
		市场竞争状况难以预测	卡西利亚斯等（2011）
		客户需求变化快	德萨博等（2005）
环境竞争性	影响组织生存与发展的资源稀缺程度和获取的竞争激烈程度	行业竞争非常激烈	沃斯（2000）、李大元（2009）
		企业的任何举动都会使竞争者快速反应	米勒（1987）
		行业中新的竞争行为层出不穷	贾沃斯基和科利（1993）

4.2.4 控制变量

为了保证研究的有效性，本研究对创业机会、商业模式和创业绩效的指标进行了控制，在产业层面和企业层面设置了控制变量。

企业层面的因素包括企业的规模和年龄。企业的规模对企业的创业绩效有很大的影响（Nandler & Tushman，1998），企业规模越大则创业绩效可能就越好（Kelly & brooks，1991）。本研究将用员工数作为测量的指标。而企业的年龄，即企业成立的年限，也是影响创业绩效的重要因素。在笔者看来，企业成立时间越长，越有更大的能力进行资源的整合，从而设计相应的商业模式以取得更好的创业绩效（Zott & Amit，2008），也更能够识别并开发具有更高盈利率的创业机会。本研究企业年龄的测度截止到 2017 年年底。

产业层面主要分析所属行业对创业绩效的影响，产业的类型对创业机会的识别和商业模式的主题设计会产生影响。高新技术产业比传统产业更新，更宜采用新颖型商业模式，识别新的创业机会。本研究将产业设为虚拟变量，将新材料、生物医药、新能源等归为高新技术企业，赋值为 1；其他产业赋值为 0。

4.3　数据的收集与问卷回收

本研究主要探究的是新创企业的问题，需要收集的大量且有效的数据很难从公开的信息中获得，所以笔者采用了问卷调查法进行大样本数据的收集。问卷的设计直接关系研究的质量，只有经过科学的设计和流程才能保证研究的科学性和严谨性。笔者借鉴吴明隆等学者的观点，将问卷设计的流程安排如下：首先，通过文献的阅读和对企业的访谈确定研究的内容。笔者查阅了有关创业机会、商业模式和新创企业成长等的大量的国内外文献，同时初步访谈了 10 余家企业，了解了创业企业在创业机会识别、商业模式设计及企业成长方面的大概信息，明确了研究的问题，然后根据研究的内容和目标进行量表的梳理。其次，本研究所使用的量表主要选用得到广泛认可并在文献中有显著地位的量表，当然，笔者也结合中国企业的实际情况进行了适当的改进。而当目前没有相关量表或量表不满足要求时，笔者便设计了一些相关量表，如关于创业机会的来源，虽没有成熟的量表但有广泛认可的文献，为量表的设计奠定了很坚实的基础。本研究依据文献和对创业企业的访谈设计了创业机会的量表。再次，笔者通过进一步的文献梳理和对企业的访谈来修正问卷，同时借助探测性小样本进行问卷的纯化以完善问卷，形成最终的问卷。最后，进行大样本问卷的发放、收集和数据的分析。

4.3.1　样本与调查对象

本研究的目标是探索创业机会与商业模式的匹配如何影响新创企业的成长，根据匝若（1993）的研究，笔者界定成立 8 年以内的创业企业为研究对象，即截止到 2017 年 12 月 21 日成立 8 年以内的企业。因为研究的是企业层面的创业机会、商业模式和企业成长方面的问题，所以被调研者一定要十分了解企业创业的过程。本研究的调研对象均是创始人或创业团队成员。调研的企业主要来自中国大陆地区。

4.3.2 问卷的发放与回收

问卷的发放和回收直接影响数据的质量。问卷发放分为两个阶段：第一阶段为小样本预测阶段，此阶段问卷主要通过个人发放，调研的对象主要是笔者的创业朋友和苏州市工业园区金鸡湖创业长廊项目的部分企业。笔者共收集问卷59份，其中，有效问卷58份。此调研阶段采用的基本是与被调研者面对面的调研。先向调研对象说明调研的目的，然后让调研对象回答被调研的问题，并确保调研对象明确调研的问题并做出合适的答复以提高研究的有效性。第二阶段为经过预调查获得有效问卷后，开展大样本数据的收集调研阶段。此阶段主要通过以下方式进行：一是笔者面对面地对创业者进行调研或者通过邮件、QQ等方式发放给正在创业的朋友，发放问卷64份，回收问卷63份，其中，有效问卷61份。二是通过朋友进行问卷的回收，依托朋友的个人关系，有针对性地进行调研，回收问卷45份，其中，有效问卷40份。三是委托专业的调研机构发放问卷，问卷星作为一家被广泛认可的调研公司，答卷者需要提供真实的身份信息并进行验证，从而保证样本库的真实可靠。首先，在选择调研对象时，问卷星调研机构可以对调研对象的区域、行业、创业时间等多个样本属性进行控制。其次，通过甄别也可以进一步筛除不符合要求的填写者。同一个IP地址、同一个用户名只能填写一份问卷。再次，根据陷阱题目和填写时间筛选掉随意填写的答卷。最后，手动排查。通过问卷星回收了153份问卷，其中，有效问卷113份。本次大样本调研在全国范围内共获得有效问卷214份。

4.4 数据统计的方法

在大样本数据分析阶段，笔者采用描述性统计分析（description statistics）、信度和效度检验、层次回归分析等方法探究创业机会、商业模式、创业学习和新创企业成长绩效之间的关系。

4.4.1 描述性统计分析

描述性统计是一套用以整理、描述、解释数据的系统方法与统计技术。该统计方法对大量的研究样本数据，以简单明白的统计量进行数据的概括和讲述（李怀祖，2004）。本研究对涉及的企业的成立时间、员工人数、销售额等基本信息进行了描述性统计分析，从而描绘出样本的类别与特性。

4.4.2 信度和效度检验

（1）信度检验

信度分析，即测量的可靠性，是指测量结果的一致性或稳定性。信度越高，表明排除误差的能力越强，越能保证变量的度量符合要求。本研究主要关注同等信度，以 Cronbach's α 系数作为关注内部一致性的检验指标。

（2）效度检验

效度是指测量的正确性，实证研究中通常用构念效度和内容效度进行测量。内容效度是指量表的测度能够在多大程度上反映或者代表研究人员所要测量的构念。构念效度是指测量出理论的概念和特征的程度。因子分析是构念效度最常用的检测方法（吴明隆，2003）。

本研究在文献回顾的基础上结合企业实际设计了问卷，并结合专家的意见进行了修改，在一定程度上保证了调查问卷的内容效度。构念效度通过因子分析进行检测。

4.4.3 层次回归分析

在层次回归的过程中，研究者可以根据研究的目的以不同的顺序将变量放入层级模型中，可以观察到随着解释变量的增加和回归结果的变化情况，进而得出不同的解释变量对被解释变量的解释程度的变化。本研究将采用层次回归方法分析创业机会与商业模式的匹配对创业绩效的影响。

在层次回归分析时，笔者对数据做了处理。首先，由于每个变量有多个题项的测量构成，因此，变量的值取各题项的平均值。其次，本研究需要分析创业机会与商业模式交互项对创业绩效的影响，所以将变量数据进行了标准化处理。最后，将控制变量、自变量、交互项依次放入模型进行分析。

同时，本研究还采用了中介回归技术，研究创业学习在创业机会与商业模式主题设计之间的中介作用。

4.5 本章小结

本章在综合理论研究和企业调研的基础上，开发了创业机会量表，并对商业模式、新创企业成长和环境不确定性的量表进行了选择。本研究在遵循量表开发程序的基础上进行了创业机会量表的开发。先借助已有的文献分析创业机会的内涵和构成维度，将其作为理论依据，形成初步量表，同时结合半结构化的访谈进行质性分析改进量表，然后根据初始量表编制调研问卷，对创业者进行调研，通过探索性因子分析进一步优化量表。修正量表后，笔者进行大规模问卷的发放，并将获得的有效数据进行验证性因子分析，从而使所开发的量表纯化。对研究中涉及的其他量表的选择依据，笔者也进行了说明。本研究采用了问卷调查进行大样本数据的收集。本章对问卷的设计、调研对象、问卷回收情况及数据统计的方法进行了详细的阐述，为后续实证分析奠定了基础。

5 实证分析与结果讨论

5.1 描述性统计分析

5.1.1 样本分析

笔者首先将收集到的样本数据进行了描述性统计分析。对样本的基本资料，如创业者学历和性别、创业企业经营时间、员工人数、2017 年销售额等信息进行了描述，具体结果如表 5-1 所示。

表 5-1 样本特征的分布情况表

条目		样本数/个	百分比/%	累计百分比/%
创业者性别	男	165	77.10	77.10
	女	49	22.90	100
创业者学历	高中及以下	12	5.61	5.61
	大专	68	31.78	37.39
	本科	82	38.31	75.70
	研究生及以上	52	24.30	100
企业成立时间	1 年以下	16	7.48	7.48
	1—3 年	77	35.98	43.46
	4—6 年	96	44.86	88.32
	7—8 年	25	11.68	100
员工人数/人	20 人及以下	11	5.14	5.14
	21—50	51	23.83	28.97
	51—100	96	44.86	73.83
	101—200	40	18.69	92.52
	200 人以上	16	7.48	100

续表

条目		样本数/个	百分比/%	累计百分比/%
2017年销售额/元	100万及以下	20	9.35	9.35
	101万—500万	39	18.22	27.57
	501万—2000万	98	45.79	73.36
	2000万以上	57	26.64	100
行业	高新技术企业	65	30.37	30.37
	传统企业	149	69.63	100

注：样本量为214。

从样本企业的数据来看，男性创业者占比为77.10%，女性创业者占比为22.90%。从创业者学历可以看出，高中及以下的创业者占5.61%，大专学历的创业者占31.78%，本科学历的创业者占38.31%，研究生及以上学历的创业者占24.30%。从创业企业的成立时间来看，成立时间在1年以下的占7.48%，成立时间在1—3年的占35.98%，成立时间在4—6年的占44.86%，成立时间在7—8年的占11.68%。从企业的员工人数进行分析，员工人数在20人及以下的占5.14%，员工人数在21—50人的占23.83%，51—100人的企业占44.86%，101—200人的企业占18.69%，200人以上的企业占7.48%。从企业2017年的销售额分布来看，年销售额100万元及以下的企业占9.35%，101万—500万元的企业占18.22%，501万—2000万元的企业占45.79%，2000万元以上的企业占26.64%。从行业的类型上来看，高新技术企业占30.37%，传统企业占69.63%。从以上的数据分析可以看出，很多指标呈现出正态分布的特征，所以本研究的样本分布具有一定的代表性和广泛性。

5.1.2 量表数据的描述性统计分析

本研究运用SPSS 22.0对量表数据的特征进行了描述性分析，结果显示各数据的均值未出现异常，统计特征较为理想。在此基础上，对量表数据进行下一步分析的具体结果见表5-2。

表 5-2　量表数据的描述性统计分析表

类型	编码	样本量	均值		标准差	方差	偏度		峰度	
			统计量	标准误			统计量	标准误	统计量	标准误
发现型创业机会	FXJH1	214	3.73	0.058	0.851	0.724	-0.556	0.166	0.699	0.331
	FXJH2	214	3.50	0.060	0.876	0.768	-0.162	0.166	-0.282	0.331
	FXJH3	214	3.63	0.067	0.984	0.968	-0.596	0.166	0.238	0.331
创造型创业机会	CZJH1	214	3.71	0.063	0.919	0.845	-0.453	0.166	0.254	0.331
	CZJH2	214	3.87	0.062	0.903	0.815	-0.405	0.166	-0.450	0.331
	CZJH3	214	3.84	0.073	1.069	1.142	-0.647	0.166	-0.360	0.331
效率型商业模式	XLMS1	214	3.79	0.059	0.869	0.756	-0.497	0.166	0.308	0.331
	XLMS2	214	3.71	0.060	0.878	0.770	-0.114	0.166	-0.542	0.331
	XLMS3	214	3.71	0.063	0.920	0.847	-0.110	0.166	-0.552	0.331
	XLMS4	214	3.89	0.059	0.863	0.744	-0.233	0.166	-0.808	0.331
	XLMS5	214	3.80	0.057	0.833	0.694	-0.257	0.166	-0.505	0.331
	XLMS6	214	3.85	0.056	0.820	0.672	-0.336	0.166	-0.123	0.331
	XLMS7	214	3.74	0.059	0.859	0.739	-0.274	0.166	-0.317	0.331
	XLMS8	214	3.91	0.056	0.820	0.673	-0.401	0.166	-0.337	0.331
新颖型商业模式	XYMS1	214	3.92	0.064	0.931	0.866	-0.431	0.166	-0.587	0.331
	XYMS2	214	3.86	0.061	0.893	0.797	-0.240	0.166	-0.659	0.331
	XYMS3	214	3.83	0.061	0.895	0.801	-0.168	0.166	-0.900	0.331
	XYMS4	214	3.73	0.063	0.925	0.856	-0.117	0.166	-0.752	0.331
	XYMS5	214	3.61	0.066	0.971	0.943	-0.025	0.166	-0.873	0.331
	XYMS6	214	3.66	0.069	1.011	1.022	-0.110	0.166	-0.885	0.331
	XYMS7	214	3.79	0.058	0.853	0.727	-0.188	0.166	-0.450	0.331
	XYMS8	214	3.64	0.065	0.952	0.906	-0.158	0.166	-0.751	0.331
环境竞争性	JZHJ1	214	3.74	0.073	1.072	1.150	-0.856	0.166	0.217	0.331
	JZHJ2	214	3.68	0.064	0.941	0.886	-0.371	0.166	-0.566	0.331
	JZHJ3	214	4.12	0.068	0.993	0.986	-0.876	0.166	-0.221	0.331
环境动态性	DTHJ1	214	3.96	0.053	0.780	0.609	-0.353	0.166	-0.026	0.331
	DTHJ2	214	3.83	0.058	0.850	0.723	-0.318	0.166	-0.289	0.331
	DTHJ3	214	3.82	0.059	0.859	0.738	-0.411	0.166	-0.394	0.331
成长潜力	CZQL1	214	3.86	0.065	0.954	0.910	-0.502	0.166	-0.082	0.331
	CZQL2	214	3.66	0.067	0.973	0.947	-0.176	0.166	-0.695	0.331
	CZQL3	214	3.72	0.071	1.037	1.076	-0.435	0.166	-0.250	0.331

续表

类型	编码	样本量	均值		标准差	方差	偏度		峰度	
			统计量	标准误			统计量	标准误	统计量	标准误
盈利能力	YLNL1	214	3.82	0.071	1.039	1.079	-0.465	0.166	-0.544	0.331
	YLNL2	214	3.73	0.071	1.039	1.079	-0.488	0.166	-0.308	0.331
	YLNL3	214	3.69	0.081	1.178	1.388	-0.528	0.166	-0.595	0.331

5.2 变量的信度和效度分析及控制变量的处理

信度和效度体现了变量数据的质量情况，良好的信度和效度是进一步分析的基础。本节主要通过探索性因子分析（EFA）、验证性因子分析（CFA）和信度分析来检验主要变量的数据质量情况。

5.2.1 信度分析

本研究运用 SPSS 22.0 对正式调研样本进行可靠性分析。在本研究中，关于创业机会的有 6 题，Cronbach's α 系数为 0.705，其中，发现型创业机会 3 题，Cronbach's α 系数为 0.627；创造型创业机会 3 题，Cronbach's α 系数为 0.773。关于商业模式设计的有 16 题，Cronbach's α 系数为 0.873，其中，效率型商业模式 8 题，Cronbach's α 系数为 0.887；新颖型商业模式 8 题，Cronbach's α 系数为 0.914。关于新创企业成长的有 6 题，Cronbach's α 系数为 0.942，其中，盈利能力 3 题，Cronbach's α 系数为 0.914；成长潜力 3 题，Cronbach's α 系数为 0.896。关于环境不确定性的有 6 题，Cronbach's α 系数为 0.837，其中，环境竞争性 3 题，Cronbach's α 系数为 0.765；环境动态性 3 题，Cronbach's α 系数为 0.795。由以上分析可以看出，本研究的量表及其各个维度的 Cronbach's α 系数均大于 0.6，总量表的信度大于 0.7，这表明所选量表具有较好的内部一致性，具有良好的信度。具体结果如表 5-3 所示。

表 5-3　变量的信度分析结果

变量		题数	Cronbach's α	
创业机会	发现型创业机会	3	0.627	0.705
	创造型创业机会	3	0.773	
商业模式设计	效率型商业模式	8	0.887	0.873
	新颖型商业模式	8	0.914	
新创企业成长	成长潜力	3	0.896	0.942
	盈利能力	3	0.914	
环境不确定性	环境竞争性	3	0.765	0.837
	环境动态性	3	0.795	

5.2.2　效度分析

本研究采用探索性因子分析和验证性因子分析来检验量表的效度。

5.2.2.1　探索性因子分析

本研究通过 SPSS 22.0 对量表进行因子分析，并通过 KMO 检验和 Bartlett's 球形检验来判断指标间是否适合进行因子分析。

（1）创业机会探索性因子分析

在对创业机会进行探索性分析时，代表样本充分水平的 KMO 检验值为 0.677，大于 KMO 值为 0.5 的标准（吴明隆，2003）。表明条目间相对关联程度的 Bartlett's 球形检验值为 260.873，显著性水平 $P < 0.01$，说明各条目是相互关联的，适合提取公共因子。从因子的分析结果来看，通过主成分方法提取出了一个公共因子，其方差贡献率为 63.508%，这意味着变量的所有方差中，有 63.508% 可以用所提取的公共因子来解释。创业机会探索性因子分析的结果如表 5-4 所示，可以看出量表具有较好的建构效度。

表5-4 创业机会探索性因子分析结果

题项	因子载荷	
	发现型创业机会	创造型创业机会
机会的来源基于经历和经验,受家人朋友、兴趣爱好的影响	0.797	0.105
机会决策基于风险数据的分析收集工具;考虑机会成本的重要性	0.688	0.094
关键事件对创业机会的来源有重要影响	0.778	0.082
机会来源于创业者主观具有的质疑、观察、社交、说服大众的能力	0.071	0.805
机会决策基于能够承担的损失和掌握的资源进行不断迭代、试错	0.057	0.828
创业者对跨组织边界较关注并进行资源的整合	0.038	0.852

（2）商业模式探索性因子分析

在对商业模式进行探索性因子分析时，代表样本充分水平的 KMO 检验值为 0.875，大于 KMO 值为 0.5 的标准（吴明隆，2003）。表明条目间相对关联程度的 Bartlett's 球形检验值为 1454.093，显著性水平 $P < 0.01$，说明各条目是相互关联的，适合提取公共因子。从因子的分析结果来看，通过主成分方法提取出了一个公共因子，其方差贡献率为 70.803%，这意味着变量的所有方差中，有 70.803% 可以用所提取的公共因子来解释。商业模式探索性因子分析的结果如表5-5所示，可以看出量表具有较好的建构效度。

表5-5 商业模式探索性因子分析结果

题项	因子载荷	
	效率型商业模式	新颖型商业模式
减少了合作伙伴的成本（如库存成本、沟通成本、市场和销售成本）	0.693	0.163
在交易中会减少错误	0.784	0.059
能够帮助合作伙伴做出更明智的决定	0.789	−0.023
与合作伙伴的交易活动简单易行	0.829	0.094
交易更透明（信息、服务和产品的信息被查询）	0.774	0.129
使合作伙伴可以获得更多的产品相关信息,降低信息的不对称性	0.806	0.149

续表

题项	因子载荷	
	效率型商业模式	新颖型商业模式
加快交易的速度	0.807	0.169
提高交易的效率	0.714	0.311
接触到不同的合作者和产品	0.225	0.796
以新的方式提供产品、信息和服务的新的组合	0.085	0.788
在交易中使用新颖的方式激励合作伙伴	0.132	0.838
与合作伙伴交易的方式是新颖的	0.071	0.837
与合作伙伴交流沟通的方式是新颖的	0.176	0.787
获得了较多的发明	-0.039	0.815
贵公司商业模式有竞争力且新颖	0.130	0.790
在商业模式上不断改进和创新	0.314	0.747

（3）新创企业成长探索性因子分析

在对新创企业成长进行探索性因子分析时，代表样本充分水平的KMO检验值为0.902，大于KMO值为0.5的标准（吴明隆，2003）。表明条目间相对关联程度的Bartlett's球形检验值为728.213，显著性水平$P<0.01$，说明各条目是相互关联的，适合提取公共因子。从因子分析结果来看，通过主成分方法提取出了一个公共因子，其方差贡献率为80.987%，这意味着变量的所有方差中，有80.987%可以用所提取的公共因子来解释。新创企业成长探索性因子分析的结果如表5-6所示，可以看出量表具有较好的建构效度。

表5-6 新创企业成长探索性因子分析结果

题项	因子载荷	
	盈利能力	成长潜力
销售收入与同行相比较好	0.567	0.694
员工人数增长情况与同行相比较好	0.314	0.902
市场份额增长情况与同行相比较好	0.564	0.723
相比竞争对手,有较强的获利能力	0.715	0.557
过去三年创造了较好的利润	0.893	0.309
市场不景气时也能创造较好的利润	0.760	0.507

(4) 环境的不确定性探索性因子分析

在对环境的不确定性进行探索性因子分析时,代表样本充分水平的 KMO 检验值为 0.814,大于 KMO 值为 0.5 的标准(吴明隆,2003)。表明条目间相对关联程度的 Bartlett's 球形检验值为 506.415,显著性水平 $P<0.01$,说明各条目是相互关联的,适合提取公共因子。从因子分析结果来看,通过主成分方法提取出了一个公共因子,其方差贡献率为 71.438%,这意味着变量的所有方差中,有 71.438% 可以用所提取的公共因子来解释。环境的不确定性探索性因子分析的结果如表 5-7 所示,可以看出量表具有较好的建构效度。

表 5-7 环境的不确定性探索性因子分析结果

题项	因子载荷	
	环境竞争性	环境动态性
行业竞争非常激烈	0.879	0.081
企业的任何举动都会使竞争者快速反应	0.734	0.363
行业中新的竞争行为层出不穷	0.734	0.269
行业内产品或服务更新换代速度快	0.275	0.819
市场竞争状况难以预测	0.551	0.658
客户需求变化快	0.117	0.854

5.2.2.2 验证性因子分析

本研究借助 AMOS 21.0 对创业机会、商业模式、新创企业成长及环境的不确定性分别进行了验证性因子分析,检验变量各个维度的结构效度及整体效度。采用最大似然法对测量模型进行估计,同时运用 CMIN/DF、RMSEA、RFI、CFI、TLI 和 IFI 等配适度指标对模型与数据的拟合情况进行检视。评价标准是 CMIN/DF 在 2~5 之间,RMSEA 低于 0.1,RFI、CFI、TLI 和 IFI 等相对指数超过 0.9,这些意味着可以接受模型(侯杰泰等,2004)。

(1) 创业机会验证性因子分析

创业机会的测量模型如图 5-1 所示,其拟合结果如表 5-8 所示。

创业机会的测量模型图和拟合结果表明,χ^2 值为 0.798,小于 5。RMSEA 为 0.028,低于 0.1。NFI = 0.976,CFI = 0.996,GFI = 0.990,AGFI = 0.975,均大于检验标准 0.9。因此,该模型拟合效果良好。这也表明该量表具有较好的建构效度,本研究对发现型创业机会和创造型创业机会两个变量的划分和测量是有效的。

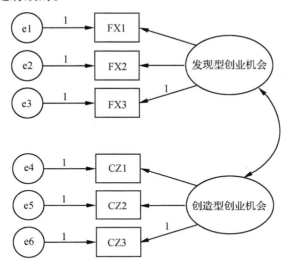

图 5-1 创业机会的测量模型图

表 5-8 创业机会测量模型拟合结果

路径			标准路径系数	非标准路径系数	S.E	C.R	P 值
FX1	<---	发现型创业机会	0.760	0.850	0.189	4.489	***
FX2	<---	发现型创业机会	0.450	0.580	0.131	4.442	***
FX3	<---	发现型创业机会	0.690	1.000	—	—	***
CZ1	<---	创造型创业机会	0.680	0.760	0.094	8.052	***
CZ2	<---	创造型创业机会	0.740	0.810	0.099	8.214	***
CZ3	<---	创造型创业机会	0.770	1.000	—	—	***
χ^2			0.798		CFI	0.996	
RMSEA			0.028		GFI	0.990	
NFI			0.976		AGFI	0.975	

说明:S.E 为估计值的标准误。

C.R. 为临界比值,此值大于 1.96 表示达到 0.05 显著水平。

"P 值"一列表示,如果 $p<0.001$,会以"***"表示。

以上的结果均显示达到显著水平。

注:本表后的相关表格中的类似内容意义相同,不再一一说明。

(2) 商业模式验证性因子分析

商业模式的测量模型如图 5-2 所示，其拟合结果如表 5-9 所示。

商业模式的测量模型图和拟合结果表明，χ^2 值为 1.547，小于 5。RMSEA 为 0.058，低于 0.1。NFI = 0.895，CFI = 0.901，GFI = 0.920，AGFI = 0.9005。除了 NFI 低于 0.9 以外，其他都高于标准 0.9。因此，该模型拟合效果良好。这也表明该量表具有较好的建构效度，本研究对效率型商业模式和新颖型商业模式两个变量的划分和测量是有效的。

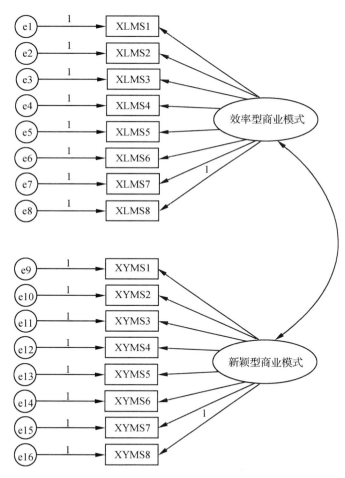

图 5-2 商业模式的测量模型图

表 5-9　商业模式测量模型拟合结果

路径			标准路径系数	非标准路径系数	S.E.	C.R.	P值
XLMS1	<---	效率型商业模式	0.640	1.020	0.082	12.372	***
XLMS2	<---	效率型商业模式	0.730	1.170	0.078	13.355	***
XLMS3	<---	效率型商业模式	0.700	1.180	0.075	12.345	***
XLMS4	<---	效率型商业模式	0.770	1.210	0.081	12.654	***
XLMS5	<---	效率型商业模式	0.670	1.020	0.076	13.501	***
XLMS6	<---	效率型商业模式	0.700	1.040	0.080	14.308	***
XLMS7	<---	效率型商业模式	0.760	1.190	0.081	13.206	***
XLMS8	<---	效率型商业模式	0.670	1.000	—	—	—
XYMS1	<---	新颖型商业模式	0.760	1.030	0.065	15.301	***
XYMS2	<---	新颖型商业模式	0.730	0.960	0.057	16.324	***
XYMS3	<---	新颖型商业模式	0.810	1.060	0.058	16.234	***
XYMS4	<---	新颖型商业模式	0.820	1.110	0.060	16.758	***
XYMS5	<---	新颖型商业模式	0.710	1.010	0.067	14.305	***
XYMS6	<---	新颖型商业模式	0.790	1.170	0.068	13.609	***
XYMS7	<---	新颖型商业模式	0.720	0.900	0.071	14.387	***
XYMS8	<---	新颖型商业模式	0.720	1.000	—	—	—
χ^2			1.547	CFI		0.901	
RMSEA			0.058	GFI		0.920	
NFI			0.895	AGFI		0.9005	

（3）环境的不确定性验证性因子分析

环境的不确定性的测量模型如图 5-3 所示，其拟合结果如表 5-10 所示。

环境的不确定性测量模型图的拟合结果表明，χ^2 值为 2.461，小于 5。RMSEA 为 0.058，低于 0.1。NFI = 0.930，CFI = 0.944，GFI = 0.946，AGFI = 0.901，均大于检验标准 0.9。因此，该模型拟合效果良好。这也表明该量表具有较好的建构效度，本研究对环境竞争性和环境动态性两个变量的划分和测量是有效的。

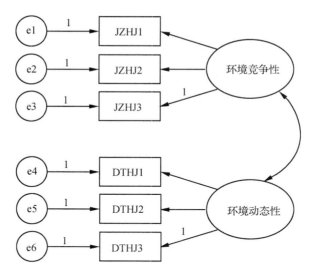

图 5-3 环境的不确定性的测量模型图

表 5-10 环境的不确定性测量模型拟合结果

路径			标准路径系数	非标准路径系数	S.E.	C.R.	P 值
JZHJ1	<---	环境竞争性	0.720	1.150	0.135	8.543	***
JZHJ2	<---	环境竞争性	0.780	1.100	0.122	8.994	***
JZHJ3	<---	环境竞争性	0.670	1.000	—	—	***
DTHJ1	<---	环境动态性	0.740	1.070	0.126	8.528	***
DTHJ2	<---	环境动态性	0.870	1.380	0.151	9.119	***
DTHJ3	<---	环境动态性	0.630	1.000	—	—	***
χ^2			2.461	CFI		0.944	
RMSEA			0.058	GFI		0.946	
NFI			0.930	AGFI		0.901	

(4) 新创企业成长验证性因子分析

新创企业成长的测量模型如图 5-4 所示，其拟合结果如表 5-11 所示。

新创企业成长测量模型图和拟合结果表明，χ^2 值为 0.819，小于 5。RMSEA 为 0.011，低于 0.1。NFI = 0.994，CFI = 0.999，GFI = 0.990，AGFI = 0.974，均大于检验标准 0.9。因此，该模型拟合效果良好。这也表明该量表具有较好的建构效度，本研究对盈利能力和成长潜力两个变量的划分和测量是有效的。

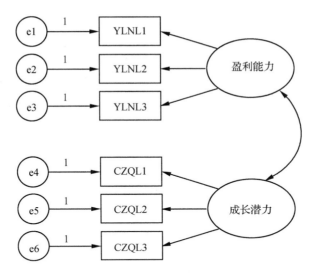

图 5-4　新创企业成长的测量模型图

表 5-11　新创企业成长测量模型拟合结果

路径			标准路径系数	非标准路径系数	S.E.	C.R.	P 值
YLNL1	<---	盈利能力	0.900	0.890	0.046	19.206	***
YLNL2	<---	盈利能力	0.860	0.860	0.048	17.711	***
YLNL3	<---	盈利能力	0.890	1.000	—	—	***
CZQL1	<---	成长潜力	0.860	0.870	0.049	18.074	***
CZQL2	<---	成长潜力	0.810	0.840	0.053	15.923	***
CZQL3	<---	成长潜力	0.910	1.000	—	—	***
χ^2			0.819		CFI		0.999
RMSEA			0.011		GFI		0.990
NFI			0.994		AGFI		0.974

5.3 创业机会与商业模式的匹配对新创企业成长影响的假设检验

本节将进行回归分析,对前文的假设进行验证。首先,根据因子结构算出测量题项的平均值,作为分析的基础。其次,对所有的变量进行相关性分析。最后,采用层级回归的方法逐步加入控制变量、自变量、调节变量,形成多个回归模型。通过对层次回归分析结果中的系数的显著性水平进行判断,比较不同的变量对因变量影响作用的情况。

5.3.1 变量相关分析

本研究变量之间的 Pearson 相关分析结果见表 5-12 所示。相关分析结果表明,控制变量和自变量——创业机会、商业模式、新创企业成长、环境的不确定性各维度之间存在不同程度的显著相关关系,且相关系数均小于 0.7,说明变量之间不存在多重共线性,适合进一步进行层次回归分析以验证变量之间的因果关系。

从自变量和因变量之间的相关关系看,创业机会变量中的发现型创业机会和创造型创业机会与新创企业成长相关,相关系数分别为 0.203 ($P<0.01$)、0.552 ($P<0.01$)。商业模式中的效率型商业模式和新颖型商业模式与新创企业成长显著相关,相关系数分别为 0.289 ($P<0.01$)、0.545 ($P<0.01$)。

从调节变量和因变量之间的相关关系看,创业环境的竞争性和动态性与新创企业成长之间存在显著的相关性,相关系数分别为 0.262 ($P<0.01$)、0.325 ($P<0.01$)。控制变量与因变量之间也存在较为显著的关系,其中,所属行业与新创企业成长的相关性显著,相关系数为 0.163 ($P<0.05$)。企业年龄、企业规模与新创企业成长相关性虽然不显著,但对绩效有一定的影响。

由以上分析可见,自变量创业机会和商业模式、调节变量创业环境的动态性,以及控制变量与因变量新创企业成长显著相关,初步验证了笔者前文提出的假设。接下来笔者将通过层次回归分析对这些变量间的作用机制进行进一步精确的验证。

5 实证分析与结果讨论

表 5-12 主要研究变量的相关系数矩阵

	1 QYNL	2 QYGM	3 HY	4 FXJH	5 CZJH	6 XLMS	7 XYMS	8 JZHJ	9 DTHJ	10 QYCZ
1 QYNL	1.000									
2 QYGM	0.380	1.000								
3 HY	0.163*	0.082	1.000							
4 FXJH	0.056	0.074	0.058	1.000						
5 CZJH	0.110	0.086	0.094	0.124	1.000					
6 XLMS	0.002	0.053	−0.048	0.459**	0.176**	1.000				
7 XYMS	0.060	0.187*	0.113	0.210**	0.576**	0.159*	1.000			
8 JZHJ	−0.068	−0.022	0.021	−0.170	0.320**	0.210**	0.282**	1.000		
9 DTHJ	−0.040	0.080	0.046	−0.360	0.469**	0.188**	0.358**	0.606**	1.000	
10 QYCZ	0.087	0.348**	0.173*	0.203**	0.552**	0.289**	0.545**	0.262**	0.325**	1.000

注1：QYNL 表示企业年龄；QYGM 表示企业规模；HY 表示企业所属行业；FXJH 表示发现型创业机会；CZJH 表示创造型创业机会；XLMS 表示效率型商业模式；XYMS 表示新颖型商业模式；JZHJ 表示环境竞争性；DTHJ 表示环境动态性；QYCZ 表示新创企业成长。

注2：*表示 $P<0.05$，**表示 $P<0.01$，双尾检验。

5.3.2 回归分析

本节内容主要是对第 4 章所构建的理论模型进行验证。其中的变量包括：控制变量主要是企业年龄、企业规模和所属行业，因变量为新创企业成长，自变量为发现型创业机会、创造型创业机会、效率型商业模式和新颖型商业模式。为了验证创业机会与商业模式的匹配对创业绩效的影响，本研究采用二者的交互效用进行分析。在进行交互效用分析的时候，将创业机会和商业模式标准化后，将二者进行相乘得到的交互项放入回归模型。

回归分析分为四个步骤：第一步，验证控制变量对新创企业成长的影响，此时得到模型 A1，尽量消除一些干扰项对结果的影响。第二步，在模型 A1 的基础上加入创业机会的两个解释变量——发现型创业机会和创造型创业机会，得到模型 A2。第三步，在模型 A2 的基础上加入商业模式的两个解释变量——效率型商业模式和新颖型商业模式，得到模型 A3。第四步，在模型 A3 的基础上加入创业机会与商业模式的交互项（发现型创业机会×效率型商业模式、发现型创业机会×新颖型商业模式、创造型创业机会×效率型商业模式、创造型创业机会×新颖型商业模式），得到模型 A4。层次回归分析结果如表 5-13 所示。其中，模型中的被解释变量均为新创企业成长。

表 5-13 层次回归分析结果

	因变量：新创企业成长			
	模型 A1	模型 A2	模型 A3	模型 A4
企业年龄	0.075	0.018	0.029	0.032
企业规模	0.345***	0.285***	0.249***	0.218***
企业所属行业	0.009	−0.009	−0.031	−0.055
发现型创业机会		0.122*	0.006	−0.030
创造型创业机会		0.505***	0.332***	0.328***
效率型商业模式			0.170**	0.188***
新颖型商业模式			0.280***	0.277***
发现型创业机会×效率型商业模式				−0.116*
发现型创业机会×新颖型商业模式				0.010
创造型创业机会×效率型商业模式				−0.118*
创造型创业机会×新颖型商业模式				0.103+

续表

	因变量:新创企业成长			
	模型 A1	模型 A2	模型 A3	模型 A4
R 方	0.127	0.404	0.475	0.505
调整 R 方	0.114	0.390	0.457	0.478
R 方变化	0.127***	0.277***	0.031***	0.030***
F 值	10.149***	28.220***	26.649***	18.736***
VIF 最大值	1.008	1.036	1.523	1.795
N, df	214,3	214,5	214,7	214,11

注:回归模型采取的是强制进入法,表中列示的是标准化回归系数,+ 表示 $P<0.1$,* 表示 $P<0.05$,** 表示 $P<0.01$,*** 表示 $P<0.001$,双尾检验。

模型 A1 主要分析控制变量企业年龄、企业规模和企业所属行业对新创企业成长的影响。从模型 A1 的分析结果可以看出,企业规模对新创企业成长的作用显著,回归系数 0.345,且显著异于 0 ($P<0.001$)。该模型的 R 方为 0.127,说明控制变量对模型的总体解释上贡献了 12.5% 的解释率,模型拟合良好。F 值为 10.149 ($P<0.001$),整体模型显著;VIF 最大值为 1.008,远远小于 10,说明模型不存在共线性问题。虽然回归结果表明企业规模与所属行业呈正相关且不显著,但不可否认也有一定的影响力,所以模型中控制这些变量也是非常必要的。

模型 A2 在模型 A1 的基础上加入了创业机会的两个解释变量——发现型创业机会和创造型创业机会,R 方为 0.277 ($P<0.001$),变化显著,解释力上升到 40.4%,说明发现型创业机会和创造型创业机会对创业绩效具有较高的解释力。模型 A2 的 F 值为 28.220 ($P<0.001$),说明整体模型显著。VIF 最大值为 1.036,远远小于 10,说明不存在共线性问题。发现型创业机会的回归系数 0.122 ($P<0.05$) 显著异于 0。创造型创业机会回归系数为 0.505 ($P<0.001$),显著异于 0,并在后面的模型中依然显著。这也验证了假设1 (1a、1b) 创业机会对新创企业成长的影响。

模型 A3 在模型 A2 的基础上计入了商业模式的两个解释变量——效率型商业模式和新颖型商业模式,R 方为 0.031 ($P<0.001$),变化显著,解释力上升到 47.5%,说明效率型商业模式和新颖型商业模式对创业绩效具有较高的解释力。模型 A3 的 F 值为 26.649 ($P<0.001$),说明整体模型显著。VIF 最大值为 1.523,远远小于 10,说明不存在共线性问题。效率型商业模式的回归系数 0.170 ($P<0.01$) 显著异于 0。新颖型商业模式回归系数为 0.280 ($P<0.001$),显著异于 0,并在后面的模型中依然显著。这也验证了假

设2（2a、2b）效率型商业模式和新颖型商业模式对新创企业成长有显著影响。

模型 A4 在模型 A3 的基础上加入了创业机会与商业模式的交互项，分别是发现型创业机会×效率型商业模式、发现型创业机会×新颖型商业模式、创造型创业机会×效率型商业模式、创造型创业机会×新颖型商业模式，R 方变化显著（0.030，$P<0.001$），解释力上升到 50.5%，说明创业机会与商业模式的交互项对新创企业成长具有较高的解释力。模型 A4 的 F 值为 18.736（$P<0.001$），说明整体模型显著。VIF 最大值为 1.795，远远小于 10，说明不存在共线性问题。发现型创业机会×效率型商业模式的回归系数为 -0.116（$P<0.05$），显著异于 0。发现型创业机会×新颖型商业模式的回归系数为 0.010（$P>0.1$），不显著异于 0。创造型创业机会×效率型商业模式的回归系数为 -0.118（$P<0.05$），显著异于 0。创造型创业机会×新颖型商业模式的回归系数为 0.103（$P<0.1$），显著异于 0。这就验证了假设 3b、3e、3h，而假设 3c 没有得到验证。

5.4 环境的不确定性的调节作用的假设检验

环境的不确定性是新创企业面临的很典型的创业环境特征。本研究将环境的不确定性分为环境竞争性和环境动态性两个方面，在这两种环境下，不同的创业机会采取哪一种商业模式进行创业机会的开发才能促进新创企业成长？本部分内容进一步探究在环境的不确定性的情况下发现型创业机会×效率型商业模式、发现型创业机会×新颖型商业模式、创造型创业机会×效率型商业模式、创造型创业机会×新颖型商业模式这 4 种方式对新创企业成长的影响是否会发生变化。加入环境的调节作用的回归结果如表 5-14、5-15 所示。

如表 5-14 所示，模型 A5 在模型 A4 的基础上加入环境竞争性，R 方变化显著为 0.004（$P<0.001$），解释力上升到 50.9%，说明环境竞争性对新创企业成长具有较高的解释力。模型 A5 的 F 值为 17.390（$P<0.001$），说明整体模型显著。VIF 最大值为 1.848，远远小于 10，说明不存在共线性问题。环境竞争性的回归系数 0.075（$P>0.1$），显著不异于 0。但加入环境竞争性后，发现型创业机会×效率型商业模式的回归系数 -0.108（$P<0.05$），显著异于 0。发现型创业机会×新颖型商业模式回归系数为 0.006（$P>0.1$），不显著异于 0。创造型创业机会×效率型商业模式的回归系数为 -0.128（$P<0.05$），显著异于 0。创造型创业机会×新颖型商业模式的回归系数为 0.101（$P<0.1$），显著异于 0。

表 5-14 环境竞争性调节作用的回归结果

因变量：新创企业成长

	模型 A1	模型 A3	模型 A4	模型 A5	模型 A6
企业年龄	0.075	0.029	0.032	0.037	0.046
企业规模	0.345***	0.249***	0.218***	0.224***	0.237***
企业所属行业	0.090	-0.031	-0.055	-0.067	-0.051
发现型创业机会		0.006	-0.030	-0.021	-0.007
创造型创业机会		0.332***	0.328***	0.313***	0.299***
效率型商业模式		0.170**	0.188***	0.172***	0.150**
新颖型商业模式		0.280***	0.277***	0.265***	0.278***
发现型创业机会 × 效率型商业模式			-0.116*	-0.108*	-0.109*
发现型创业机会 × 新颖型商业模式			0.010	0.006	-0.002
创造型创业机会 × 效率型商业模式			-0.118*	-0.128*	-0.109+
创造型创业机会 × 新颖型商业模式			0.103+	0.101+	0.110
环境竞争性				0.075	0.107
发现型创业机会 × 效率型商业模式 × 环境竞争性					-0.004
发现型创业机会 × 新颖型商业模式 × 环境竞争性					-0.117*
创造型创业机会 × 效率型商业模式 × 环境竞争性					0.116*
创造型创业机会 × 新颖型商业模式 × 环境竞争性					-0.027

续表

	模型 A1	模型 A3	因变量:新创企业成长 模型 A4	模型 A5	模型 A6
R 方	0.127	0.475	0.505	0.509	0.524
调整 R 方	0.114	0.457	0.478	0.480	0.485
R 方变化	0.127***	0.348***	0.030***	0.004***	0.015***
F 值	10.149***	26.649***	18.736***	17.390***	13.555***
VIF 最大值	1.008	1.588	1.795	1.848	1.900
N, df	214,3	214,7	214,11	214,12	214,16

注:回归模型采取的是强制进入法,表中列示的是标准化回归系数,+表示 $P<0.1$,*表示 $P<0.05$,**表示 $P<0.01$,***表示 $P<0.001$,双尾检验。

模型 A6 在模型 A5 的基础上加入创业机会、商业模式与环境竞争性的四个交互项，R 方变化显著为 0.015（$P<0.001$），解释力上升到 52.4%，说明四个交互项对新创企业成长具有较高的解释力。模型 A6 的 F 值为 13.555（$P<0.001$），说明整体模型显著。VIF 最大值为 1.900，远远小于 10，说明不存在共线性问题。加入四个交互项后发现型创业机会×效率型商业模式的回归系数为 -0.109（$P<0.05$），显著异于 0。发现型创业机会×新颖型商业模式回归系数为 -0.002（$P>0.1$），不显著异于 0。创造型创业机会×效率型商业模式的回归系数为 -0.109（$P<0.1$），显著异于 0。创造型创业机会×新颖型商业模式的回归系数为 0.110（$P<0.1$），显著异于 0。

发现型创业机会×效率型商业模式×环境竞争性的回归系数为 -0.004（$P>0.1$），负向调节，但不显著异于 0。发现型创业机会×新颖型商业模式×环境竞争性的回归系数为 -0.117（$P<0.05$），显著异于 0。创造型创业机会×效率型商业模式×环境竞争性的回归系数为 0.116（$P<0.05$），显著异于 0。创造型创业机会×新颖型商业模式×环境竞争性的回归系数为 -0.027（$P>0.1$），正向调节，但不显著异于 0。这说明环境竞争性负向调节发现型创业机会与新颖型商业模式的匹配，正向调节创造型创业机会和效率型商业模式的匹配。但对发现型创业机会与效率型商业模式的匹配、创造型创业机会与新颖型商业模式的匹配调节效应不明显。

由表 5-15 可知，模型 A7 在模型 A4 的基础上加入环境动态性后，R 方变化显著为 0.002（$P<0.001$），解释力上升到 50.7%，说明环境动态性对新创企业成长具有较高的解释力。模型 A7 的 F 值为 17.245（$P<0.001$），说明整体模型显著。VIF 最大值为 1.947 远远小于 10，说明不存在共线性问题。环境动态性的回归系数 0.057（$P>0.1$），显著不异于 0。但加入环境动态性后，发现型创业机会×效率型商业模式的回归系数为 -0.115（$P<0.05$），显著异于 0。发现型创业机会×新颖型商业模式的回归系数为 0.019（$P>0.1$），不显著异于 0。创造型创业机会×效率型商业模式的回归系数为 -0.125（$P<0.05$），显著异于 0。创造型创业机会×新颖型商业模式的回归系数为 0.101（$P<0.1$），显著异于 0。

模型 A8 在模型 A7 的基础上加入创业机会、商业模式与环境动态性的四个交互项，R 方变化显著为 0.041（$P<0.001$），解释力上升到 54.8%，说明四个交互项对新创企业成长具有较高的解释力。模型 A8 的 F 值为 14.935

（$P<0.001$），说明整体模型显著。VIF 最大值为 2.098，远远小于 10，说明不存在共线性问题。加入四个交互项后发现型创业机会×效率型商业模式的回归系数为 -0.093（$P<0.1$），显著异于 0。发现型创业机会×新颖型商业模式的回归系数为 -0.019（$P>0.1$），不显著异于 0。创造型创业机会×效率型商业模式的回归系数为 -0.143（$P<0.05$），显著异于 0。创造型创业机会×新颖型商业模式的回归系数为 0.141（$P<0.05$），显著异于 0。

发现型创业机会×效率型商业模式×环境动态性的回归系数为 0.039（$P>0.1$），正向调节，但不显著异于 0。发现型创业机会×新颖型商业模式×环境动态性的回归系数为 -0.121（$P<0.05$），显著异于 0。创造型创业机会×效率型商业模式×环境动态性的回归系数为 0.038（$P>0.1$），正向调节，但不显著异于 0。创造型创业机会×新颖型商业模式×环境动态性的回归系数为 0.252（$P<0.001$），显著异于 0。这说明环境动态性负向调节发现型创业机会与新颖型商业模式的匹配，正向调节创造型创业机会和新颖型商业模式的匹配。但对发现型创业机会与效率型商业模式的匹配、创造型创业机会与效率型商业模式的匹配调节效应不明显。

表 5-15 环境动态性调节作用的回归结果

	因变量：新创企业成长				
	模型 A1	模型 A3	模型 A4	模型 A7	模型 A8
企业年龄	0.075	0.029	0.032	0.034	0.011
企业规模	0.345***	0.249***	0.218***	0.221***	0.194***
企业所属行业	0.090	−0.031	−0.055	−0.059	0.002
发现型创业机会		0.006	−0.030	−0.019	−0.154
创造型创业机会		0.332***	0.328***	0.310***	0.291***
效率型商业模式		0.170**	0.188***	0.178***	0.242***
新颖型商业模式		0.280******	0.277***	0.266***	0.162*
发现型创业机会×效率型商业模式			−0.116*	−0.115*	−0.093+
发现型创业机会×新颖型商业模式			0.010	0.019	−0.019
创造型创业机会×效率型商业模式			−0.118*	−0.125*	−0.143*
创造型创业机会×新颖型商业模式			0.103+	0.101+	0.141*
环境动态性				0.057	−0.056
发现型创业机会×效率型商业模式×环境动态性					0.039
发现型创业机会×新颖型商业模式×环境动态性					−0.121*
创造型创业机会×效率型商业模式×环境动态性					0.038
创造型创业机会×新颖型商业模式×环境动态性					0.252***

续表

	因变量：新创企业成长				
	模型 A1	模型 A3	模型 A4	模型 A7	模型 A8
R 方	0.127	0.475	0.505	0.507	0.548
调整 R 方	0.114	0.457	0.478	0.478	0.511
R 方变化	0.127***	0.348***	0.030***	0.002**	0.041**
F 值	10.149***	26.649***	18.736***	17.245**	14.935**
VIF 最大值	1.008	1.588	1.795	1.947	2.098
N, df	214, 3	214, 7	214, 11	214, 12	214, 16

注：回归模型采取的是强制进入法，表中列示的是标准化回归系数，$^+$ 表示 $P<0.1$，* 表示 $P<0.05$，** 表示 $P<0.01$，*** 表示 $P<0.001$，双尾检验。

5.5 环境的不确定性的调节作用下创业机会与商业模式的匹配

通过实证检验,笔者验证了大部分的假设,并对研究模型进行了修正,如图 5-5、图 5-6、图 5-7 所示。

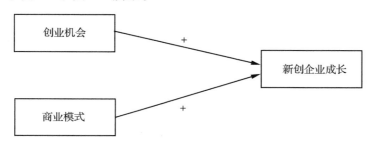

图 5-5　创业机会和商业模式对新创企业成长影响的检验结果

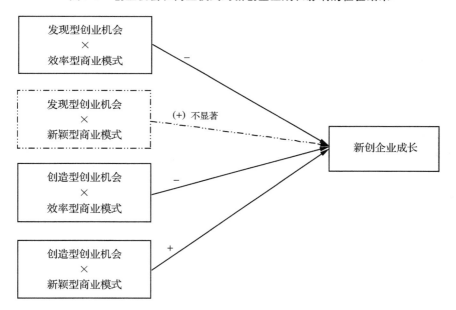

图 5-6　不同创业机会与商业模式匹配对新创企业成长影响的检验结果

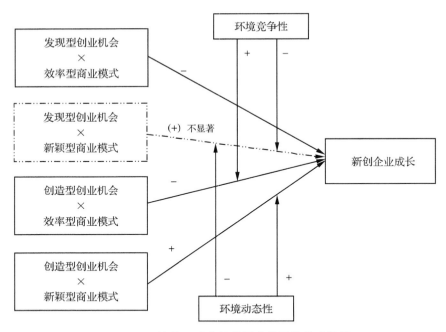

图 5-7 环境的不确定性的调节作用的检验结果

5.5.1 创业机会对新创企业成长的影响

针对创业机会对新创企业成长的影响，目前学者的研究大多集中在创业机会的可行性和盈利性对创业机会的影响上（王建中，2011；李青和刘莉，2008；高小峰和魏风，2013；郭海和沈睿，2014），部分学者探讨了创业机会的创新性对创业绩效的影响（郭骁，2011）。本研究从创业机会识别的逻辑出发，分析发现型创业机会与创造型创业机会对新创企业成长的影响。通过对我国企业的调研，笔者发现对这一概念量表信度较高，符合进一步分析的要求，并对其进行了探索性因子分析和验证性因子分析，经过分析也表明量表具有较好的效度。因此，将创业机会分为发现型创业机会和创造型创业机会符合理论内涵和我国企业的实际情景。

在此基础上，本研究通过进一步研究大样本验证了创业机会的两种类型对新创企业成长的影响。层次回归研究的部分结果与先前学者的研究一致，即进一步验证了创造型创业机会对创业绩效有显著影响（郭骁，2011）。对比两种创业机会对新创企业成长的影响，我们发现创造型创业机会的回归系数大于发现型创业机会的回归系数，说明创造型创业机会对新创企业成长的影响更大。

（1）发现型创业机会对新创企业成长的影响

实证结果显示，发现型创业机会对新创企业成长有显著影响，发现型创业机会的回归系数为 0.122（$P<0.05$），显著异于 0，验证了假设 1a。但加入商业模式与环境等因素后，发现型创业机会对新创企业成长的作用便不再明显。由于发现型创业机会来源于既有的行业和市场，如果创业者具有一定的行业经验并具有一定的创业警觉性就能够识别这一机会。此种机会的不确定性较低且可以通过对市场的调研和分析来确定未来的目标。正是由于这一特点，也使得发现型创业机会具有一定的模仿性，因此，这种创业机会的竞争优势并不明显，从而对创业绩效产生的影响不显著。另外，也有可能在不同的企业和行业类型下发现型创业机会对新创企业成长的影响有差异，当然也可能是样本的局限性影响了这一研究的结果，可以将其作为今后进一步探讨的方向。

（2）创造型创业机会对新创企业成长的影响

实证结果表明，创造型创业机会对创业绩效有着显著的正向影响，创造型创业机会的回归系数为 0.505（$P<0.001$），加入商业模式和环境因素后，回归系数依然显著，验证了假设 1b。这一研究结果也证实了很多学者的研究结论，即创造型创业机会对新创企业成长具有正向影响。尤其是新创企业面临着竞争和动态的环境，创造型创业机会的识别能够更好地满足利基市场的客户需求，有助于增强企业的竞争力，进而提升新创企业的成长绩效。

5.5.2　商业模式对新创企业成长的影响

本研究基于佐特和阿密特（2007、2008）的建议，将商业模式分为效率型商业模式和新颖型商业模式，并在大样本调研的基础上对商业模式量表进行了效度和信度的检验，表明量表具有较高的内部一致性和明显的辨识度。所以，本研究认为，这一商业模式的构念符合理论内涵的同时，适合我国企业的发展情景。

笔者在此基础上进行了回归分析，结果表明，效率型商业模式和新颖型商业模式均对创业绩效产生显著的影响。这一研究结果也验证了以往学者的研究成果，比如，佐特和阿密特（2002）、切萨布鲁夫等（2007）的研究。同时，根据回归系数，我们发现新颖型商业模式对新创企业成长的影响更加明显。

(1) 效率型商业模式对新创企业成长的影响

针对效率型商业模式对新创企业成长的影响，由回归结果我们可以看出，效率型商业模式的回归系数为 0.170（$P<0.01$），显著异于 0，加入其他因素后，回归系数依然显著，实证研究的结果与假设一致，验证了假设 2a，即效率型商业模式对新创企业成长有正向影响。

效率型商业模式通过发挥新创企业的优势和规避新创企业的劣势来实现创业绩效的提升。从交易成本的角度来看，效率型商业模式能够直接或者间接地降低企业运营的成本（Amit & Zott，2007）。从交易和管理的效率来看，效率型商业模式能够增加焦点企业和相关利益企业之间的黏性（Amit & Zott，2007），这种黏性便于新创企业"搭便车"进行新知识的创造，同时由于高效的组织间的交易也使得新创企业能够从成熟企业那里学习新的知识，共享行业信息，提升企业的运作效率，降低企业的成本，从而提升企业成长的能力。

(2) 新颖型商业模式对新创企业成长的影响

新颖型商业模式对新创企业成长的回归系数为 0.280（$P<0.001$），加入其他因素后依然显著，验证了假设 2b，即新颖型商业模式对新创企业成长产生正向影响。新颖型商业模式通过以下方式提升新创企业的成长能力：首先，新颖型商业模式实现的价值创造网络的重构，能为顾客提供更好的价值体验，帮助企业建立起竞争的优势从而实现创业绩效的提升。其次，由于新颖型商业模式有更多新的方式与相关利益企业进行沟通和交易，因此，能够充分地利用信息溢出，实现知识的吸收和创造，从而提升企业价值创造的能力。最后，商业模式的创新能够很好地建立起竞争的壁垒，降低竞争的强度，增强企业的利润回报从而提升创业绩效。同时，由于外部环境的竞争性和动态性愈加明显，一味地模仿别的企业构建商业模式会导致企业既不能有效地把握客户的需求，也不能很好地结合企业自身的资源能力进行有效的匹配，从而导致企业的运作绩效变差。

通过模型 A3 和模型 A4 的回归分析我们可以看出，新颖型商业模式的回归系数都大于效率型商业模式的回归系数，说明新颖型商业模式对创业绩效的促进作用比效率型商业模式对创业绩效的促进作用更明显。这一研究结果也验证了佐特和阿密特（2008）的研究，新颖型商业模式更能促进新创企业

5 实证分析与结果讨论

成长能力的提升,效率型商业模式对新创企业成长的影响不显著。

5.5.3 创业机会与商业模式的匹配对新创企业成长的影响

通过模型 A2 和模型 A3 的回归分析我们可以看出,创业机会和商业模式设计都是影响新创企业成长的重要因素,且二者之间是互补关系并不是替代关系。同时,回归的结果也显示创业机会与商业模式设计之间确实有不同的组合关系,不同的创业机会与不同的商业模式匹配对新创企业成长绩效产生不同的影响。这一研究的结果与阿密特和佐特(2008)关于不同创业机会与不同市场战略的匹配对创业绩效有不同影响的研究相似。在他们研究的基础上,本研究进一步探索:不同的创业机会采用不同的商业模式设计进行创业机会的开发对新创企业成长绩效会产生什么样的影响?根据回归分析的结果我们可以看出,创造型创业机会与新颖型商业模式的匹配促进新创企业成长绩效的提升,发现型创业机会与效率型商业模式的匹配及创造型创业机会与效率型商业模式的匹配对新创企业成长绩效产生负向影响。发现型创业机会与新颖型商业模式的匹配与新创企业成长正相关,但不显著。

笔者下面将根据艾肯(Aiken)和韦斯特(West)(1999)、刘军(2008)的建议,分别以高于均值一个标准差和低于均值一个标准差为基准,以绘图的方式进一步更直观地展示变量之间的关系。

5.5.3.1 发现型创业机会与效率型商业模式的匹配对新创企业成长的影响

发现型创业机会 × 效率型商业模式的回归系数为 -0.116($P<0.05$),显著异于 0,说明这一组合对新创企业成长有干扰型交互作用,从而验证了假设 3b。图 5-8 描绘的是在商业模式效率程度不同的情况下,发现型创业机会对新创企业成长的影响。商业模式的效率性越高,所描绘的回归线的斜率越低,说明干扰效应越明显。图 5-9 描绘了当创业机会的发现性程度不同时,效率型商业模式对创业绩效的影响,同样也可以发现创业机会的发现性越高时,对新创企业成长的影响的回归线的斜率越低,说明干扰效应越明显。这与马奇(1991)、梅格拉思(McGrath)(2001)的研究一致,当企业更倾向于以模仿的方式进行创业机会的开发时,容易掉入"成功陷阱",因为初始采取效率的方式存在成本低、效率高的优势,短期的财务回报会使企业错误地高估目前的开发方式,认为此种做法在未来依然有效并借此加强此

种开发方式的使用，会渐渐失去创新的动力，无法应对外界环境的变化和竞争从而导致创业绩效变差，不利于企业竞争优势的建立。

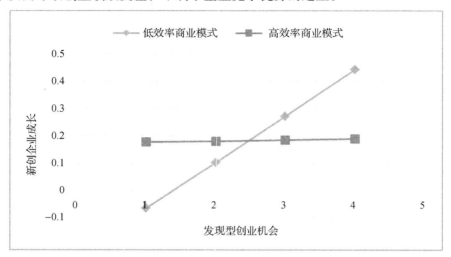

图 5-8　效率型商业模式对发现型创业机会与新创企业成长的调节作用

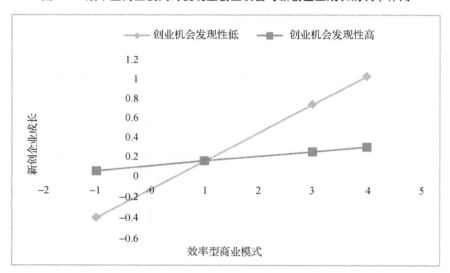

图 5-9　发现型创业机会对效率型商业模式与新创企业成长的调节作用

5.5.3.2　发现型创业机会与新颖型商业模式的匹配对新创企业成长的影响

发现型创业机会×新颖型商业模式的回归系数为 0.010（$P>0.1$），不显著异于 0。研究结果表明，该分析并没有成功验证假设。可能是因为发现型创业机会是基于创业者的经验对现有机会的识别，具有一定的模仿性，而新颖型商业模式需要在交易内容、交易机构或者治理方式方面进行创新。首先，发现型创业机会的识别决定了商业模式在交易内容上并不会有太大的创新，这就需要创业者进行价值创造过程和价值分配机制的创新，但这一创新方式又会增加企业的风险和成本，与发现型创业机会对新创企业成长的正向影响相抵销。其次，发现型创业机会的识别不需要太多的新的知识和信息，但新颖型商业模式的设计需要大量新的信息和知识进行新的机制创造体系的构建，二者之间存在矛盾，使得二者的交互对新创企业成长的影响不明显。当然，也有可能是笔者在样本的选择上受到行业和样本数量的局限的影响，可以作为今后进一步研究的方向。

5.5.3.3 创造型创业机会与效率型商业模式的匹配对新创企业成长的影响

创造型创业机会×效率型商业模式的回归系数为-0.118（$P<0.05$），显著异于0，说明这一组合对新创企业成长有干扰型交互作用。图5-10描绘的是在商业模式效率程度不同的情况下，创造型创业机会对新创企业成长的影响。商业模式的效率性越高时，所描绘的回归线的斜率越低，说明干扰效应越明显。图5-11描绘了创业机会的创造性程度不同时，效率型商业模式对新创企业成长的影响。同样也可以发现，创业机会的创造性越高，对新创企业成长的影响的回归线的斜率越低，说明干扰效应越明显，这与马奇（1991）、梅格拉思（2001）的研究也一致。以效率型商业模式进行创业机会的开发时，容易产生成功的错觉，从而不能及时进行创新能力的提高以应对外界的变化，企业的竞争优势得不到建立，影响了创业绩效的提升。同时，创造型创业机会是需要新信息和创新的熊彼特型机会（Shane，2003），若以先前的行业经验进行商业模式的设计，会由于能力陷阱（competency traps）减少了创业者创造新机会的能力（Alvarez, et al., 2013），从而导致二者对新创企业成长的影响存在干扰型交互，减弱创造型创业机会提升新创企业成长的能力。

创造型创业机会以产品创新为特点。这一新产品的特点通常具有边际收益递增的特点，创造出来的效益应该远远大于成本，即企业获取价值的途径是为顾客提供全新的体验。在这种情况下，如果企业采取以提升运营效率为主的商业模式，则对顾客价值创造的提升会起到相反的作用。

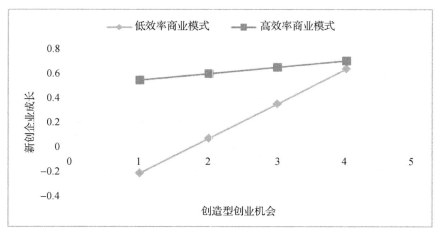

图 5-10　效率型商业模式对创造型创业机会与新创企业成长的调节作用

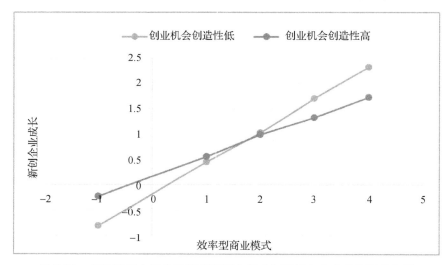

图 5-11　创造型创业机会对效率型商业模式与新创企业成长的调节作用

5.5.3.4　创造型创业机会与新颖型商业模式的匹配对新创企业成长的影响

创造型创业机会 × 新颖型商业模式的回归系数为 0.103（$P<0.1$），显著异于 0，说明这一组合对新创企业成长有增强型交互作用。图 5-12 描绘的是在商业模式新颖程度不同的情况下，创造型创业机会对新创企业成长的影响。商业模式的新颖性越高，所描绘的回归线的斜率越高，说明增强效应越明显。而当商业模式的新颖性变得越低时，回归线的斜率越低，说明干扰效应增强。图 5-13 描绘了创业机会的创造性程度不同时，新颖型商业模式对

新创企业成长的影响。我们同样也可以发现，创业机会的创造性越高时，对新创企业成长的影响的回归线的斜率越高，说明增强效应越明显。这便验证了马奇（1991）等的研究，即创造型创业机会的开发能够带来差异化，促进新产品的开发，提升新创企业成长。同时，这种差异化可以有效地阻止竞争对手的进入，为未来长期的获利能力的具备奠定基础，尤其是在环境不确定的环境下，这种差异化的收益会更加明显。这也验证了学者波勒（Pohle）和查普曼（Chapman）（2006）、佐特和阿密特（2011）的关于商业模式创新对新创企业成长产生积极影响的研究。

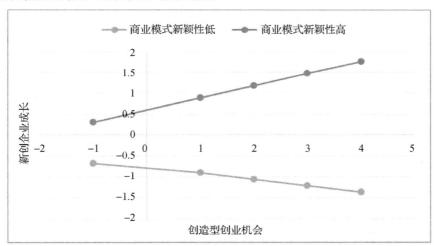

图 5-12　新颖型商业模式对创造型创业机会与新创企业成长的调节作用

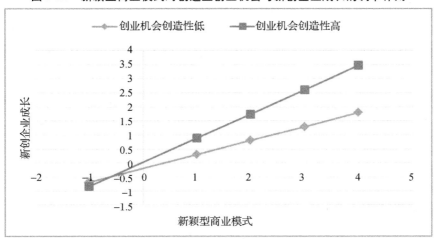

图 5-13　创造型创业机会对新颖型商业模式与新创企业成长的调节作用

5.5.4 环境的不确定性调节作用的分析

由实证分析我们可以发现,环境竞争性和环境动态性对创业机会与商业模式的交互对新创企业成长的影响有调节作用。环境竞争性对发现型创业机会×新颖型商业模式及创造型创业机会×效率型商业模式对新创企业成长的影响有调节作用,回归系数分别为 -0.117 ($P<0.05$) 和 0.116 ($P<0.05$),但对另外两种匹配模式的调整效应不明显。环境动态性对发现型创业机会×新颖型商业模式及创造型创业机会×新颖型商业模式对新创企业成长的影响有调节效应,回归系数分别为 -0.121 ($P<0.05$) 和 0.252 ($P<0.001$),而对另外两种匹配模式的调节效应不显著。

环境竞争性对发现型创业机会×新颖型商业模式对新创企业成长的影响具有负向调节作用。这一组合在没有加入环境竞争性的情况下与创业绩效呈负相关(不显著),加入环境竞争性后弱化了这一负面的影响。也可以理解为越是竞争激烈的环境下创业绩效越不好,在竞争不激烈的情境下这一组合的创业绩效会好一些。而创造型创业机会×效率型商业模式恰恰相反,本来负向影响新创企业成长,但环境竞争性强化了这一负向关系,即越是在竞争激烈的情境下,这一组合的初创业绩效越不好。环境竞争性对发现型创业机会×效率型模式和创造型创业机会×新颖型商业模式的组合作用不显著。同时,我们也看到虽然环境竞争性对创造型创业机会×新颖型商业模式的调整作用不显著,但对新创企业成长的影响由正向变成负向,说明竞争激烈的时候这种组合方式对创业绩效的正向影响减弱。发现型创业机会×效率型商业模式虽然调整回归系数不显著,但也可以看到系数为负,说明竞争激烈程度的增加会削弱这一组合方式对新创企业成长的负向作用,也即当竞争环境不激烈时这一匹配模式可能会产生较好的绩效,也许当我们增加样本量后这一作用会更显著。这也是进一步研究时需要改进的地方。

环境动态性对发现型创业机会×新颖型商业模式对新创企业成长的影响具有负向调节作用。这一组合在没有加入环境动态性的情况下,与新创企业成长效应呈负相关(不显著),加入环境动态性后弱化了这一负向影响。也可以理解为环境动态性越高的情况下新创企业成长越不好,但在动态性低的情境下这一组合的创业绩效会好一些。而环境的动态性强化了创造型创业机会×新颖型商业模式对新创企业成长的正向影响,即越是在动态的环境中这一组合优势越明显。环境的动态性对其他两种匹配模式的调节作用不明显。

虽然前面的实证显示发现型创业机会×新颖型商业模式对新创企业成长的影响不显著,但是调节作用显著。刘军(2008)认为,调节效应存在的充分必要条件是调节交互项的系数显著,交互效应是否存在与主效应是否存在没有必然联系,与调节变量单独对结果变量的效应也没有必然联系,所以即便主效应不存在也可以大胆求证调节效应。本研究也将进一步分析环境竞争性和环境动态性对创业机会与商业模式的匹配对新创企业成长影响的调节作用。

5.5.4.1 发现型创业机会与新颖型商业模式的匹配:环境竞争性的调节作用

发现型创业机会×新颖型商业模式×环境竞争性的回归系数为 -0.117 ($P<0.05$),显著异于0,说明这一组合对新创企业成长有干扰型交互作用。图5-14描绘的是在竞争性程度不同的情况下,发现型创业机会与新颖型商业模式的匹配对新创企业成长的影响。竞争性越高时,所描绘的回归线的斜率越低,说明干扰效应越明显。

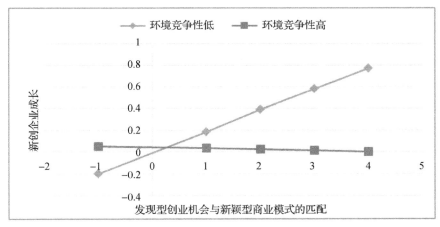

图5-14 环境竞争性对发现型创业机会与新颖型商业模式的匹配对新创企业成长的影响的调节作用

发现型创业机会在激烈的市场竞争中很难获得竞争的优势,这与马奇(1991)、梅格拉思(2001)的研究一致。当企业更倾向于以模仿的方式进行创业机会的开发时,容易掉入"成功陷阱",会渐渐失去创新的动力,无法应对外界环境的变化和竞争,从而导致创业绩效变差,不利于企业竞争优势的建立。所以,在竞争性高的环境中,发现型创业机会与新颖型商业模式的匹配对创业绩效的正向影响进一步减弱，即发现型创业机会与新颖型商业模式的匹配对新创企业成长不显著的正向关系进一步减弱。

5.5.4.2 创造型创业机会与效率型商业模式的匹配：环境竞争性的调节作用

创造型创业机会×效率型商业模式×环境竞争性的回归系数为 0.116（$P<0.05$），显著异于 0，说明这一组合对创业绩效有增强型交互作用。图 5-15 描绘的是在竞争性程度不同的情况下，创造型创业机会与效率型商业模式的匹配对新创企业成长的影响。竞争性越高时，所描绘的回归线的斜率变大，说明增强效应越明显。

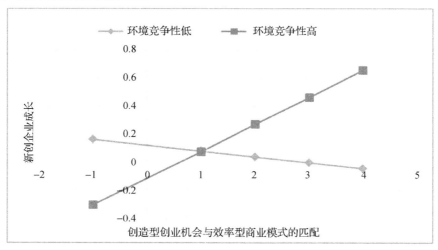

图 5-15 环境竞争性对创造型创业机会与效率型商业模式的匹配对新创企业成长的影响的调节作用

创造型创业机会基于对新产品的开发的逐步识别过程。在这种情境下，创业的投资都是不可逆的，面对比较高的成本，如果此阶段发生失误，将会加大创造型创业机会对新创企业成长的负面影响，所以高竞争环境下的新产品的开发加大了这一创业机会的风险。同时，由于采用的是效率型商业模式，资源整合的惯性也会使企业难以应对激烈的市场环境，所以竞争性高的环境中，创造型创业机会与效率型商业模式的匹配对新创企业成长的影响进一步减弱，即创造型创业机会与效率型商业模式的匹配对新创企业成长的负向关系进一步加强。

5.5.4.3 发现型创业机会与新颖型商业模式的匹配：环境动态性的调节作用

发现型创业机会×新颖型商业模式×环境动态性的回归系数为-0.121（$P<0.05$），显著异于0，说明环境的动态性对这一匹配模式与新创企业成长的关系具有干扰型交互作用。图5-16描绘的是在动态性程度不同的情况下，发现型创业机会与新颖型商业模式的匹配对新创企业成长的影响。动态性越高，所描绘的回归线的斜率越小，说明干扰效应越明显。这与马奇（1991）、梅格拉思（2001）的研究一致，当企业更倾向于以模仿的方式进行创业机会的开发时，容易掉入"成功陷阱"，会渐渐失去创新的动力，无法应对外界环境的变化和竞争，从而导致创业绩效变差，不利于企业竞争优势的建立。所以，在动态性高的环境中，发现型创业机会与新颖型商业模式的匹配对新创企业成长的正向影响进一步减弱，即发现型创业机会与新颖型商业模式的匹配对新创企业成长不显著的正向关系进一步减弱。

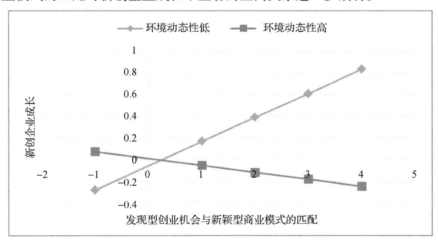

图5-16 环境动态性对发现型创业机会与新颖型商业模式的匹配对新创企业成长的影响的调节作用

由于新创企业所面临的创业环境通常是不确定的，因此，环境不确定的调整作用进一步减弱发现型创业机会与新颖型商业模式的匹配对新创企业成长的影响，这一研究结果解释了本研究在分析这一组合方式时为何对新创企业成长作用不显著。

5.5.4.4 创造型创业机会与新颖型商业模式的匹配：环境动态性的调节作用

创造型创业机会×新颖型商业模式×环境动态性的回归系数为0.252（$P<0.001$），显著异于0，说明环境的动态性对这一匹配模式与新创企业成长的关系具有增强型交互作用。图5-17描绘的是在动态性程度不同的情况下，创造型创业机会与新颖型商业模式的匹配对新创企业成长的影响。动态性越高，所描绘的回归线的斜率越大，说明增强效应越明显。随着市场不确定性的增强，创业者需要不断进行商业模式创新来保持竞争优势（Morris等，2005）。这边验证了马奇（1991）等的研究，创造型创业机会的开发能够带来差异化，促进新产品的开发，提升新创企业成长能力。同时，差异化可以有效地阻止竞争对手的进入，为未来长期的获利能力奠定基础，尤其是在环境不确定时，这种差异化的收益会更加明显。

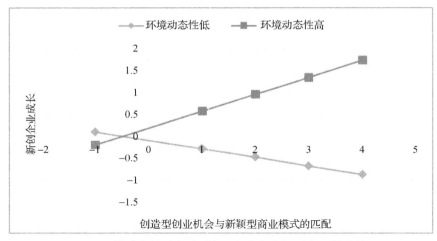

图5-17　环境动态性对创造型创业机会与新颖型商业模式的匹配对新创企业成长的影响的调节作用

以上分析可以为企业的实践提供参考，在环境不确定的情况下，适宜采用创造型创业机会×新颖型商业模式的匹配模式，对新创企业成长产生正向的影响。

由此我们也可以看出，在竞争激烈的环境中，创业者要善于识别创造型创业机会，因为此种创业机会能够更好地识别出顾客新的需求，从而形成差异化的竞争优势，促进新创企业成长。环境竞争的加剧会增强创造型创业机会×效率型商业模式这一组合对新创企业成长的负向效应，进一步减弱发现

5 实证分析与结果讨论

型创业机会×新颖型商业模式的正向作用。但是在竞争环境不激烈的情况下，新创企业也可以发现型创业机会×效率型商业模式和发现型创业机会×新颖型商业模式进入市场，但随着竞争的加剧，创业者必须及时识别出创造型创业机会，否则极有可能影响企业的生存。

在动态环境中，对新创企业成长绩效有正向影响的是创造型创业机会×新颖型商业模式和发现型创业机会×新颖型商业模式。从实证分析结果看，动态性越强越能进一步增强创造型创业机会×新颖型商业模式对新创企业成长的正向作用，也越能进一步削弱发现型创业机会×新颖型商业模式对创业绩效的正向作用。在动态的环境中，客户的需求、市场的需求很难及时把握，更适合采用创造型创业机会。新创企业通过不断地试错、迭代逐步把握顾客的需求，同时由前面的分析也可以看出，创造型创业机会更容易与新颖型商业模式匹配，实证研究也表明这种匹配模式对新创企业的成长绩效能产生较好的正向作用，所以这一匹配模式的采用有利于企业的成长。这一研究结果也验证了埃里克·斯（2012）提出的精益创业的成长模式，在动态和竞争的创业环境中，只有不断进行新产品的开发，才能提升创业绩效。

5.6 本章小结

本章通过对创业机会、商业模式和新创企业成长理论的回顾，结合第2章探索性案例的分析，提出了研究的理论模型和假设，并通过对214份大样本进行数据分析，综合运用了探索性因子分析、验证性因子分析和回归分析等方法，对假设进行了验证，探讨了创业机会、商业模式和新创企业成长之间的作用机理。

综合理论研究和企业实际调研，本研究开发了创业机会量表，并对商业模式、新创企业成长和环境的不确定性的量表进行了选择。所有量表具有较好的信度和效度。然后，笔者通过回归分析对本章提出的理论模型进行检验和修正。对于创业机会与商业模式的匹配对新创企业成长的影响，除了发现型创业机会与效率型商业模式的匹配与新创企业成长之间的关系没有得到验证外，其他假设均得到了验证。发现型创业机会与创造型创业机会对新创企业成长亦都有促进作用。效率型商业模式和新颖型商业模式对新创企业成长都具有促进作用。创造型创业机会与新颖型商业模式之间呈现良好的匹配，对促进新创企业成长绩效的提升具有增强型交互作用。发现型创业机会与效率型商业模式及创造型创业机会与效率型商业模式的匹配作用较差，对新创企业成长绩效的提升具有干扰型交互作用。

  本章还进一步讨论了环境的不确定性在创业机会与商业模式的匹配对新创企业成长影响机制中的调节作用。环境竞争性在发现型创业机会与新颖型商业模式对新创企业成长绩效的增强型交互作用中起到负向调节作用，在创造型创业机会与效率型商业模式对新创企业成长绩效的干扰型交互作用中起到正向调节作用。环境的动态性在发现型创业机会与新颖型商业模式对新创企业成长绩效的增强型交互作用中起到负向调节作用，在创造型创业机会与效率型商业模式对新创企业成长绩效的增强型交互作用中起到正向调节作用。

6 创业机会与商业模式的匹配路径:创业学习的中介作用

6.1 理论推导与假设构建

通过文献回顾和探索性案例分析,笔者发现创业机会、创业学习与商业模式之间有一定的联系,创业机会与商业模式的不同匹配受到创业学习方式的影响。创业机会的特点影响商业模式的设计,创造型创业机会更容易产生新颖型商业模式。商业模式创新就是要打破原有的价值创造体系,构建新的价值创造方式。组织学习理论认为,打破惯性最有效的途径就是接触新的知识和信息。商业模式创新的过程实质上就是开放式学习的过程(Chesbrough,2010)。企业如果想要获得竞争优势,必须善于向不同的网络学习来打破既有行业的价值网络惯性(Christensen & Snyder,1997)。大量的研究表明,创业学习对创业机会的识别有重要影响,创业学习的作用贯穿于创业活动的整个过程(夏清华,2010),对创业机会的识别、开发和利用都起着重要作用。所以本研究认为,创业过程中一定存在着"创业机会—创业学习—商业模式"的作用机制,只是这一作用机制的作用机理和路径还需要进一步探索。

6.1.1 创业机会与商业模式的匹配路径

6.1.1.1 创业机会对商业模式的直接作用

商业模式是开发、识别创业机会的价值创造机制,是企业为了开发商业机会进行的组织设计。创业机会对商业模式的设计有一定的影响。本研究将创业机会分为发现型创业机会与创造型创业机会。二者之间的差异一直以来是创业机会识别本源最大的争论。持发现型观点的学者认为，创业机会是独立于创业者而客观存在的，由具有一定特质的创业者发现。持创造型观点的学者认为，创业机会是在创业者与外部环境不断交互的过程中创造出来的，原来并不存在。

关于商业模式，本研究采纳佐特和阿密特（2001）的结论，将商业模式的设计主题分为效率型商业模式和新颖型商业模式两种类型。效率型商业模式注重在模仿当前行业内商业模式的基础上，通过降低成本、提高交易效率进行商业模式的设计。而新颖型商业模式则注重通过产品、交易方式和沟通方式等方面的创新进行商业模式的设计。所以，商业模式的设计既可以复制当前的，也可以进行创新。

不同的机会识别类型决定了创业者在开发机会的过程中会采用不同的商业模式设计。卡萨德苏斯-马萨内尔（2011）认为，商业模式就是一种企业逻辑，它解释了企业如何运营，如何为股东创造价值，如何组织各种活动和资源，以便保障持续的获利和成长。哈默（2000）认为，商业模式是一个框架，用以明确如何创立公司、销售产品和获取利润。玛格丽塔（2002）更是进一步认为，在创业之前如何将创意实现，需要以商业模式构建资源进行价值创造逻辑的设计。由以上的研究我们可以看出，创业机会的特点决定了企业的价值主张，从而奠定了价值创造体系的构成逻辑。

蒂蒙斯认为，创造型创业机会更容易产生新颖型商业模式。国内学者的研究也表明，创造型创业机会更倾向于采取创新的方式进行创业机会的开发（刘佳和李新春，2013），更容易产生新颖型商业模式（Amit & Zott，2001）。

发现型创业机会的识别是创业者基于从业经验和当前行业内的需求而进行的，所以这一机会的特点是更倾向于模仿当前行业内的商业模式，缺乏创新性。同时，商业模式的设计需要整合相关的资源实现价值创造的逻辑，所以在这一机会的情境下，创业者会更倾向于基于个人的行业经验进行行业内资源的整合，以降低成本和提高效率为目标。因此，发现型创业机会更倾向于采用效率型商业模式进行机会的开发。

创造型创业机会的识别是创业者基于个人的构想在不断地试错、迭代的基础上进行的。这一机会类型通常是市场上不存在的，属于创新型。所以这一机会的价值主张也是创新的，为了实现价值的创造，创业者会构建相应的资源。基于该特点，创业者在一定程度上很难模仿当前的商业模式设计来实现价值的创造,更倾向于构建跨行业的资源以实现价值创造的逻辑。此时的商业模式在产品、交易方式或者利益相关者的激励方式上都存在着创新性,所以创造型创业机会更倾向于采用新颖型商业模式。

基于以上分析,笔者提出以下假设:

假设6:发现型创业机会对效率型商业模式的设计有着更显著的影响。

假设7:创造型创业机会对新颖型商业模式的设计有着更显著的影响。

6.1.1.2 创业机会对商业模式的间接作用:以创业学习为中介

当创业机会被识别出来后,创业者会投入一定的时间、资金和精力等必要的资源进行机会的开发。对于新创企业来讲,创业学习最直接的目的就是成功地开发机会和资源。

对于创业学习在创业机会开发过程中的作用,以下学者的研究影响比较广泛。波利蒂斯(2005)的研究首先提出创业学习就是机会识别与克服"新进入缺陷"的经验学习的过程。他指出,创业者经验学习能力的不同导致了创业知识水平的高低差异,如何将先前经验转化为知识,他提出了两种不同的学习方式:探索式和开发式。波利蒂斯(2005)的研究主要强调经验学习的重要作用。考博特(2005、2007)对其研究进行了拓展,不仅将学习视为经验学习的过程,而且指出创业机会的识别与开发作为连续的学习过程,包含准备、孕育、评估与实施四个阶段。在机会开发的不同阶段,具备不同人力资本特点的创业者会采用不同的学习方式。创业机会与创业学习之间的匹配程度决定了机会开发的数量和质量。霍尔库姆(2009)进一步研究了在环境不确定的情况下创业学习的方式,他认为,创业者不仅以自身的经历来获取创业知识,而且还会观察他人的行为和结果。霍尔库姆认为,单纯的直接经验学习容易导致知识积累的路径依赖,间接经验的学习可以避免这些问题,同时可以降低学习成本并提升学习效率,更有助于创业者涉足陌生的领域。而且,由于新创企业具有市场环境不确定、决策时间紧迫等特点,因此,直观推断成为主要的决策方式。瑞伊(2001)依据社会学习理论和社会建构理论认为,创业是一个机会创造、认知和行动三者之间互相作用的过程,创业学习不仅积累创业知识,而且有助于构建特定的关系网络,从而实现知识的动态构建(Cope,2003、2005、2010)。通过一系列的创业学习的研究,学者们对创业学习的动态性进行了深入的分析,同时强调了关键事件学习的重要作用。萨达纳(Sardana)(2011)更进一步提出创业团队学习的研究模型，认为创业学习不局限于个体知识存量，更体现在团队之间的互动交流中，团队成员彼此互相学习与交流，从而构建起动态演化的知识系统。兰普金和利希滕斯坦（Lichtenstein）（2005）的研究表明，经验学习、认知学习和实践学习在机会识别过程的不同阶段具有不同的作用。迪莫夫（Dimov）（2007）认为，不仅先前的经验会影响机会的开发意向，创业机会更取决于相匹配的学习方式。杜塔和克罗森（2005）等也从组织学习的视角探索创业机会的开发过程。可见创业学习对创业机会的开发方式有重要影响。

在企业成长的不同阶段，创业机会可能会不断变化，成功的创业者更擅长在发现型创业机会与创造型创业机会之间切换（Baron & Ward, 2004），甚至使其同时存在。只是企业面临的环境或者创业团队知识和能力的变化影响了创业机会的识别方式，比如，专家型创业者的信息加工过程的知识框架比初创者更清晰和聚焦，也更擅长进行创业机会的创造（Baron & Ensley, 2006）。

新创企业创业机会开发的过程需要企业克服自身的劣势，通过创业学习改善资源的状态，提高资源的构建效率。商业模式可以被认为是资源的架构，由不同的资源要素构成。新创企业因处于高度不确定的环境中，可以通过创业学习获取相应的资源并设计成不同类型的商业模式以实现创业机会的开发。先前的研究表明，创造型创业机会更倾向于采取创新的方式进行创业机会的开发（刘佳和李新春，2013），更容易产生新颖型商业模式（Amit & Zott, 2001）。但是，为什么创造型创业机会更容易实现商业模式的创新？显然二者之间的关系并没有被研究清楚（George & Bock, 2011）。

已经有学者开始初步探讨创业学习对商业模式创新的作用，比如，郭毅夫（2009）实证研究了学习对商业模式创新的促进作用。李宗勋（2010）的研究也表明，只有通过不断的学习来积累经验才能把握机会，满足客户的新价值。所以，创业学习能够产生更多的创新，从而提升商业模式创新的可能性（谢洪明和韩子天，2005）。但以上的研究仅仅分析了创业学习对商业模式创新的影响，并没有进一步明晰不同的学习方式如何影响商业模式的创新。

由以上的文献分析，我们初步认定创业学习在创业机会和商业模式创新之间起着一定的作用。本研究将探究创业学习如何影响创业机会与商业模式设计之间的匹配。根据不同的学习方式，创业者对先前经验和知识处理的方式不同，从而影响信息的收集和数量（Corbett，2005）。而不同的学习方式也使创业机会开发过程中资源的构建能力出现差异，导致创业机会和商业模式存在着不同的匹配类型。基于此，笔者初步认为，创业学习在这二者之间起着中介作用。

本部分将从创业学习的角度探讨不同类型的创业机会如何匹配不同设计主题的商业模式，探究匹配的内在机理，以及创业学习在其中所起的作用。

（1）经验学习对创业机会与商业模式匹配的中介作用

新创企业不仅缺乏初始资源禀赋，也缺乏经验学习的基础（Ross，1993）。由于经验学习是在原有知识基础上的进一步学习，是对原有资源的开发和使用，因此，经验性意味着企业新知识的数量和多样性的缺乏，不利于企业及时获取和积累与新兴市场及新兴技术相关的知识、技术和能力。而效率型商业模式恰恰是在原有的资源和知识范围内，聚焦于提高效率和降低成本的资源架构方式，所以在经验学习下，创业者更倾向于效率型商业模式的构建。

在发现型创业机会识别的情境下，机会客观存在于既有的行业和市场，基于该机会的特点所选择的开发策略可以根据先前经验、知识和信息进行预测。因此，创业战略的制定过程具有较低的不确定性。创业者基于原有的知识和经验便可以充分开发、整合，以低成本、高效率来赢得市场，即构建效率型商业模式。同时，创业者可以基于先前的经验学习，对知识进行探索式地挖掘以在不确定的环境下捕捉创新型的价值创造。此外，通过丰富的行业内的知识的积累，创业者可以成为某一领域的专家，能够更好地预测顾客的需求并设计创新型的价值创造的逻辑，进行商业模式的创新。

而在创造型创业机会识别的情境下，创业者在不断试错的过程中完善创业机会，同时由于环境不确定性高，因此，没有可以确定的市场前景。创业者在开发这一机会的过程中通过创造利基市场，实现难以复制和模仿的创业路径从而形成企业的核心竞争力。为此，创业者往往需要跨界整合多种资源，先前经验也为创造型创业机会的开发奠定了基础，所以在这一情境下，经验学习有利于商业模式的创新。

由以上分析，笔者提出如下假设：

假设8：经验学习在创业机会与商业模式的匹配中起着中介作用。

假设8a：经验学习在发现型创业机会与效率型商业模式的匹配中起着中

介作用。

假设8b：经验学习在发现型创业机会与新颖型商业模式的匹配中起着中介作用。

假设8c：经验学习在创造型创业机会与效率型商业模式的匹配中起着中介作用。

假设8d：经验学习在创造型创业机会与新颖型商业模式的匹配中起着中介作用。

（2）认知学习对创业机会与商业模式匹配的中介作用

认知学习强调向他人学习以获取新知识、新技能。企业通过探索获取和积累新的知识、技能和经验，很难被竞争对手模仿。

在发现型创业机会的识别情境下，当创业者识别出类似于竞争对手的创业机会时，为了提升创业机会的价值，创业者会从其他人那里吸收新的知识，并将旧的知识加以融合，重新构成新的知识，提出新的价值主张，并构建新颖型商业模式价值创造的逻辑。所以在认知学习的方式下，即使创业者识别出发现型创业机会，也会基于提升竞争力的考虑，掌握新的知识，进行新颖型商业模式的设计。当然，在此种创业机会的情境下，创业者也可能通过认知学习来学习标杆企业的运营方式，对标杆企业的商业模式进行模仿，构建适合企业的效率型商业模式，提高商业效率，降低运营成本。

在创造型创业机会的识别情境下，当创业者不满足于模仿式的创业机会的识别时，会倾向于识别创造型创业机会，进一步构建新颖型商业模式来应对环境竞争性和环境动态性。相反地，新颖型商业模式的构建则需要创业者学习新的知识和技能，构建区别于竞争对手的创业机会的开发方式，此时创业者就需要跨越目前企业和行业的界限去学习新的知识以形成差异化的竞争力。由于进入行业的时间短，新创企业亟须在短的时间内扩展自己的知识范围和数量，只有不断地扩大新的知识来源、拓展新的知识领域、注重创新，企业才能在短时间内获取创新型的资源（March，1991），从而构建新颖型商业模式。切萨布鲁夫（2006）认为，商业模式的创新即价值创造的创新，只有不断学习新的构思应对外界的变化，才能实现商业模式的创新。对竞争对手或合作伙伴的商业模式进行模仿能为新创企业设计新颖型商业模式提供灵感和参考样板（Zott, et al., 2008）。所以，认知学习在创造型创业机会和新颖型商业模式之间起着重要的中介作用。在创造型创业机会的情境下，创

6 创业机会与商业模式的匹配路径：创业学习的中介作用

业者也可能为了降低这一机会开发的不确定性，通过学习和模仿相关行业的运营方式构建效率型商业模式以降低运营成本。

由以上分析，笔者提出如下假设：

假设 9：认知学习在创业机会与商业模式的匹配中起着中介作用。

假设 9a：认知学习在发现型创业机会与效率型商业模式的匹配中起着中介作用。

假设 9b：认知学习在发现型创业机会与新颖型商业模式的匹配中起着中介作用。

假设 9c：认知学习在创造型创业机会与效率型商业模式的匹配中起着中介作用。

假设 9d：认知学习在创造型创业机会与新颖型商业模式的匹配中起着中介作用。

6.1.2　创业机会与商业模式的匹配路径模型

基于以上分析，本研究提出创业机会与商业模式的匹配路径模型，如图 6-1 所示。不同的创业机会与不同的商业模式匹配，形成 4 种模式。除了创业机会的特点影响商业模式设计主题的选择外，创业学习方式的中介作用也影响了 4 种模式的匹配路径。

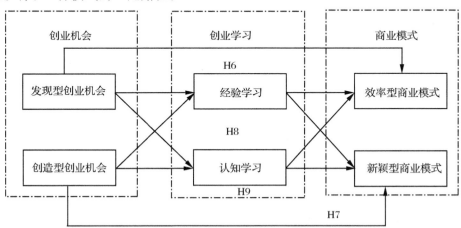

图 6-1　创业机会与商业模式匹配的路径：创业学习的中介作用

6.2 研究设计

6.2.1 量表的设计

创业学习是在创业过程中，创业者为获取创业知识而进行学习的过程，是创业者依据其所处的环境和自身的经验、知识，不断地通过学习获取信息和知识的动态演进过程，其最终目的是提高创业者的知识水平和创业能力。对于创业学习研究的层次，本研究认为，创业学习研究个人层面的学习更合理，相比成熟企业而言，新创企业的组织结构并不完善，内部的学习体系和文化也没有建立，所以学习还是以创业者的个体学习为主。在个人层面的研究上，创业者的学习途径主要有两条，即经验学习和认知学习（蔡莉，2014）。根据单标安等（2014）的研究，经验学习和认知学习对新创企业的影响最大。所以本研究主要探讨经验学习和认知学习对创业过程的影响，如表6-1所示。经验学习和认知学习分别包含3个题项，采用Likert 5点量表进行测量。

表6-1 创业学习方式的测度

维度	相关概念	测量指标	来源
经验学习	创业者对已有的经验和知识进行转化从而获得创业知识的过程	• 创业过程中注重积累各种经验 • 要探讨经验学习和认知学习对创业过程的影响 • 失败行为并不可怕，关键在于能从中吸取教训	单标安等（2014）、波利蒂斯（2005）、霍尔库姆等（2009）、科普（2005、2011）
认知学习	也被称为"榜样学习"或"观察学习"，是通过观察和向标杆企业进行学习从而获得创业知识的过程	• 经常与行业内外的专业人员进行交流 • 非常关注同行业中标杆企业的行为 • 观测他人的行为（包括失败行为）	钱德勒和莱昂（Lyon）（2009）、霍尔库姆等（2009）、兰普金和利希滕斯坦（2005）

创业机会与商业模式量表的测度见第4章。

6.2.2 控制变量

为了保证研究的有效性，本研究对创业机会、创业学习和商业模式的指标进行了控制。本研究在产业层面、企业层面和创业者个人层面设置了控制变量。这些控制变量虽然不是研究的要点，但对主要变量有一定的影响。

企业层面的因素包括企业的规模、年龄。产业层面主要分析所属行业的影响，以及产业的类型对机会的识别和商业模式的设计的影响。高新技术产业比传统产业更新快，更宜采用新颖型商业模式来识别新的创业机会。本研究将产业设为虚拟变量，将新材料、生物医药、新能源等归为高新技术企业，赋值为1，其他产业赋值为0。另外，创业者个人层面的因素包括创业者的性别、年龄、教育背景及创业前的工作年限。研究表明，这些创业者的个人因素在一定程度上会影响商业模式的选择和创业绩效。

6.2.3 数据统计的方法

在大样本数据分析的过程中，笔者采用了描述性统计分析、信度和效度分析、相关性分析、层次回归分析等数据分析方法。同时，本研究还采用了中介回归技术，研究创业学习在创业机会与商业模式之间的中介作用。

6.3 研究结果

6.3.1 描述性统计分析

（1）样本分析

本研究针对收集到的样本数据首先进行了描述性统计分析。对样本的基本资料，如创业者的年龄、性别，创业企业的经营时间、企业规模、企业所属行业等信息进行了描述，具体结果如表5-1所示。

（2）量表数据的描述性统计分析

本研究运用SPSS 22.0对量表数据的特征进行了描述性统计分析，结果如表6-2所示。结果显示各数据的均值未出现异常，统计特征较为理想。在此基础上，笔者将对量表数据进行下一步的分析。

表 6-2 量表数据的描述性统计分析表

类型	编码	样本量	均值		标准差	方差	偏度		峰度	
			统计量	标准误			统计量	标准误	统计量	标准误
发现型创业机会	FXJH1	214	3.730	0.058	0.851	0.724	-0.556	0.166	0.699	0.331
	FXJH2	214	3.500	0.060	0.876	0.768	-0.162	0.166	-0.282	0.331
	FXJH3	214	3.630	0.067	0.984	0.968	-0.596	0.166	0.238	0.331
创造型创业机会	CZJH1	214	3.710	0.063	0.919	0.845	-0.453	0.166	0.254	0.331
	CZJH2	214	3.870	0.062	0.903	0.815	-0.405	0.166	-0.450	0.331
	CZJH3	214	3.840	0.073	1.069	1.142	-0.647	0.166	-0.360	0.331
效率型商业模式	XLMS1	214	3.790	0.059	0.869	0.756	-0.497	0.166	0.308	0.331
	XLMS2	214	3.710	0.060	0.878	0.770	-0.114	0.166	-0.542	0.331
	XLMS3	214	3.710	0.063	0.920	0.847	-0.110	0.166	-0.552	0.331
	XLMS4	214	3.890	0.059	0.863	0.744	-0.233	0.166	-0.808	0.331
	XLMS5	214	3.800	0.057	0.833	0.694	-0.257	0.166	-0.505	0.331
	XLMS6	214	3.850	0.056	0.820	0.672	-0.336	0.166	-0.123	0.331
	XLMS7	214	3.740	0.059	0.859	0.739	-0.274	0.166	-0.317	0.331
	XLMS8	214	3.910	0.056	0.820	0.673	-0.401	0.166	-0.337	0.331
新颖型商业模式	XYMS1	214	3.920	0.064	0.931	0.866	-0.431	0.166	-0.587	0.331
	XYMS2	214	3.860	0.061	0.893	0.797	-0.240	0.166	-0.659	0.331
	XYMS3	214	3.830	0.061	0.895	0.801	-0.168	0.166	-0.900	0.331
	XYMS4	214	3.730	0.063	0.925	0.856	-0.117	0.166	-0.752	0.331
	XYMS5	214	3.610	0.066	0.971	0.943	-0.025	0.166	-0.873	0.331
	XYMS6	214	3.660	0.069	1.011	1.022	-0.110	0.166	-0.885	0.331
	XYMS7	214	3.790	0.058	0.853	0.727	-0.188	0.166	-0.450	0.331
	XYMS8	214	3.640	0.065	0.952	0.906	-0.158	0.166	-0.751	0.331
经验学习	JYXX1	214	4.190	0.051	0.746	0.556	-0.524	0.166	-0.373	0.331
	JYXX2	214	4.290	0.053	0.774	0.599	-0.849	0.166	0.457	0.331
	JYXX3	214	4.300	0.054	0.790	0.624	-0.817	0.166	-0.206	0.331
认知学习	RZXX1	214	4.060	0.051	0.751	0.564	-0.301	0.166	-0.604	0.331
	RZXX2	214	3.970	0.053	0.775	0.600	-0.196	0.166	-0.720	0.331
	RZXX3	214	3.940	0.055	0.803	0.645	-0.173	0.166	-0.822	0.331

6.3.2 变量的信度和效度分析及控制变量的处理

本节主要通过探索性因子分析、验证性因子分析、信度和效度分析来检验主要变量的数据质量情况。

6.3.2.1 信度和效度分析

(1) 信度分析

本研究采用 Cronbach's 系数来检验各量表的内部一致性信度，衡量量表的信度水平，并运用 SPSS 22.0 对正式调研样本进行可靠性分析，所得结果如表 6-3 所示。在本研究中关于创业学习的有 6 题，Cronbach's α 系数为 0.724，其中，经验学习 3 题，Cronbach's α 系数为 0.758；认知学习 3 题，Cronbach's α 系数为 0.639。由以上分析我们可以看出，本研究的量表及其各个维度的 Cronbach's α 系数均大于 0.6，这表明所选量表具有较好的内部一致性，具有良好的信度。

表 6-3 变量的信度分析结果

变量		题数	Cronbach's α	
创业学习	经验学习	3	0.758	0.724
	认知学习	3	0.639	

(2) 效度分析

本研究采用探索性因子分析和验证性因子分析来检验量表的效度。

首先，对创业学习进行探索性因子分析，代表样本充分水平的 KMO 检验值为 0.736，大于 KMO 值为 0.5 的标准（吴明隆，2003）。表明条目间相对关联程度的 Bartlett's 球形检验值为 318.109，显著性水平 $P < 0.01$，说明各条目是相互关联的，适合提取公共因子。从因子的分析结果来看，通过主成分方法提取出了一个公共因子，其方差贡献率为 70.308%，这意味着变量的所有方差中，有 70.308% 可以用所提取的公共因子来解释。探索性因子分析的结果如表 6-4 所示，可以看出量表具有较好的建构效度。

表 6-4 创业学习探索性因子分析结果

题项	因子	
	经验学习	认知学习
创业过程中注重积累各种经验	0.738	0.212
已有的经验(管理经验、创业经验)对创业决策很重要	0.825	0.098
失败行为并不可怕,关键在于能从中吸取教训	0.841	0.121
经常与行业内外的专业人员进行交流	0.204	0.694
非常关注同行业中标杆企业的行为	0.203	0.777
经常阅读相关书籍和文献以获取有价值的创业信息	-0.033	0.846

其次,进行验证性因子分析。创业学习的测量模型如图 6-2 所示,其拟合结果如表 6-5 所示。

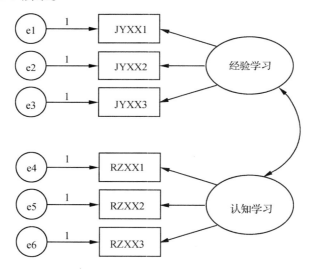

图 6-2 创业学习的测量模型图

表 6-5 创业学习测量模型拟合结果

路径			标准路径系数	非标准路径系数	S.E.	C.R.	P 值
JYXX1	<---	经验学习	0.660	0.790	0.046	19.206	***
JYXX2	<---	经验学习	0.700	0.880	0.048	17.711	***
JYXX3	<---	经验学习	0.790	1.000	—	—	***
RZXX1	<---	认知学习	0.560	0.940	0.049	18.074	***
RZXX2	<---	认知学习	0.710	1.230	0.053	15.923	***

续表

路径			标准路径系数	非标准路径系数	S.E.	C.R.	P值
RZXX3	<---	认知学习	0.560	1.000	—		***
χ^2			2.542	CFI		0.955	
RMSEA			0.032	GFI		0.970	
NFI			0.930	AGFI		0.921	

创业学习的测量模型图和拟合结果表明，χ^2 值为 2.542，小于 5。RMSEA 为 0.032，低于 0.1。NFI = 0.930，CFI = 0.955，GFI = 0.970，AGFI = 0.921，均大于检验标准 0.9。因此，该模型拟合效果良好。这也表明该量表具有较好的建构效度，本研究对经验学习和认知学习两个变量的划分和测量是有效的。

6.3.2.2 控制变量的处理

本文结合先前的相关文献，对控制变量的选择如表 6-6 所示。

表 6-6 控制变量的设置表

条目		赋值	样本数/个	所占百分比/%
创业者性别	男	1	165	77.10
	女	0	49	22.90
创业者学历	高中及以下	1	12	5.61
	大专	2	68	31.78
	本科	3	82	38.31
	研究生及以上	4	52	24.30
企业成立时间	1 年以下	1	16	7.48
	1—3 年	2	77	35.98
	4—6 年	3	96	44.86
	7—8 年	4	25	11.68
员工人数/人	20 人以下	1	11	5.14
	21—50 人	2	51	23.83
	51—100 人	3	96	44.86
	101—200 人	4	40	18.69
	200 人以上	5	16	7.48

续表

条目		赋值	样本数/个	所占百分比/%
2017年销售额/元	100万元及以下	1	20	9.35
	101—500万元	2	39	18.22
	501—2000万元	3	98	45.79
	2000万元以上	4	57	26.64
行业	高新技术企业	1	65	30.37
	传统企业	0	149	69.63

注：样本量为214。

6.3.3 创业机会与商业模式匹配路径机制假设检验

6.3.3.1 相关性分析

在对数据进行了信度分析和效度分析的基础上，笔者对研究变量之间的相关性进行了 Pearson 相关性分析，结果如表6-7所示。相关分析结果表明，控制变量和自变量——创业机会、创业学习与商业模式各维度之间存在不同程度的显著相关关系，且相关系数均小于0.7，说明变量之间不存在多重共线性，适合进一步进行层次回归分析以验证变量之间的因果关系。

从自变量和因变量之间的相关关系看，创业机会变量中的发现型创业机会和创造型创业机会分别与效率型商业模式显著相关，相关系数分别为 0.459（$P<0.01$）、0.176（$P<0.01$）。发现型创业机会和创造型创业机会分别与新颖型商业模式显著相关，相关系数分别为 0.210（$P<0.01$）、0.576（$P<0.01$）。经验学习分别与效率型商业模式和新颖型商业模式显著相关，相关系数分别为 0.381（$P<0.01$）、0.294（$P<0.01$）。认知学习分别与效率型商业模式和新颖型商业模式显著相关，相关系数分别为 0.379（$P<0.01$）、0.396（$P<0.01$）。

控制变量中性别、年龄、教育背景、工作经验、企业年龄、企业规模与新创企业成长绩效相关性虽然不显著，但有一定的影响。

由以上分析可见，创业机会、创业学习和商业模式显著相关，初步验证了我们前文提出的假设，接下来我们将通过层次回归分析进一步验证创业学习在创业机会和商业模式设计之间的中介作用。

表 6-7 主要研究变量的相关系数矩阵

	1 XB	2 NL	3 JYBJ	4 GZJY	5 QYNL	6 HY	7 QYGM	8 FXJH	9 CZJH	10 JYXX	11 RZXX	12 XLSM	13 XYSM
1 XB	1.000												
2 NL	0.013	1.000											
3 JYBJ	-0.196**	0.173*	1.000										
4 GZJY	-0.147*	0.686**	0.213**	1.000									
5 QYNL	-0.171**	0.553**	0.013	0.492**	1.000								
6 HY	-0.068	0.113	0.029	0.106	0.163*	1.000							
7 QYGM	-0.109	-0.016	0.130	-0.028	0.038	0.058	1.000						
8 FXJH	-0.110	0.127	0.067	0.159**	0.108	0.094	0.056	1.000					
9 CZJH	0.108	0.156*	0.235**	0.191**	0.008	-0.115	0.110	0.124	1.000				
10 JYXX	-0.003	0.012	0.087	0.039	-0.013	-0.009	-0.034	0.153*	0.166**	1.000			
11 RZXX	0.093	0.098	0.152*	0.036	-0.006	-0.048	0.060	0.157*	0.387**	0.349**	1.000		
12 XLMS	0.064	-0.016	0.021	-0.030	0.002	0.113	0.053	0.459**	0.176**	0.381**	0.379**	1.000	
13 XYMS	0.075	0.044	0.116	0.104	0.060	0.113	0.187**	0.210**	0.576**	0.294**	0.396**	0.159*	1.000

注1：XB 表示性别；NL 表示年龄；JYBJ 表示教育背景；GZJY 表示工作经验；QYNL 表示企业年龄；HY 表示行业；QYGM 表示企业规模；FXJH 表示发现型创业机会；CZJH 表示创造型创业机会；JYXX 表示经验学习；RZXX 表示认知学习；XLMS 表示效率型商业模式；XYMS 表示新颖型商业模式。

注2：* 表示 $P<0.05$，** 表示 $P<0.01$，双尾检验。

6.3.3.2 创业学习的中介作用分析

中介变量最常见的检验方法是巴伦和肯尼（Kenney）（1986）的方法，分为三个步骤：① 自变量影响因变量，β 值要显著。② 自变量影响中介变量，β 值要显著。③ 控制中介变量后，自变量对因变量的作用减弱了或者消失了。此时，如果自变量与因变量之间的 β 值比步骤①中的 β 值低，但是显著，则是部分中介作用；如果 β 值比步骤①中的 β 值低，且不显著，则是完全中介作用，且中介变量与因变量之间的关系也显著。根据以上步骤，本研究分别以商业模式设计中的效率型商业模式和新颖型商业模式为因变量，检验创业学习的中介作用。

（1）以新颖型商业模式为因变量

步骤一，分析自变量创业机会中发现型创业机会和创造型创业机会与效率型商业模式的关系。自变量要与因变量之间存在着显著的关系，才可能存在中介效应。从表6-8可以看出，发现型创业机会与创造型创业机会与新颖型商业模式显著相关，回归相关系数分别为0.144（$P<0.05$）、0.540（$P<0.001$）。模型B1-2相比模型B1-1，R方显著增加了0.289，解释力由原来的8.5%增加到37.4%，说明发现型创业机会和创造型创业机会对新颖型商业模式的设计具有较高的解释力。模型B1-2的F值为13.433（$P<0.001$），说明整体模型显著；VIF最大值为2.165，远远小于10，说明不存在共线性问题。同时，我们可以看出，创造型创业机会相比发现型创业机会与新颖型商业模式的相关性更强，从而验证了假设7，即创造型创业机会对新颖型商业模式有着更显著的影响。

步骤二，分析自变量发现型创业机会与创造型创业机会与中介变量经验学习和认知学习的关系。自变量必须与中介变量显著相关，才可能存在中介效应。从表6-9可以看出，模型B3-1、B3-2以经验学习为因变量，分别检验控制变量，以及发现型创业机会、创造型创业机会的影响作用。模型B3-2相比模型B3-1，R方增加了0.045，解释力由原来的2.4%增加到6.9%，说明两种创业机会对经验学习具有一定的解释力。模型B3-2的F值为1.651（$P<0.05$），说明整体模型显著；VIF最大值是2.200，远远小于10，说明不存在共线性的问题。同时，我们从表6-9中可以看出，发现型创业机会和创造型创业机会与经验学习显著相关，相关系数分比为0.141（$P<0.01$）、0.156（$P<0.01$）。

模型B4-2相比模型B4-1，R方显著增加0.135，解释力由原来的5%增加到 18.5%，说明两种创业机会对认知学习具有一定的解释力。模型 B4-2 的 F 值为 5.081（$P<0.001$），说明整体模型显著；VIF 最大值是 2.200，远远小于 10，说明不存在共线性的问题。从表 6-9 中我们也可以看出，发现型创业机会和创造型创业机会与认知学习显著相关，相关系数分别为 0.120（$P<0.01$）、0.359（$P<0.001$）。

步骤三，把自变量与中介变量同时放入模型中进行回归分析。当满足中介变量对因变量的影响显著，且加入中介变量后，自变量对因变量的影响降低或者没有，这说明中介变量起到部分中介作用或者完全中介作用。从表 6-10 的分析结果可以看出，当加入经验学习后，模型 B1-3 比模型 B1-2，R 方显著增加了 0.023，达到 0.397，证明经验学习对新颖型商业模式在 0.001 的水平上显著，回归系数为 0.157（$P<0.01$）。当加入认知学习后，模型 B1-4 比模型 B1-2，R 方显著增加了 0.034，达到 0.408，证明认知学习对新颖型商业模式在 0.001 的水平上显著，回归系数为 0.203（$P<0.001$）。

同时，从表 6-10 可以看出，发现型创业机会在加入经验学习以后，系数由原来的 0.144（$P<0.01$）变为 0.122（$P<0.01$）；加入认知学习以后，系数由原来的 0.144（$P<0.01$）变为 0.119（$P<0.01$）。创造型创业机会在加入经验学习以后，系数由原来的 0.540（$P<0.001$）降低为 0.516（$P<0.001$）。回归模型中加入认知学习后，创造型创业机会与新颖型商业模式之间的相关系数降低为 0.464（$P<0.001$）。由以上分析可以看出，经验学习和认知学习在发现型创业机会与新颖型商业模式之间起到部分中介作用，经验学习和认知学习在创造型创业机会与新颖型商业模式之间分别起到部分中介作用，从而验证了 8b、8d、9b、9d 的假设。

表 6-8 创业机会对商业模式设计影响的层级回归

条目	因变量:新颖型商业模式		因变量:效率型商业模式	
	模型 B1-1	模型 B1-2	模型 B2-1	模型 B2-2
性别	0.156	0.060	0.080	0.092
年龄	-0.127	-0.114	-0.022	-0.037
教育背景	0.103	-0.020	0.039	0.003
创业前工作年限	0.183	0.065	-0.028	-0.108
企业年龄	0.040	0.027	0.042	0.039
企业所属行业	0.080	0.040	-0.055	-0.077
企业规模	0.180	0.122*	0.063	0.029

续表

条目	因变量:新颖型商业模式		因变量:效率型商业模式	
	模型 B1-1	模型 B1-2	模型 B2-1	模型 B2-2
发现型创业机会	—	0.144*	—	0.472***
创造型创业机会	—	0.540***	—	0.135*
R 方	0.085	0.374	0.013	0.256
调整 R 方	−0.053	0.347	0.018	0.223
R 方变化	0.085**	0.289***	0.013	0.143***
F 值	2.701**	13.433***	0.393	7.711***
VIF 最大值	2.197	2.165	2.197	2.165
N, df	214,7	214,9	214,7	214,9

注:* 表示 $P<0.05$,** 表示 $P<0.01$,*** 表示 $P<0.001$,双尾检验。

(2)以效率型商业模式为因变量

步骤一,分析自变量创业机会中发现型创业机会和创造型创业机会与新颖型商业模式的关系。自变量要与因变量之间存在着显著的关系,才可能存在中介效应。从表6-8可以看出,发现型创业机会与创造型创业机会与效率型商业模式显著相关,回归相关系数分别为 0.472($P<0.001$)、0.135($P<0.05$)。模型 B2-2 相比模型 B2-1,R 方显著增加了 0.143,解释力由原来的1.3%增加到25.6%,说明发现型创业机会和创造型创业机会对效率型商业模式的设计具有较高的解释力。模型 B2-2 的 F 值为 7.711($P<0.001$),说明整体模型显著;VIF 最大值为 2.165,远远小于 10,说明不存在共线性问题。同时,我们可以看出,发现型创业机会相比创造型创业机会与效率型商业模式的相关性更强,从而验证了假设 6,即发现型创业机会对效率型商业模式有着更显著的影响。

步骤二,分析自变量发现型创业机会和创造型创业机会与中介变量经验学习和认知学习的关系。自变量必须与中介变量显著相关,才可能存在中介效应。从表6-9可以看出,模型 B3-1、B3-2 以经验学习为因变量,分别检验控制变量,以及发现型创业机会、创造型创业机会的影响作用。模型 B3-2 相比模型 B3-1,R 方增加了 0.045,解释力由原来的 2.4% 增加到 6.9%。说明两种创业机会对经验学习具有一定的解释力。模型 B3-2 的 F 值为 1.651($P<0.05$),说明整体模型显著;VIF 最大值是 2.200,远远小于 10,说明不存在共线性的问题。从表6-9中我们也可以看出,发现型创业机会与创造型创业机会与经验学习显著

相关，相关系数分比为 0.141（$P<0.01$）、0.156（$P<0.01$）。

模型 B4-2 相比模型 B4-1，R 方显著增加 0.135，解释力由原来的 5% 增加到 18.5%，说明两种创业机会对认知学习具有一定的解释力。模型 B4-2 的 F 值为 5.081（$P<0.001$），说明整体模型显著；VIF 最大值是 2.200，远远小于 10，说明不存在共线性的问题。从表 6-9 中我们也可以看出，发现型创业机会、创造型创业机会与认知学习显著相关，相关系数分比为 0.120（$P<0.01$）、0.359（$P<0.001$）。

步骤三，把自变量与中介变量同步放入模型中进行回归分析。当满足中介变量对因变量的影响显著，且加入中介变量后，自变量对因变量的影响降低或者没有，这说明中介变量起到部分中介作用或者完全中介作用。从表 6-11 的分析结果可以看出，当加入经验学习后，模型 B2-3 比模型 B2-2，R 方显著增加了 0.087，达到 0.343，证明经验学习对效率型商业模式在 0.001 的水平上显著，回归系数为 0.306（$P<0.001$）。当加入认知学习后，模型 B2-4 比模型 B2-2，R 方显著增加了 0.077，达到 0.333，证明认知学习对效率型商业模式在 0.001 的水平上显著，回归系数为 0.309（$P<0.001$）。

表 6-9 创业机会对创业学习的回归结果

条目	因变量:经验学习		因变量:认知学习	
	模型 B3-1	模型 B3-2	模型 B4-1	模型 B4-2
性别	0.013	−0.007	0.120	0.058
年龄	−0.029	−0.030	0.111	0.119
教育背景	0.086	0.049	0.153[*]	0.071
创业前工作年限	0.067	0.021	−0.21	−0.102
企业年龄	−0.018	−0.022	−0.067	−0.076
企业所属行业	−0.114	−0.128	−0.014	−0.041
企业规模	−0.023	−0.044	0.060	0.020
发现型创业机会	—	0.141[**]	—	0.120[**]
创造型创业机会	—	0.156[**]	—	0.359[***]
R 方	0.024	0.069	0.050	0.185
调整 R 方	−0.009	0.027	0.018	0.148
R 方变化	0.024	0.045[**]	0.050	0.135[***]
F 值	0.722	1.651[*]	1.546	5.081[***]
VIF 最大值	2.197	2.200	2.197	2.200
N, df	214,7	214,9	214,7	214,9

注:[*] 表示 $P<0.05$，[**] 表示 $P<0.01$，[***] 表示 $P<0.001$，双尾检验。

表 6-10 创业学习对创业机会与新颖型商业模式的中介作用

条目	经验学习 模型 B3-2	认知学习 模型 B4-2	新颖型商业模式			
			模型 B1-2	模型 B1-3	模型 B1-4	模型 B1-5
性别	-0.007	0.058	0.060	0.061	0.048	0.051
年龄	-0.030	0.119	-0.114	-0.109	-0.138	-0.131
教育背景	0.049	0.071	-0.020	-0.028	-0.034	-0.037
创业前工作年限	0.021	-0.102	0.065	0.061	0.086	0.80
企业年龄	-0.022	-0.076	0.027	0.030	0.042	0.042
企业所属行业	-0.128	-0.041	0.040	0.060	0.049	0.061
企业规模	-0.044	0.020	0.122*	0.129*	0.118*	0.123*
发现型创业机会	0.141**	0.120**	0.144**	0.122**	0.119**	0.108**
创造型创业机会	0.156**	0.359***	0.540***	0.516***	0.464***	0.463***
经验学习	—	—	—	0.157***	—	0.110**
认知学习	—	—	—	—	0.203***	0.168***
R 方	0.069	0.185	0.374	0.397	0.408	0.418
调整 R 方	0.027	0.148	0.347	0.368	0.379	0.386
R 方变化	0.045**	0.135***	0.289***	0.023***	0.034***	0.044***
F 值	1.651*	5.081***	13.433***	13.261***	13.856***	13.079***
VIF 最大值	2.200	2.200	2.165	2.201	2.206	2.209
N, df	214, 9	214, 9	214, 9	214, 10	214, 10	214, 11

注：* 表示 $P<0.05$，** 表示 $P<0.01$，*** 表示 $P<0.001$，双尾检验。

表6-11 创业学习对创业机会与效率型商业模式的中介作用

条目	经验学习 模型 B3-2	认知学习 模型 B4-2	效率型商业模式 模型 B2-2	效率型商业模式 模型 B2-3	效率型商业模式 模型 B2-4	效率型商业模式 模型 B2-5
性别	-0.007	0.062	0.092	0.094	0.074	0.080
年龄	-0.030	0.067	-0.037	-0.028	-0.074	-0.057
教育背景	0.049	0.060	0.003	-0.012	-0.019	-0.025
创业前工作年限	0.021	-0.074	-0.108	-0.114	0.076	-0.089
企业年龄	-0.022	-0.070	0.039	0.046	0.062	0.062
企业所属行业	-0.128	0.010	-0.077	-0.038	-0.065	-0.037
企业规模	-0.044	0.058	0.029	0.042	0.023	0.035
发现型创业机会	0.141**	0.205***	0.472***	0.429***	0.435***	0.410***
创造型创业机会	0.156**	0.298***	0.135**	0.088	0.025	0.015
经验学习	—	—	—	0.306***	—	0.241***
认知学习	—	—	—	—	0.309***	0.231***
R方	0.069	0.172	0.256	0.343	0.333	0.383
调整R方	0.027	0.135	0.223	0.310	0.300	0.349
R方变化	0.045**	0.129***	0.143***	0.087***	0.077**	0.127***
F值	1.651*	4.674***	7.711***	10.496***	10.050**	11.271***
VIF最大值	2.200	2.200	2.165	2.201	2.218	2.223
N, df	214,9	214,9	214,9	214,10	214,10	214,11

注：*表示$P<0.05$，**表示$P<0.01$，***表示$P<0.001$，双尾检验。

同时，从表 6-11 中我们可以看出，发现型创业机会在加入经验学习以后，系数由原来的 0.472（$P<0.001$）变为 0.429（$P<0.001$）；加入认知学习以后，系数由原来的 0.472（$P<0.001$）变为 0.435（$P<0.001$）。创造型创业机会在加入经验学习以后，回归系数由原来的 0.135（$P<0.05$）降低为 0.088（$P>0.1$）。回归模型加入认知学习后，创造型创业机会与新颖型商业模式之间的相关系数降低为 0.025（$P>0.1$）。由以上分析可以看出，经验学习和认知学习在发现型创业机会与效率型商业模式之间起到部分中介作用，经验学习和认知学习在创造型创业机会与效率型商业模式之间起到完全中介作用，从而验证了 8a、8c、9a、9c 的假设。

6.4 研究结论与讨论

关于创业学习对创业机会的影响，一直以来学者们都只是分别探究先前知识或学习对创业机会识别的影响和对商业模式创新的影响。本研究跨越了先前研究的视角，分析了不同的创业机会情境下创业学习如何影响商业模式主题的设计，从而进行创业机会的开发，通过实证分析得出了一些有意思的结论。

6.4.1 创业机会对商业模式设计的直接影响

由探索性案例分析我们可以看出，发现型创业机会更倾向于采用效率型商业模式，而创造型创业机会更倾向于采用新颖型商业模式。本章的实证研究也证实了这一点。由表 6-10、表 6-11 回归分析的结果可以看出，发现型创业机会与创造型创业机会分别对效率型商业模式和新颖型商业模式的影响都显著，但有差异。发现型创业机会与创造型创业机会对新颖型商业模式的回归系数分别是 0.144（$P<0.05$）、0.540（$P<0.001$），发现型创业机会与创造型创业机会对效率型商业模式的回归系数分别是 0.472（$P<0.001$）、0.135（$P<0.05$），可以看出发现型创业机会更容易产生效率型商业模式，创造型创业机会更容易产生新颖型商业模式。先前学者的研究也证实了这一点，认为创业机会对商业模式创新有显著影响（夏清华等，2016），创造型创业机会更倾向于采取创新的方式进行创业机会的开发（刘佳和李新春，

2013），因而更容易产生新颖型商业模式（Amit & Zott，2001）。但对其内在的影响机制并没有进行进一步的探讨，本研究对这一观点进行了论证。

6.4.2 创业学习的中介机制

首先，创业学习有益于商业模式的产生。通过以上的研究我们可以看出，经验学习相比认知学习，对效率型商业模式产生的影响更大；认知学习对新颖型商业模式产生的影响更大。经验学习倾向于以先前经验进行创业的决策，带有一定的组织惯性特点。当创业者以经验学习为主进行决策时，会受到原先的组织的影响，从而设计出类似于其他组织的商业模式。先前对于经验学习的研究，学者们认为丰富的经验学习有助于创业者提高新颖型商业模式的效率（陈寒松和王智晨，2017），同时经验的长期积累可以为使创业者成为专家型创业者奠定基础（王玲玲等，2018），从而能够很容易识别顾客的需求，提供新颖的价值主张。本研究认为，经验学习除了以上作用外，在其他类型的商业模式设计上起着更大的促进作用，并且进行了验证。同样，认知学习倾向于将通过观察、模仿他人行为所吸收的新知识与自己的认知模式组合，进行知识的重构和创造，更容易整合外部知识进行商业模式的创新。而当创业者没有任何经验时，通过认知学习来学习与创业相关的知识或者即使有行业经验也可以通过跨界向行业中的标杆企业学习，能更有效地构建效率型商业模式。

其次，发现型创业机会与创造型创业机会的识别方式有助于创业学习的产生。到目前为止，学者们对创业学习和先前知识如何影响创业机会的识别进行了大量的研究。本研究超出先前研究的局限，分析了创业机会是否会影响学习的方式。发现型创业机会和创造型创业机会的识别方式分别遵循两种不同的思维逻辑，一定程度上影响了学习方式的选择。

发现型创业机会采用的是因果逻辑的思维方式。进行这种类型机会识别的创业者大多倾向于以先前的知识与经验对机会的可行性和盈利性进行分析和判断，从而做出机会开发的决策。这一过程中经验学习起着重要的作用。创业者基于先前的经验或者个人对新知识的渴望又或者对形成新的竞争优势的目的等因素的考量，可能会进行认知学习。识别出发现型创业机会的创业者具有丰富的行业经验，有着捕捉顾客新需求的敏感性，同时更明白本行业优秀企业的标准，此时为了提升企业的竞争力，他们一开始便以行业的高标准进行创业机会的开发,会采取认知学习方式跨越组织的边界进行新知识的获取。

创造型创业机会采用的是效果逻辑的思维方式。进行这种创业机会识别的创业者更倾向于在新的领域探索利基市场,从而提升盈利的能力。创业者不断地探索、试错、迭代,逐步形成创业机会的构成。在创业机会识别的过程中,创业者需要打破现有行业的思维定式,进行开放式的学习才能够寻求出适合这一类型机会的开发方式,所以在学习的方式上,创造型创业机会的开发更倾向于采用认知学习方式。创业者在决策时并非完全依赖于认知学习,经验学习也起着重要的作用。从本研究的探索性案例中也可以看出,几乎所有的创业者在初创业时都受到先前经验的影响。

最后,创业学习是商业模式设计的重要机制。由实证研究分析我们可以看出,经验学习和认知学习在发现型创业机会与效率型商业模式之间起到部分中介作用,经验学习和认知学习在创造型创业机会与效率型商业模式之间起到完全中介作用,经验学习和认知学习在发现型创业机会与新颖型商业模式之间起到部分中介作用,经验学习和认知学习在创造型创业机会与新颖型商业模式之间起到部分中介作用。这一发现揭开了创业机会与商业模式匹配的内在机制,不同的学习方式是影响这一匹配的重要因素。

6.4.3 创业机会与商业模式匹配的路径机制

通过前面的实证分析我们可以看出,经验学习和认知学习这两种不同的学习方式均在创业机会与商业模式之间起到中介作用,但对于两条路径的中介作用的大小及作用关系还需要进一步讨论。一个变量要起到中介作用需要满足以下条件:自变量 X 对因变量 Y 有影响,自变量 X 通过变量 M 来影响 Y,则认为 M 为中介变量,具有中介效应。如图 6-3 所示,c 是 X 对 Y 的总效应,ab 是经过中介变量 M 的中介效应,也即间接效应,c' 为直接效应。三者之间存在如下关系:$c = c' + ab$。中介效应与间接效应是有差别的,当只有一个中介变量时,中介效应相当于间接效应;当不止一个中介变量时,中介效应需要明确是由哪一个中介变量产生的。此时的间接效应可以是部分中介作用或所有中介作用的和。而对于中介效应的大小,只要在回归系数中找出 ab 即可得到。

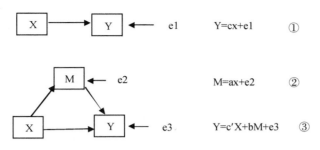

图 6-3　中介变量示意图

笔者通过整理创业学习对创业机会与商业模式之间的中介作用的系数得到表 6-12。通过对不同创业机会与不同商业模式之间影响路径的比较，笔者得到了一些有意义的结论。

表 6-12　创业机会与商业模式中介效应的比较

路径	总效应 c	a	b	直接效应 c′	中介效应 ab	比较大小
发现—经验—效率模式	0.472***	0.141**	0.306***	0.429***	0.043	<0
发现—认知—效率模式	0.472***	0.120**	0.309***	0.416***	0.037	
创造—经验—效率模式	0.135**	0.156**	0.306***	0.088	0.047	>0
创造—认知—效率模式	0.135**	0.359***	0.309***	0.054	0.109	
发现—经验—新颖模式	0.144**	0.141**	0.157***	0.122**	0.022	>0
发现—认知—新颖模式	0.144**	0.120**	0.203***	0.119	0.052	
创造—经验—新颖模式	0.540***	0.156**	0.157**	0.156**	0.009	>0
创造—认知—新颖模式	0.540***	0.359***	0.203***	0.468***	0.076	

注：比较大小的方式为认知学习的中介效应减去经验学习的中介效应

第一，对于效率型商业模式，经验学习相比认知学习发挥了更大的作用。

由表 6-12 数据分析可以看出，经验学习在发现型创业机会与效率型商业模式之间起到部分中介作用，在创造型创业机会与效率型商业模式之间起到完全中介作用。认知学习在发现型创业机会与效率型商业模式之间起到部分中介作用，在创造型创业机会与效率型商业模式之间起到完全中介作用。尤其是经验学习在发现型创业机会与效率型商业模式之间的作用比认知学习的作用更加明显。在创造型创业机会与效率型商业模式之间，认知学习的作用更明显。经验学习在创造型创业机会与效率型商业模式之间的作用比创造型创业机会与新颖型商业模式之间的作用更大。

对于新创企业而言，生存是第一目标。很多新创企业为了降低环境的不确定性的影响，便以现有的商业模式为参照进行价值创造逻辑的设计。创业者在商业模式的设计中采用原有的商业逻辑，能够提升组织的效率，降低组织的运作成本。这一过程只要创业者具有相关的行业经验即可完成。所以在经验学习的情境下更倾向于采用效率型商业模式。

第二，对于新颖型商业模式，认知学习相比经验学习发挥了更大的作用。

由表6-12我们可以看出，认知学习在发现型创业机会与新颖型商业模式之间起到部分中介作用，在创造型创业机会与新颖型商业模式之间起到部分中介作用。经验学习在发现型创业机会与新颖型商业模式之间起到部分中介作用，在创造型创业机会与新颖型商业模式之间起到部分中介作用。经对比认知学习和经验学习对新颖型商业模式的影响，我们可以很明显地看出认知学习对新颖型商业模式的影响更大。

新颖型商业模式的设计就是要打破行业既定的商业逻辑，构建新的商业逻辑和价值创造体系。纳尔逊和温特（Winter）（1982）最早提出了组织的惯性理论。在经验学习下，组织容易在原有的基础上进行改进型的发展，这便形成了组织的惯性。这种惯性会束缚企业的创新，难以应对外界环境的变化。组织学习理论认为，外部学习是打破惯性的重要因素。切萨布鲁夫（2010）提出商业模式创新的过程实质上是开放式学习的过程。开放式学习不仅是在组织内部学习，而且要跨越组织的边界学习组织以外的知识和经验，这一过程也是认知学习的过程。所以，认知学习在新颖型商业模式的设计中起着更大的作用。

第三，不同的学习方式导致了不同的商业模式设计路径。

由以上分析我们可以看出，不同的创业机会在经过不同的学习方式后会选择不同的商业模式设计主题。这就可以用来解释本研究的探索性案例分析中,不同的创业机会与不同的商业模式类型的匹配路径。对于发现型创业机会,当以经验学习为主时,会采用效率型商业模式进行创业机会的开发。此时由于发现型创业机会具有一定的模仿性,同时经验学习使创业者更倾向于现有的知识和经验的使用,所以创业者将个人认知特点结合行业的工作经验后,更倾向于采用当前行业内普遍采用的商业模式进行创业机会的开发。而当发现型创业机会识别出来以后,创业者的学习方式便转为认知学习,更倾向于学习新的知识并将旧知识加以融合,重构新知识。在这一学习方式下,创业者会打破当前资源的限制和组织惯性,进行跨界资源的整合,从而构建新颖型商业模式。

当创业机会的类型为创造型时,此种创业机会的识别过程也是创业者探究新知识的过程,创业者通过不断地试错、迭代,识别新机会,这一过程正是认知学习的过程。通过表 6-11 的分析也可以看出,认知学习在创业机会与新颖型商业模式和效率型商业模式之间的作用都大于经验学习。但二者的路径还是有差异的,当创业者在学习方式中融入越多的经验学习时,则倾向于选择效率型商业模式,否则倾向于采用新颖型商业模式进行创业机会的开发。

由以上分析我们得出创业机会与商业模式匹配的路径机制,如图 6-4 所示。

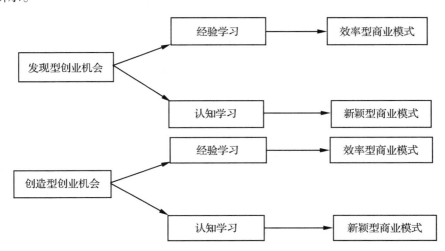

图 6-4 基于创业学习中介作用的创业机会与商业模式匹配路径

6.5 本章小结

本章基于创业学习的中介作用，分析了创业机会与商业模式匹配的机制，笔者认为，不同的创业学习方式影响商业模式主题的选择，进而提出了"发现型创业机会—认知学习方式—新颖型商业模式"和"创造型创业机会—经验学习方式—效率型商业模式"的创业机会的开发路径，进一步探究了创业机会开发的内在机制。这一研究与前几章的研究成果共同构成了创业机会与商业模式的匹配对新创企业成长的影响的内在机制。

笔者整合图 6-1、图 3-1 和图 3-2 后得出本研究的理论模型，如图 6-5 所示。创业机会与商业模式的不同匹配影响新创企业成长绩效的差异性。在创业机会与商业模式的匹配路径中，创业学习发挥中介作用。只有当创业机会、创业学习和商业模式相匹配时才能更高地提升创业绩效。同时，这一过程也是创业机会的识别、开发和实现的过程。此理论模型对创业过程理论进行了补充。

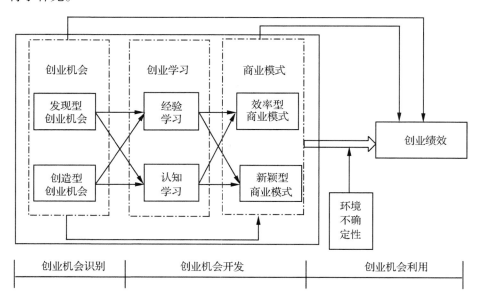

图 6-5 创业机会、创业学习和商业模式对新创企业成长的作用机制理论模型

创业机会与商业模式共演视角下的新创企业成长：纵向案例研究

通过前几章的研究我们可以发现，不同的创业机会与商业模式匹配会产生不同的成长绩效，但这一研究结果是在静态情境下的匹配模式的分析。企业成长是一个动态的过程，在企业发展的不同阶段各要素都在发生变化，同时创业机会与商业模式的匹配也会经历动态调整的过程以促进新创企业成长。因此，有必要对新创企业成长的不同阶段中创业机会、商业模式的动态演化过程进行进一步的探讨。

创业机会是创业的核心，创业企业成长的过程是创业机会开发和利用的过程，这一过程需要进行资源的整合以实现价值的创造。企业成长的过程可以以"机会的创造和利用"概念代替"可持续竞争优势"概念，从而进行资源的分配促进企业的成长。企业在成长的过程中出现失败，很大的原因是不能正确地理解和应对伴随快速的成长而产生的机会变化及障碍的复杂性。可见企业不断进行机会的识别和开发是企业成长的重要因素。所以，新创企业的成长是在外部环境的作用下，从成立到生存再到进一步成长的动态过程，是一个不断做出机会开发方式选择的过程。案例和实证研究表明，只有将创业机会匹配合适的商业模式才能促进创业绩效的提升，所以我们需要进一步探讨二者的共演机制。对于新创企业商业模式如何促进企业成长，国内外的研究并不多。但不可否认，有些学者也进行了初步的探索，只是对于这种共演机制是如何促进企业成长的没有进行深入的探讨。新创企业的成长是商业模式的各个要素不断匹配的过程（Mullins & Komisar，2009）。企业最初的商业模式经过不断地试错和调整，最终可能演化成另外一种，这也正是新创企业灵活性的表现。威特班克（Witbank）和萨拉斯瓦西（2002）的研究表明伴随着新创企业的成长过程，商业模式也不断演化。所以，新创企业成长与商业模式互动的机制值得进一步探讨。

这些研究着重分析了不同阶段商业模式要素的调整，但没有分析在新创企业成长的过程中商业模式调整转化的影响因素。新创企业的成立与创业机会有关，新创企业的成长也是不断识别新机会的过程。创业机会与商业模式及新创企业成长共同演化，商业模式又是创业机会的开发机制，所以二者的共同演化会促进新创企业成长绩效的提升。但并没有把商业模式调整放到整个企业成长的系统过程中探讨调整的动因和促进企业成长的机理。目前这方面的研究还十分缺乏。

本研究选取了两家新创企业，结合案例企业在不同阶段的创业机会和商业模式的变化过程，探究二者在动态的共同演化中促进新创企业成长的机制。新创企业成长的过程与商业模式构建的过程共同演化（王迎军和韩炜，2011），但关于商业模式促进企业成长的情境研究还十分缺乏。如何设计适合创业机会的商业模式以实现企业的生存和成长是本研究的核心问题，本研究尝试基于商业模式的设计理论，采用跨案例研究的方法探讨以下问题：① 在不同的创业阶段，创业机会如何产生？② 在不同的创业阶段，新创企业的商业模式如何演化？③ 在创业的过程中，商业模式与创业机会如何共同作用促进新创企业成长？

为划分同一创业者的创业活动，张骁、李嘉（2012）基于时间维度，提出了"初次创业"和"再创业"的概念。笔者和邢建国（2018）借鉴张骁、李嘉的研究成果，提出了创业过程分为"初次创业""再创业""三创业"三个阶段，企业在每个阶段都是为开发新机会而进入新业务领域或者建立子企业。笔者参考以上研究，以创业阶段为时间维度，以机会开发为研究视角，探究商业模式在创业机会开发和企业成长过程中的作用机制。

7.1 研究设计与方法

7.1.1 研究方法的选择

商业模式如何与创业机会共同演化促进新创企业成长，目前关于这一方面的研究较少，而案例研究比较适合进行探索性分析以建立理论，并能够很好地用来解释"怎么样"和"为什么"的问题（Yin，2009），所以笔者选择采用案例研究。

本研究采用纵向双案例研究方法，借助共演模型探究创业机会与商业模式的共演促进新创企业成长的机制。共演理论起始于生物学领域的研究中，其后在社会学和经济学领域被广泛应用。共演是指一方改变另一方的适应图景，反之亦然，进而改变双方的平均适应（Kauff-man，1993）。二者相互依赖，演化轨迹相互交织、互相适应（Volberda & Lewin，2003）。理查德·B. 诺加德（Richard B. Norgaard）第一个明确将共同演化的概念运用于社会文化、生态经济领域。他于1985年提出，共同演化不仅是一种相互的反馈机制，也是指二者之间或者多个变量之间相互影响并促使彼此适应的变化。在这些变量间，一个互动者的适应可以通过改变另一个互动适应者，实现演化轨迹的变动，同时后者进一步影响前者的变化（Murmann，2003）。组织的环境也可能影响或参与共演过程（Kauff-man，1993）。同一层次内或多个层次间的多变量都可能发生共演（Lewin & Volberda，1999）。所以，本研究采用多视角的共演模型进行研究，有助于探讨创业机会、商业模式和新创企业成长的互动影响因果关系。

7.1.2 案例的选择

笔者选择的研究对象是创建8年以内的企业。为了提高研究的有效性，本文采用双案例研究进行再次验证，选择案例时考虑以下因素：① 企业在成长的过程中商业模式的设计应该有较多的调整和改变；② 为保证案例分析的信度，案例选择时考虑了信息获取的可行性和丰富性。基于对案例的深入了解程度，笔者从探索案例中选择两家企业进行深入分析。表7-1为两个案例的基本情况。

表7-1 案例企业的基本情况

条目	A 电子商务企业	C 网络平台企业
成立时间	2014 年	2012 年
2017 年员工数/人	8（代理商家分销商 123 人）	230
2017 年销售额/万元	890	800
主营业务	农产品品牌的孵化和销售	低价产品筛选的淘宝服务商、电商代运营、电商培训
主要市场	国内	国内（大学生）

对研究数据的收集，笔者采取了二手资料和一手数据资料的方法。访谈的内容涉及企业在创业过程中不同阶段创业机会识别的过程、商业模式构建的过程等。数据收集时，笔者使用多数据来源进行"三角验证"。案例企业资料来源如表7-2所示。数据编码的方法同第2章的探索性案例分析编码的方法。

表7-2 案例企业的资料来源

企业	访谈次数	实地考察次数	二手资料
A电子商务企业	CEO 3次、创业团队其他成员1次、分销商2次、客户3次	考察公司3次、参与招商会2次	公司的内部资料、宣传资料、网站、手机客户端及相关的报道
C网络平台企业	CEO 2次、客户2次、员工3次	实地考察公司5次	公司网站资料、内部报告、公司的宣传手册等资料

本研究以发现新创企业成长过程中的共性问题为主要研究目标，并不要求理论模型和资料之间完全一致的匹配（Santos & Eisenhardt，2009）。

7.1.3 案例介绍

7.1.3.1 A电子商务企业

创始人在第一阶段创业，以先前的培训工作经验为依托，成立培训公司。该公司基本沿袭其他培训公司的运作方式，发展过程中因为没有核心竞争力，面临着被淘汰的危险。创始人在培训业务开展过程中，接触到网络营销的培训内容，开始思考如何利用互联网寻找新的商机。当看到西山的农民挑着当地农产品四处叫卖时，忽然萌生出要为家乡人民做点什么的想法。随着互联网的发展成熟，他决定借用互联网进行农产品的销售。当时的社会环境是人们担忧食品安全，市场需要绿色的农产品。如果能够将健康绿色的农产品和用户需求嫁接起来将是一个很好的机会。但是做这一类事情的企业很多，如何走出一条特色之路？创业团队打算从打造高品质农产品、建立农产品品牌着手，实现市场价值。但至于如何实现，创业团队不断尝试，首先从一款蜂蜜开始。创业团队走访蜂农并与蜂农一起把关产品质量，比如，仅产品的包装，为了密封蜂蜜且符合产品品牌形象就设计了17款方案，创业团队努力打磨产品，做到极致，为消费者提供质优的商品。第一款"臻蜜牌"蜂蜜第一个月的销量为1 500瓶，两个月售罄所有产品。有了第一次的经验，创业团队开始做下一款产品——璞翠碧螺春，还陆续推出枇杷和大闸蟹等当地特产。随着产品的不断丰富，企业的销售模式和运作方式也越来越完善。面对竞争对手的威胁，创始人不惧怕竞争，因为像他们这样打造极致农产品的团队不多。随着这一运作模式越来越得到客户的认可，创业团队开始思考建立孵化器平台，帮助想建立农产品品牌的企业进行初始的投资孵化并在该平台销售，于是他们成立了一家具有西山当地民俗特点的民宿——归宿，作为线下的创业孵化基地。自从开展以这一业务以来，平台聚集了更多的创业者。该企业的成长过程如表 7-3 所示。

表 7-3　A 电子商务企业的成长过程

	初创阶段	再创阶段	三创阶段
创业机会	创始人基于培训师的经历成立该公司，培训内容沿袭创始人工作过的企业	提供优质的品牌化农产品，实现企业、农家、客户和代理商之间利益的共享	需要一个平台推广更多的农产品
商业模式	价值主张： ① 目标客户：中小企业 ② 主要产品：企业管理培训	价值主张： ① 目标客户：有绿色优质农产品需求的客户 ② 主要产品：绿色品牌农产品	价值主张： ① 目标客户：农产品拥有者、创业者 ② 主要产品：农产品品牌孵化平台、农产品销售平台
	价值创造： ① 核心资源：培训师资、培训课程 ② 关键活动：课程开发和培训	价值创造： ① 核心资源：优秀的团队、优质的绿色农产品 ② 关键活动：将优质的农产品进行品牌化运作，由区域代理商负责产品的推广和销售	价值创造： ① 核心资源：平台的运作团队、优质的绿色农产品、农产品的创业者 ② 关键活动：自有品牌的打造、创业者品牌的孵化
	价值获取： ① 收益模式：培训收入 ② 成本结构：人力成本、场地成本	价值获取： ① 收益模式：销售额 ② 成本结构：人力资源成本、软件成本	价值获取： ① 收益模式：销售额、孵化农产品综合解决方案费 ② 成本结构：人力资源成本、场地成本、软件成本

续表

	初创阶段	再创阶段	三创阶段
成长绩效	能获得利润，但比较低	销售额高且销售团队发展很快	发展较好，目前已经进行孵化的品牌有3个，并成立了培训基地
成长困境	由于市场竞争激烈，企业成长乏力	农产品品类和数量有限，如果要扩大销售额，需要整合更多的资源	需要进一步学习，提升品牌孵化的能力

7.1.3.2 C网络平台企业

创业团队发现做淘宝导购网站是个不错的机会，便成立与其他导购网站类似的导购平台，方便消费者在这里找到便宜的商品。但是企业的竞争优势及成本优势并不明显，很快被模仿，竞争者很多，导致导购业务萎缩，所以企业需要开发新的业务以获得新的增长点，建立自己的交易平台。之后，企业服务的方式也发生了变化，由原来仅仅帮助客户筛选淘宝合适产品、不负责销售和服务，转为通过与供应商合作管理仓库公司，提供性价比高、服务效率高的市场服务，快速占领市场以获得竞争优势。在商业模式设计上，交易内容、交易方式都发生了变化，客户有了更好的消费体验。随着企业进一步发展，创始人看到了电子商务培训和代运营的商机，并且积累了一定的资源，决定通过拓展电子商务培训业务和代运营业务提升企业的成长能力。该企业的成长过程如表7-4所示。

表7-4　C网络平台企业的成长过程

	初创阶段	再创阶段	三创阶段
创业机会	淘宝导购网站的兴起	2012年导购业务萎缩，企业必须寻找新的业务增长点，2013年成立自己的交易平台	越来越多的人希望从事电子商务行业，很多传统企业缺乏电子商务运营人才，企业也希望拓展业务

续表

	初创阶段	再创阶段	三创阶段
商业模式	价值主张： ① 目标客户：淘宝客户群 ② 主要产品：淘宝购买物品筛选的平台	价值主张： ① 目标客户：喜欢物美价廉产品的客户 ② 主要产品：淘宝卖家和买家间的中间平台、依靠独立的运营平台开发新服务产品"随身购""热淘"等	价值主张： ① 目标客户：提升电子商务运营的企业和个人 ② 主要产品：代运营服务、自营平台、电子商务技能培训
	价值创造： ① 核心资源：软件平台的开发 ② 关键活动：作为淘宝卖家和买家之间的中介平台，为客户筛选物美价廉的产品	价值创造： ① 核心资源：电子商务平台的开发 ② 关键活动：淘宝导购、独立的运营平台	价值创造： ① 核心资源：电子商务软件的开发、资深的电商运营人才 ② 关键活动：产品筛选、电商代运营、电商人才培训
	价值获取： ① 收益模式：流量导入佣金 ② 成本结构：场地成本、人力资源成本	价值获取： ① 收益模式：流量导入佣金、销售额差价 ② 成本结构：场地成本、人力资源成本	价值获取： ① 收益模式：流量导入佣金、销售额差价、代运营收益、培训收入 ② 成本结构：场地成本、人力资源成本、课程开发成本
成长绩效	能获得一定的市场利润，初期发展很快，后期竞争激烈	3年后自建平台日访问量有50万次，公司开始转亏为盈，由创业初期的十几个人发展到两百多人	已经初步开拓市场，未来市场预期较好
成长困境	由于市场竞争激烈，企业成长乏力	缺乏代运营业务需要的电子商务人才	刚刚起步，还处于探索阶段

7.2 新创企业不同成长阶段创业机会与商业模式设计的共演

本部分将跨案例分析中创业机会、商业模式和新创企业成长绩效演化的过程进一步汇总，得到表7-5、表7-6和表7-7。

表 7-5 案例企业创业机会演化的典型证据举例及编码

企业创业阶段	创业机会的特征要素	A 电子商务企业	C 网络平台企业	两家企业共同的特点
初创阶段	机会的来源	"我在培训行业做了4年，发现还有机会赚钱，便与朋友一起成立培训公司。""竞争比较激烈，市场份额很难再扩大。"(F1)	创始人具有多年的互联网从业经验，根据当时淘宝购物客户的需求成立淘宝导购平台业务。(S2)	发现型创业机会：基于创业者的从业经验；根据市场分析进行市场的预测；创业者倾向于微观层次的分析，倾向于关注客观有利的外部因素。
初创阶段	机会的决策	"当时就想，大家做有钱赚，我们应该也可以，况且我还有固定的客户。"(F1)	"我们根据市场上现有的需求进行预测。"(F2) "当时需求很大，只要用心经营一定能从中分一杯羹。"(F2)	
初创阶段	机会的边界	"还是在原有的行业里进行资源的构建，没什么有特色的地方。"(F1)	关注内部资源的整合和企业的盈利。(S2)	
再创阶段	机会的来源	"我想通过自己的力量帮助家乡销售特产，同时顾客也对高品质的产品有需求。"(F1)	为了让公司的运营模式有所突破，除了做导购外，于2013年成立自己的交易平台，开发服务产品"随身购""热淘"等。(S2)	创造型创业机会：创业者的主观性在机会的识别中起重要作用；决策的过程采用迭代、归纳、渐进的方式；创业者多从组织领域或行业的层次观察世界，进行机会的识别。
再创阶段	机会的决策	"开发第一款产品时，也不知道如何做才能成功，只能做好每一步测试，并听从客户的反馈，进行下一个产品的改进。"(F1)	"软件开发的过程就是不断测试、反馈的过程。"(F2)	
再创阶段	机会的边界	跨组织边界进行资源的整合。(S1)	"突破原有代购的模式，我们与产品的供应商进行合作，进行资源的整合，开发业务。"(F2)	

新创企业的成长机制研究：
基于创业机会与商业模式匹配的视角

196

续表

企业创业阶段	创业机会的特征要素	A 电子商务企业	C 网络平台企业	两家企业共同的特点
三创阶段	机会的来源	"根据现有的客户需要，我们进行农产品的开发。"（F1）	"为了企业的进一步发展，需要完善当前的业务，提高供应商服务的水平。"（F2）	发现型+创造型创业机会：在原有的创造型创业机会的基础上，创业者通过识别行业内的发现型创业机会，完善机会的构成。
	机会的决策	"根据调查，需求量还是有的，加上政府的支持，我们决定做起来。"（F1）	"这个需求比较明确，所以决策的过程也简单。"（F2）	
	机会的边界	整合孵化器等相关的资源。（S1）	"整合企业现有的资源进行业务的完善。"（F2）	

表 7-6 案例企业商业模式演化的典型证据举例及编码

企业创业阶段	商业模式构成要素	A 电子商务企业	C 网络平台企业	两家企业共同的特点
初创阶段	价值主张	● 目标客户：需要培训的中小企业 ● 主要产品：企业管理培训	● 目标客户：淘宝客户群 ● 主要产品：淘宝购买物品筛选的平台	商业模式的设计（效率型）：商业模式的构建基于创业者的从业经验，产品单一，价值创造的过程和价值获取方式也基本上是模仿现有的企业。这一方式更有利于短期内求得生存的基础，但竞争激烈，生存面临着很大的不确定性。
	价值创造	● 核心资源：培训师资、培训课程 ● 关键活动：课程开发和培训	● 核心资源：软件平台的开发 ● 关键活动：作为淘宝卖家和买家之间的中介平台，为客户筛选物美价廉的产品	
	价值获取	● 收益模式：培训收入 ● 成本结构：人力资源成本、场地成本	● 收益模式：流量导入佣金 ● 成本结构：场地成本、人力资源成本	
	商业模式设计	"根据行业的经验，进行培训流程的设计、低成本、高效率是主要目标。"（F1）	"当时主要是模仿别人从事淘宝导购业务，所以整个商业模式也是参照竞争对手设计的。"（F2）	
再创阶段	价值主张	● 目标客户：有绿色优质农产品需求的客户 ● 主要产品：有绿色优质农产品	● 目标客户：喜欢物美价廉产品的客户 ● 主要产品：淘宝卖家和买家之间的中间平台，依靠独立的运营平台开发新服务产品，"随身购"等	商业模式的调整（新颖型）：基于新的创业机会，商业模式调整为构建独特竞争力的商业模式。此时价值主张具有差异性，产品单一，核心的价值创造过程逐渐形成，利润额高，企业生存的不确定性降低。
	价值创造	● 核心资源：优秀的团队、优质的绿色农产品 ● 关键活动：将优质的农产品品牌化、区域代销代销的运作模式	● 核心资源：电子商务平台 ● 关键活动：淘宝导购、独立的运营平台	
	价值获取	● 收益模式：销售额 ● 成本结构：人力资源成本、软件成本	● 收益模式：流量导入佣金、销售额差价 ● 成本结构：场地成本、人力资源成本	
	商业模式设计	"我们的产品定位与经销合作的方式，以及产品和开发的过程，相比竞争对手都是很有创新性的，目前没有类似的竞争对手。"（F1）	"为了提高竞争力，我们重新定位开发了独特的电子商务平台，应该算是比较创新的吧。"（F2）	

续表

企业创业阶段	商业模式构成要素	A 电子商务企业	C 网络平台企业	两家企业共同的特点
三创阶段	价值主张	• 目标客户：农产品拥有者、创业者 • 主要产品：农产品品牌孵化平台、农产品销售平台	• 目标客户：提升电子商务运营的企业和个人 • 主要产品：代运营服务、自营平台、电子商务技能培训	商业模式的完善（效率型+新颖型商业模式）：企业随着发展和资源的积累，开始开拓新的业务，产品完成了由单一产品向整套解决方案的提供者的转换。各流程之间相互补充并良好匹配。企业进入成长阶段，进一步增强，商业模式设计或新颖型单纯的效率型商业模式不是简新颖型商业模式与效率型商业模式的整合。
	价值创造	• 核心资源：平台的运作团队、优质的绿色农产品、农产品的创业者 • 关键活动：自有品牌的打造、创业者品牌的孵化	• 核心资源：电子商务软件的开发、资深的电商运营人才 • 关键活动：产品筛选、电商代运营、商人才培训	
	价值获取	• 收益模式：销售额、孵化方案综合解决方案费 • 成本结构：人力资源成本、场地成本、软件成本	• 收益模式：流量导入佣金、销售额差价、代运营收益、培训收入 • 成本结构：场地费用、人力资源成本、课程开发成本	
	商业模式设计	"商业流程的设计在原有基础上进行了整合，提供了整套的解决方案。"（F1）	"为了补充目前的业务，开发了培训业务，一是为客户服务，二是为我们补充人力资源。"（F2）	

表 7-7 案例企业成长阶段典型证据举例及编码

企业创业阶段	A 电子商务企业	C 网络平台企业	两家企业共同的特点
初创阶段	"由于竞争激烈,我们也没什么优势,所以基本盈利有些困难。"(F1)	"那时竞争太激烈了,利润已经很微薄,到了后期已经开始亏本,必须找到新的业务才行。"(F2)	基于当时有需求的市场,能够实现盈利;企业具备生存的能力,但由于是模仿性创业,后期竞争激烈,生存能力较弱。
再创阶段	"业务发展很快,从第一款'臻蜜牌'蜂蜜到批发产品销量都很好。""对我们产品感兴趣的人很多,愿意代理销售的客户增长也很快。"(F1)	自建平台日访问量有 50 万次,公司也开始转亏为盈,由创业初期的十几个人发展到两百多人。(S2)	进行新市场、新产品开发,销售额增长,盈利能力提高,员工增加,生存能力进一步提高。
三创阶段	"此阶段,我们销售额进一步提升,盈利率提高,员工数增加,进入了比较稳定的成长阶段,开始考虑更新机会的开发。"(F1)	"目前整合的业务刚刚起步,盈利率高,由于公司发展有了一定的市场地位,市场前景预期较好。"(F2)	企业进入发展的稳定阶段,获利能力增强,打造好的市场认可的产品,进一步提升企业的知名度和美誉度。

200

7.2.1 初创阶段

笔者发现，选择的两家案例企业初成立时皆是基于创业者的经验和社会网络进行创业机会的识别和开发。比如，A 企业基于的是创始人电子商务培训的经历和培训师资的资源，创始人结合市场对绿色农产品的需求找到了企业创立的可行性和盈利性机会。C 企业因创始人个人的专业经历和对用户、对产品的把握而成立。此时两家企业所从事的业务均是对目前行业内其他企业从事业务的模仿，基于均衡的市场，这一机会的特点是与现存的企业业务组织没什么不同，但对成长绩效有重要的影响。起步容易，需投入的资源和经营风险能够为新成立的小企业所承受。所以，发现型创业机会的识别对新创企业的成长绩效有正向的影响。

新创企业成立之初，存在着"新进入缺陷"，通过前几章的研究我们可以看出，设计与创业机会特点相匹配的商业模式将有助于克服这一缺陷，实现企业的成长。新创企业在刚创建时通过商业模式的构建提供高效的创造价值逻辑，用户的认可使企业成立并运转起来。这种高效的商业模式即在创始人熟悉的领域内通过降低成本、提高交易的效率等快速构建企业，短期内提升了企业的生存能力。

在此阶段，发现型创业机会的识别和效率型商业模式的构建一定程度上规避了新创企业资源缺乏、资金短缺等的弊端。企业快速构建起运营的机制，借助原有的资源能够短时间内找到客户并实现一定的销售额。企业的初始资源和产品定位为新创企业的成立提供了可行性和盈利前景，但也存在竞争激烈、成长性差等问题。

7.2.2 再创阶段

在企业成立并运作起来以后，企业的生存能力还比较薄弱。只有提升企业的获利，拓展企业的发展空间，企业的生存能力才会得到提升。提升企业获利能力的方式是要么开发新的产品，要么在原有产品的基础上进行市场的开发，或者二者同时进行。案例中的两家企业分别采取了不同的方式。C 企业在目标客户群和原有业务没有变化的前提下，提供了新的产品和服务，满足用户的需求，即不仅提供淘宝导购的平台，更自主开发了电子商务运营的平台。这一方式在成立之初，相对竞争对手而言，更是以新的组织方式实现价值。A企业变化较大，完全进入了另外一个经营领域。A企业在最初的商业模式运营一段时间后，竞争者越来越多，盈利率越来越低，已不足以维持企业的生存，需要通过为客户创造新的价值获取盈利。所以，在再创阶段，A企业通过整合农产品资源，提供了新的价值主张，即绿色品牌化的优质农产品，该产品具有市场差异，同时又能满足客户需求，销售额增长速度很快。就两家企业创业机会识别的时机，还有一个共同的特点，即在原有的获利能力丧失之前便进行了新机会的开发。

随着初创期创业机会被开发，企业获得了一定能力和资源的积累，开始寻求新的创业机会以提升生存的能力，创业者的社会网络和创业资源的积累使企业开发出更高水平的创业机会。这一阶段，案例企业都采取了创造型创业机会的识别，分别进行了利基市场的开发。这些新的机会之所以会被识别出来，是因为除了外部环境的需求导致客户需求变化外，企业也经过一段时间的发展具备了更高的识别和开发机会的能力。比如，A企业正是因为创业者在第一阶段培训业务上接触了电子商务才对新业务的开展具有敏感性，正是由于前期资金的积累才能使创业团队不为资金所累而进行系统的开发。C企业也是由于前期的积累才更了解这一行业发展的趋势，才能领跑于同行的前列并获得更强的生存能力。这些机会不同于均衡创业机会，是一种创新的创业机会，即与现存组织的常规业务和业务范围明显不同（Schumpeter，1934）。

通过案例分析我们可以看出，一方面，新创企业在度过最初的成立期后，生存能力还比较弱，资源欠缺，最初提供的价值主张随着竞争的加剧已不足以维持企业的生存，企业需要寻找新的市场。但企业也积累了一定的资源和能力，所以通常会进入大企业不屑于或者忽略的利基市场。由于机会具有一定的创新性，因此，商业模式的设计也要体现出新颖的价值主张，即进行新颖型商业模式的设计。新颖型商业模式利用新创企业创新的机会获得创新价值，从而能够领先竞争对手，以差异化获得收益。另一方面，新的合作或运作机制将使创业团队能够接触更多的合作伙伴，获得更多的资源来实现创新型的产品和服务，提供差异化的优势。虽然创造型创业机会的开发可能因企业缺乏可信性而拖累经营绩效，但是对于已克服"新进入缺陷"、成功创办起来的企业而言，创造型创业机会的开发将通过产品创新、竞争能力提升和生存空间拓展而发挥更大的正面作用（Newbert, et al., 2013）。吉尔尼克等（2012）指出，产生的商业创意的原创性对企业成长有积极影响，创造型创业机会对创业绩效的影响更明显。从案例分析我们可以看出，创造型创业机会的开发使得两家企业都取得了较好的创业绩效。

此阶段进行了创造型创业机会的开发和商业模式的调整，商业模式调整为新颖型商业模式。

7.2.3 三创阶段

企业在生存能力得到提升以后，进一步积累了创业机会识别的能力。案例企业开始在原有业务的基础上进行资源的整合，开发与原有业务相补充的业务类型，全面制订整体解决客户需求的方案。案例 A 企业通过提供农产品孵化服务为想进入这一市场的创业者提供了帮助，进一步完善了企业为用户提供丰富优质绿色农产品品牌的价值主张，使企业的业务更加丰富、企业的知名度和美誉度更高，创业绩效也更好。C 企业在淘宝导购平台和自营平台业务运营一段时间后，越来越自信，随着互联网的发展，根据市场上对电商创业知识的需求，开拓培训业务和代运营业务。一定程度上，这一业务的拓展使 C 企业的业务范围更加完善。新的商业模式的构建，使企业开发出更具有竞争力的价值主张，企业的收益开始稳步增长，企业的销售额和员工数也开始增加，并且在行业里拥有了一定的市场地位，这些都为企业未来的发展奠定了基础。

此阶段的创业机会在原来创造型创业机会的基础上进一步创新，变为整合现有的业务、提供整套系统服务的创业机会。这一机会既有创造型创业机会的特点又有发现型创业机会的特点，所以此阶段的创业机会为创造型＋发现型创业机会。此阶段的商业模式设计既包含原来的新颖型商业模式的设计，又结合行业内增值业务的效率型商业模式的设计。

将案例企业不同发展阶段的创业机会、商业模式、企业成长方面表现出来的特征进行汇总，得到表 7-8。

表 7-8 案例企业创业机会类型、商业模式设计与企业成长分析汇总

企业	创业阶段	创业机会类型	商业模式描述	创业成长特点	创业机会转换的驱动力
A 电子商务企业	初创阶段	基于创业者先前经验的发现型创业机会	效率型商业模式	实现盈利,企业具备生存的能力,但生存能力较弱	市场竞争激烈,缺乏差异化竞争力
	再创阶段	基于外部环境的变化和创业者经验的积累,识别创造型创业机会	商业模式调整,基于创造型创业机会进行新颖型商业模式的设计	销售与盈利能力提高,销售额员工数增加	进行转型,提高企业的生存能力
	三创阶段	基于外部环境的变化,创业者社会网络和资源的拓展和积累,识别发现型创业机会。此时的创业机会包含了发现型创业机会和创造型创业机会	商业模式完善,此阶段商业模式的设计含有新颖型和效率型	销售额进一步提升,盈利能力增强,员工数增加	利用自身积累的资源和能力拓展业务,实现成长
C 网络平台企业	初创阶段	基于创业者先前经验的发现型创业机会	效率型商业模式	初期具有较好的盈利能力,后期活力减弱	市场竞争激烈,缺乏差异化竞争力
	再创阶段	基于外部环境的变化和人力资源、经济资源、电商运营能力的积累,进行创造型创业机会的识别	商业模式调整,基于创造型创业机会进行新颖型商业模式的设计	获利能力增强,员工数急剧增加,销售额增长率高于同行	进行转型,提高企业的生存能力
	三创阶段	基于前期知识、人力资源、客户资源等的积累,进行发现型创业机会的识别。此时的创业机会包含发现型创业机会和创造型创业机会	商业模式完善,此阶段商业模式的设计含有新颖型和效率型	刚刚起步,盈利率高,市场前景预期较好	利用自身积累的资源和能力拓展业务,实现成长

7 创业机会与商业模式共演视角下的新创企业成长：纵向案例研究

由以上分析我们可以看出，在新创企业从成立到成长的三个阶段，创业机会与商业模式经历了共同演化的过程，如图 7-1 所示。

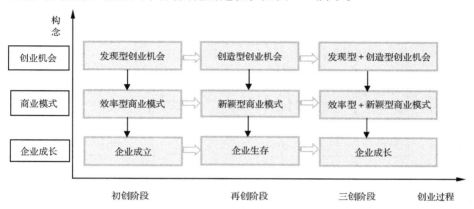

图 7-1　创业机会、商业模式与新创企业成长的共演

7.3　创业机会与商业模式共演视角下的新创企业成长机制

在创业的初始阶段，机会比较多、资源较稀缺，所以创业者大多以自身的资源作为创业的起点，构建商业模式进行创业机会的开发。随着新创企业的发展，可支配的资源越来越多，创业者为了更好地发展，必须进一步寻求更大价值的创业机会，并整合现有的资源及设计相匹配的商业模式进行创业机会的开发。企业成长的过程也是创业机会与商业模式不断动态调整的过程，二者的协同共演促进企业的成长。由以上案例的分析我们可以看出，在初创阶段，新创企业识别的是模仿型的创业机会；在再创阶段，企业开始在新的领域创造新的创业机会，此时的创业机会是创新型的；在三创阶段，创业机会在原有创造型创业机会的基础上完善与改进。根据张玉利等（2008）的研究，这三个时期的创业机会分别是模仿型创业机会、创新型创业机会与改进型创业机会。结合本小节中案例的研究，笔者也将这三个阶段的创业机会分为模仿型、创新型和改进型的创业机会。根据商业模式的发展，企业分别处于商业模式的设计、商业模式的调整和商业模式的完善三个阶段。基于以上分析，结合企业成长的过程，笔者构建出新创企业成长的动力模型，如图 7-2 所示。

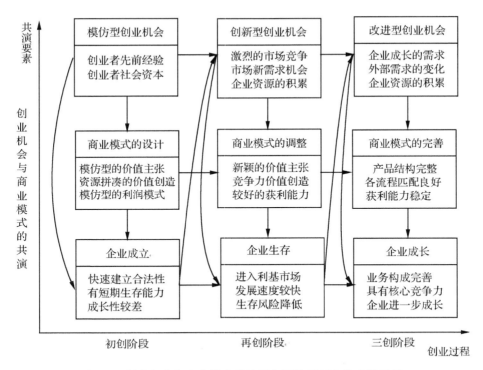

图 7-2 创业机会与商业模式共演视角下的新创企业成长机制

（1）资源的积累有助于新创企业识别新的创业机会

在创业的过程中，企业的每一次活动都以创业机会为起点和核心。创业的过程就是创业机会识别、开发与利用的过程。在企业不断成长的过程中，每一次新的创业机会的识别都有助于企业的成长绩效上一个新的台阶。由案例分析我们可以看出，不同的成长阶段创业者积累资源的差异影响了创业机会的识别。在初创阶段，创业者个人的先前经验和社会网络等对创业机会的识别与开发起着重要作用。随着企业的发展，外部的环境也在变化，企业积累的资源和能力可以进行新的创业机会的识别和原有商业模式的调整，以拓展企业新的经济增长点。此时的商业模式的设计依然要与创业机会和企业的资源相匹配，企业才能获利并提升生存能力。

（2）创业机会影响商业模式的调整

新创企业商业模式的构建与创业机会有很大关系。对新创企业来讲，选择合适的商业模式进行资源的整合来开发创业机会是非常重要的环节。如果采取的商业模式适应已识别的创业机会便能产生较好的创业绩效。在企业的初创阶段，基于创业者先前经验识别的创业机会，其商业模式的设计也基于创业者现有的资源,创业者创立了与行业内其他企业相似的商业模式,以效率最高、风险最小的方式进入市场,最大限度地提升了生存的可能性。随着企业的发展,初期的商业模式提供的价值得到客户的认可,企业积累相应的资源。在再创阶段,创业者识别了创造型创业机会,找到利基市场,相应的商业模式也进行了再设计以保证有效地开发创业机会。此时的商业模式提出了新颖的价值主张,价值的创造过程也具有了一定的竞争力,盈利能力提升,此阶段为商业模式的调整期。在三创阶段,企业的业务类型结合企业的特点开始向相关的业务拓展,从而形成了较为完整的系统方案解决的价值主张,在价值创造的过程中各个流程匹配良好,获利能力趋于稳定。此阶段为商业模式的完善期。由以上分析我们可以看出,商业模式的调整过程与创业机会的特点有很大的关系,同时企业只有将商业模式设计与创业机会的特点相匹配才能更好地提高创业绩效。

(3) 创业机会与商业模式的共同演化促进企业的成长

在创业的三个阶段,创业机会和商业模式不断演化。在每个发展阶段,商业模式与企业成长共同演变,每一次开发的创业机会都为企业下一次创业机会的识别与开发积累了资源和能力。研究的结果验证了作为创业机会开发方商业模式的设计对新创企业成长的作用,这也对蒂蒙斯的理论进行了进一步验证。同时,我们也可以看出,创业机会的识别类型与商业模式的匹配对新创企业成长绩效产生了影响。由企业案例分析我们可以看出,两家企业都进行了机会的进一步开发,主营业务也随着新机会的开发而变化,由单一的产品系列的生产和销售转为提供完整的解决方案的知识型业务。每一次创业机会的识别得益于企业对客户需求的把握,同时积累的资源和能力也有助于这一创业机会的成功开发。每一次的转变进一步提升了企业的获利能力,提高了企业在行业中的地位,为企业下一步的成长奠定了基础。

本研究验证了蒂蒙斯等(1997)的结论,企业前一阶段的资源或能力积累能够为后续阶段的成长创造条件。德鲁伊赫(Druilhe)和加恩西(Garnsey)(2004)的案例研究显示,随着资源和机会知识的增加,新创企业会对商业模式加以调整。他们还指出,影响商业模式可行性的因素包括初始资源禀赋、资源强度、资源可得性、技术的类型及企业(技术)资源的成熟度。例如,科技型企业家可能仅仅就其所掌握的技术资源选择商业模式,但商业模式并没有与市场机会很好地匹配起来。所以,本研究认为,创业企业的成长就是不断进行创业机会的识别和设计与之相适应的商业模式进行机会开发实现企业成长的过程。在这一过程中,创业机会与商业模式彼此影响、共同演进,促进新企业的生存和成长。

7.4 创业机会、商业模式与新创企业成长的机制模型

本文支持了威特班克和萨拉斯瓦西(2002)的观点,即新创企业商业模式演化与新创企业成长是一个相生相伴的过程。

本章基于创业过程中创业机会与商业模式共演的路径探讨了新创企业从创建到成长的机理。研究发现,新创企业的成长过程经历初创阶段、再创阶段和三创阶段。这三个阶段是三个创业机会识别和开发的阶段,在每一个阶段,商业模式设计的要素不断进行演化使之与创业机会相匹配。二者共同演化的动因在不同阶段是不一样的。在初创阶段,创业者的个人特质和外部环境是商业模式构建最初的资源,基于这一资源对初创阶段的创业机会进行了开发,设计与之相适应的商业模式,使企业具有提供价值的逻辑,为企业的生存奠定了基础。初创阶段积累的一定的资源(人力资源、资金资源、社会网络资源、创业能力)和能力为进一步开发创造型创业机会奠定了基础,由此进入了再创阶段,企业的生存能力增强。此时创业资源和创业能力进一步积累,企业开始考虑进行业务的拓展及多元化发展,实现企业的进一步成长。由此可见,创业机会、商业模式与新创企业成长之间存在着相互作用的机制,呈现循环发展阶梯式前进的成长模式。研究的结果不仅验证了作为创业机会开发方式的商业模式的设计对新创企业成长的作用,还对蒂蒙斯的理论进行了进一步验证,也验证了在加尔布雷思和纳塔森(Nathanson)(1978)的企业成长模型,创业企业的成长经历了由单一成长向多元化成长的转变。结合前几章的研究,笔者构建起基于创业机会与商业模式的匹配与动态共演促进新创企业成长的模型,如图7-3所示。

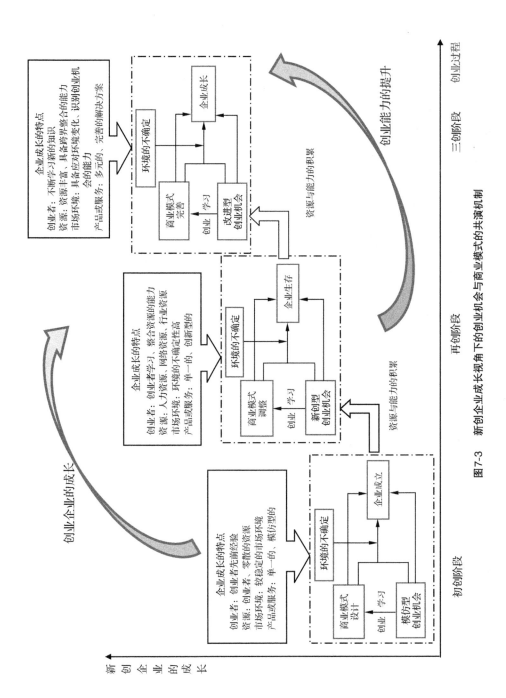

图7-3 新创企业成长视角下的创业机会与商业模式的共演机制

7.5 本章小结

结合前几章的研究结果，本章基于创业过程中创业机会与商业模式共演的视角，运用纵向案例研究，探讨了新创企业从创建到成长的机理。从动态视角分析了在新创企业成长的不同阶段，创业机会与商业模式是如何共同演化促进企业成长的。研究表明，在不同的成长阶段，创业机会和商业模式表现出了不同的特征。每一个阶段的成长都是以创业机会的识别为起点的。资源的积累有助于新创企业识别新的创业机会。创业机会的特点影响商业模式的设计。在每个创业阶段，不同的创业机会的识别促使商业模式也跟着调整，如此才能有效地开发创业机会以实现价值创造。创业机会与商业模式的共同演化促进了新创企业的成长，新创企业的成长又为下一次创业机会的识别奠定了基础，从而又开始下一轮循环，不断使企业实现螺旋式上升的成长。

本研究提出了创业机会、商业模式与新创企业成长的机制模型，证实了创业机会的识别、商业模式的演化与新创企业成长是一个相伴相生的过程。

8 研究的结论与展望

通过前几章的研究,笔者将案例分析和实证研究相结合,探究了基于创业机会与商业模式匹配视角的新创企业成长的机制。笔者分别对创业机会与商业模式的匹配对成长绩效的影响、环境的不确定性情境下影响机制的差异、不同的匹配模式的内在机理,以及创业机会如何与商业模式共演共同促进新创企业的成长进行了探讨。本章将对研究的内容进行总结,归纳本研究在理论和实践方面的启示,并分析研究中存在的不足及未来研究的方向。

8.1 研究结论

本研究基于"创业机会与商业模式的匹配对新创企业的影响"这一主题,通过案例分析、理论推导、大样本调研和实证检验等研究方法,并运用 SPSS 和 AMOS 等统计工具对研究问题进行逐步深入的探讨,得出以下结论。

(1) 创业机会包含发现型创业机会与创造型创业机会两个维度

关于创业机会是客观存在的还是创业者发挥主观能动性创造出来的,学术界一直存在着争议。阿尔瓦雷兹和巴尼(2007)、秦剑(2011)、斯晓夫等(2016)学者的研究表明,这两种创业机会类型只是代表了不同的创业机会来源的方式,并对这二者的区别进行了深入的研究。康长杰等(2014)更是以创业机会的这两个维度探索对技术创新的影响。经过案例访谈和理论分析,本研究认为,创业机会是在未来的情境下,创业者根据市场的不完善性,通过创新或模仿产品、原材料、组织方式来满足市场需求和获得市场利润的。

在此基础上,本研究通过案例研究和实证研究进一步对创业机会量表进行了开发和验证。研究表明,创业机会的来源存在以下两个维度。发现型创业机会的来源基于经历和经验,受家人、朋友和兴趣爱好的影响,机会决策基于风险数据的分析收集工具;关键事件对创业机会的来源有重要影响。创造型创业机会来源于创业者主观具有的质疑、观察、社交、说服大众的能力,机会决策基于能够承担的损失和掌握的资源进行不断迭代、试错,创业者对跨组织边界较关注并进行资源的整合。

同时,实证研究验证了该构念的有效性及其对新创企业成长的重要作用,为研究新创企业成长提供了一个新的思路。

(2) 发现型创业机会与创造型创业机会对新创企业成长绩效有正向影响

本研究分别讨论了发现型创业机会与创造型创业机会对新创企业成长绩效的影响机理。对4家企业的探索性案例分析和214家企业的问卷调查研究,不仅证实了这两种创业机会类型的有效性,同时验证了发现型创业机会与创造型创业机会对新创企业成长绩效有正向影响。

(3) 不同的创业机会与不同的商业模式匹配对新创企业成长的影响有差异

笔者遵循阿密特和佐特(2007)的研究建议,将商业模式分为效率型商业模式和新颖型商业模式。商业模式作为创业机会的开发机制,当不同的创业机会采用不同的商业模式进行开发时会产生不同的成长绩效。研究表明,发现型创业机会与效率型商业模式的匹配对新创企业成长绩效的提升具有干扰型交互作用,创造型创业机会与效率型商业模式的匹配对新创企业成长绩效的提升具有干扰型交互作用,创造型创业机会与新颖型商业模式的匹配对新创企业成长绩效的提升具有增强型交互作用,发现型创业机会与新颖型商业模式的匹配对新创企业成长绩效的提升的交互作用没有得到验证。

(4) 环境的不确定性在不同的匹配模式与新创企业成长之间起到调节作用

本研究分别验证了环境竞争性和环境动态性对匹配模式与新创企业成长之间的调节作用。研究表明,环境竞争性对发现型创业机会与新颖型商业模式的匹配对新创企业成长绩效的影响起到负向调节作用,对创造型创业机会与效率型商业模式的匹配对新创企业成长绩效的影响起到正向调节作用。环境动态性对发现型创业机会与新颖型商业模式的匹配对新创企业成长绩效的影响起到负向调节作用,对创造型创业机会与新颖型商业模式的匹配对新创

8 研究的结论与展望

企业成长绩效的影响起到正向调节作用。环境竞争性和环境动态性对发现型创业机会与效率型商业模式匹配对新创企业成长绩效的影响的调节作用不明显。

（5）创业学习在创业机会与商业模式之间起到中介作用

本研究对创业机会与商业模式的匹配机制进行了进一步的探究。通过整合创业机会理论和创业学习理论，笔者揭示了创业机会之所以会选择不同的商业模式与之匹配，创业学习在其中起到中介作用。研究表明，发现型创业机会当以经验学习为主时更倾向于采用效率型商业模式，当以认知学习为主时更倾向于采用新颖型商业模式。而识别创造型创业机会的创业者则更倾向于认知学习的方式，经验学习融入得越多，越倾向于采用效率型商业模式进行创业机会的开发。笔者进一步发现了发现型创业机会更容易通过经验学习采用效率型商业模式，创造型创业机会更容易通过认知学习采用新颖型商业模式。这一发现丰富了创业机会、创业学习和商业模式之间关系的研究。

（6）创业机会识别与商业模式设计的共演促进了新创企业的成长

通过跨案例的纵向研究，我们对创业机会识别、商业模式设计及新创企业成长之间的关系的认知得到了加深和拓展。企业会根据创业环境对创业机会进行识别和对商业模式进行设计从而对成长绩效产生影响。对纵向案例分析发现，创业过程可以分为三个阶段：初创阶段、再创阶段和三创阶段。每一个创业阶段都基于新创业机会的识别和开发，积累的资源与能力为下一阶段创业机会的识别打下基础。而每一次机会的识别影响了商业模式的设计与调整。创业机会与商业模式的共演过程促使新创企业经历初创阶段、再创阶段和三创阶段而实现螺旋式上升的成长。

8.2 创新点与理论贡献

本研究紧扣前沿理论和企业实践所关注的问题，基于创业机会理论和商业模式理论探讨了创业机会与商业模式的匹配对新创企业成长绩效产生不同的影响。研究工作既重视理论和实践，同时又融合了学科交叉的特点。与已有的研究相比，创新点主要体现在以下几个方面。

（1）基于创业机会来源的视角验证了区分的维度，以及不同维度对新创

企业成长的影响

关于创业机会的维度，目前大多数研究基于盈利性和可行性进行实证研究。对创业机会究竟是客观存在的还是创业者主动创造出来的一直是相关研究学者争议的焦点。最近有学者研究认为，二者是创业机会来源的两个重要维度，并且已有学者使用这两个维度进行案例的研究。对于创业机会量表，依然没有学者加以进一步分析，这就导致了这一视角下的创业机会的研究没有实质性的进展。本研究在以往学者研究的基础上，通过探索性案例分析和实证研究，开发了创业机会量表，并验证了这一量表的信度和效度。同时，分析了两种类型的创业机会对新创企业成长的影响。研究表明，创造型创业机会更有助于新创企业的成长。这一研究成果使得关于创业机会的研究不仅仅停留在文献研究和案例分析的阶段，而是向着更深层次的方向发展。

（2）基于创业过程的视角解释了创业机会与商业模式的匹配对新创企业成长的影响

本研究基于创业过程的视角，融合创业机会理论和商业模式理论，分析了新创企业成长过程中创业机会与商业模式匹配提升创业绩效的内在机理，提出了"创业机会—商业模式—新创企业成长"的创业机会开发和新创企业成长模型。研究表明，创业机会与商业模式的交互影响创业绩效。同时，环境的不确定性对影响机制有着调节作用。创业机会与商业模式设计在动态的演化中相互影响，进一步推动企业实现螺旋式上升的成长。本研究有助于进一步深化创业过程视角下的新创企业成长研究成果和创业机会开发理论。

同时，这一发现也使商业模式的研究进一步深化，商业模式的研究已经逐步进入与企业要素协调匹配共同促进企业成长的研究领域，但这方面的研究才刚刚起步。本研究的结果对于新创企业如何设计与其他要素相匹配的商业模式以促进自身成长进行了进一步的探索。

（3）识别和验证了创业机会与商业模式匹配的路径机制

先前学者的普遍观点是不同的创业学习对创业机会的识别起着重要作用，鲜有学者研究创业学习是如何影响创业机会的开发过程的。同时，蒂蒙斯（1999）、阿密特和佐特（2007）都认为，创造型创业机会更容易产生新颖型商业模式，很少有学者对这一问题进行更进一步的探讨。本研究通过分析创业学习在创业机会识别与商业模式设计之间的中介作用，验证了创业机会与商业模式匹配的路径机制。研究表明，进行发现型创业机会识别的创业者更倾向于采用效率型商业模式，进行创造型创业机会识别的创业者更倾向于采用新颖型商业模式。本研究提出了"创业机会—创业学习—商业模式"的机制模型，拓展了创业机会与创业学习的关系，同时深化了商业模式创新理论，并验证了以往学者提出的创造型创业机会更容易进行商业模式创新的论断，丰富了创业机会理论与商业模式理论的研究。

（4）提出了创业机会与商业模式共演的新创企业成长模型

本研究发现，新创企业成长是创业机会与商业模式的共演促使企业由生存能力较弱的初创企业经历再创与三创阶段逐步成长为具备一定成长能力企业的过程。在这一过程中，企业经历了商业模式的设计、商业模式的调整和商业模式的完善三个发展阶段，每一个阶段中商业模式的设计与创业机会的特点有关系，同时每一个阶段下创业机会的开发都使资源和能力得到积累，也为下一阶段创业机会的识别和商业模式的设计奠定了基础。笔者从这一角度验证了企业成长是资源不断积累和各个机制相互协调的过程。本研究突破了以往的仅仅关注生命周期成长理论和阶段论模型的成长模式的研究，综合考虑了新创企业探索经营方向、克服"新进入缺陷"和应对环境的不确定性的内容，将其纳入新创企业成长的研究领域，以演化的视角研究新创企业成长。这一视角的研究在现有的文献中不多见（Ambos & Birkinshaw, 2010；王迎军和韩炜，2011）。本研究为新创企业成长的研究开启了新的探索。

8.3 实践启示

基于商业模式和创业机会视角的新创企业成长的研究刚刚起步，笔者以新创企业为研究对象，探究了创业机会与商业模式的匹配在环境不确定的情况下促进新创企业成长的机制。本研究具有一定的现实意义，具体体现在以下几个方面。

（1）认识并重视创业机会对新创企业成长的作用

本研究结果表明，发现型创业机会和创造型创业机会都有助于新创企业成长绩效的提升。特别是在当前环境不确定性高的情境下，只有不断识别出有价值的创业机会，企业才能在新的领域找到利润点。研究的结果也表明，创造型创业机会对创业绩效的作用更大，所以创业者应该发挥主观能动性，结合市场的需求进行新产品的开发，通过试错、迭代、不断检验，以满足利基市场的需求。

（2）认识并重视商业模式设计对新创企业成长的作用

商业模式是企业价值创造的逻辑，对于新创企业来讲，只有设计明晰的价值主张、价值创造体系和价值实现体系，才能更有助于自身获得合法性和增加获利的可能性。本研究表明，无论采取以效率为中心的商业模式还是以新颖为中心的商业模式，对新创企业的成长都有重要的促进作用。新创企业存在着"新进入缺陷"，所以需要整合资源，甚至是拼凑资源来构建商业模式体系，实现价值的创造。研究结果也表明，新颖型商业模式因具有差异性，能提升竞争力，故对新创企业成长的影响更大。这种商业模式对提高竞争者进入的门槛、保持竞争优势和企业的成长有积极的作用。当然，两种商业模式没有明显的好坏之分，只要是适合企业成长的就是好的商业模式。

（3）根据市场环境的情况匹配创业机会与商业模式

创业机会与商业模式的匹配对新创企业成长有重要的促进作用，但作为创业机会开发机制的商业模式来讲，只有与创业机会的特点相匹配才能更好地促进新创企业成长。不同类型的创业机会与不同类型的商业模式的匹配对成长绩效的影响不同，研究结果表明，创造型创业机会与新颖型商业模式的匹配更能正向影响新创企业成长绩效的提升，而发现型创业机会与效率型商业模式的匹配、创造型创业机会与效率型商业模式的匹配对新创企业成长绩效起到负向调节作用。

同时，本研究还发现，二者的匹配对新创企业成长绩效的影响还受到环境不确定性的调节作用。当竞争环境不激烈时发现型创业机会与效率型商业模式和新颖型商业模式的匹配能够产生较好的成长绩效，当竞争加剧时会加强对成长绩效的负向影响。环境动态性高的情况下，发现型创业机会与新颖型商业模式的匹配对成长绩效的正向影响会减弱，但高动态性会加强创造型创业机会与新颖型商业模式的匹配对成长绩效的正向影响。

根据以上的研究成果，创业者在进行创业机会与商业模式匹配时要关注企业所面临的环境。当所处的行业竞争不激烈、市场需求较大时，新创企业的创业者可以结合自身的经验进行发现型创业机会的识别与效率型商业模式的匹配。一旦竞争激烈，企业需要及时调整商业模式的设计主题而采用新颖型商业模式，或者进行创造型创业机会的识别，才能避免创业失败。当环境

8 研究的结论与展望

的动态性高时,说明市场与顾客的需求不确定,此时较适宜进行创造型创业机会的识别,在选取相应的商业模式设计主题时,新颖型商业模式与之匹配能更好地促进新创企业成长绩效的提升。

因此,新创企业在创业机会开发的过程中不仅要注重创业机会与商业模式的匹配,同时需要关注环境的竞争性和动态性。

(4) 对创业者而言,要重视创业学习对商业模式创新的作用

由以上研究我们可以看出,新颖型商业模式对新创企业成长的作用更大,所以对于新创企业而言,进行商业模式的创新也是提升创业绩效的重要机制。本研究从创业学习的视角基于不同的创业机会类型,进一步分析了商业模式创新的机制。研究表明,在经验学习的情境下,发现型创业机会更倾向于采用效率型商业模式,而在认知学习的情境下,发现型创业机会则倾向于采用新颖型商业模式。

以上研究结果表明,创业者采取某一种商业模式时,需要结合学习方式来促进商业模式的形成。当设计效率型商业模式时,须加强经验学习的方式;当需要进行商业模式的创新时,须加强认知学习的方式。

(5) 动态调整创业机会与商业模式的匹配以促进新创企业成长

企业的成长不是静态不变的。随着企业的发展和环境的变化,创业者需要时刻进行创业机会的识别,并设计与之相匹配的商业模式,才能提升创业绩效,同时要具有前瞻性。企业成长不是一蹴而就的,需要不断地克服"新进入缺陷"获得生存能力进而具备成长能力。这个过程需要创业企业不断地进行资源和能力的积累,同时识别新的创业机会、获取新的利润点,使企业的成长能力上升到一个新的台阶。这一过程是螺旋式上升的过程。

(6) 鼓励创业的政府部门要为新创企业创业机会的识别与开发提供支持

为提升新创企业的成长能力,政府部门不仅要为创业者提供资金、管理等方面的支持,更重要的是提高创业者的识别创业机会和设计商业模式的能力。好的创业机会没能产生好的创业绩效,很重要的一个原因是企业没有明确的价值创造体系以获得自身的合法性。政府部门应该提供创业者学习交流的平台,促进创业者跨界合作与交流,并制定商业模式创新等相关的鼓励政策。

8.4 研究的局限性及未来研究的展望

8.4.1 研究的局限性

本研究虽然做出了一定的理论贡献，提供了一些管理启示，但还是存在一定的局限性，主要表现在以下几个方面。

第一，研究样本的局限性。样本的研究虽然能兼顾不同的行业和成长阶段，但是受实际条件所限，本研究在实证研究部分就问卷的抽样范围、数据质量等存在一定程度上的不足。虽然问卷的数量满足了大样本数据的要求，但是有些问题如果进行分层次、分类型的深入研究，可能会得出更加准确的结果。

第二，变量测度的局限性。本研究通过实地访谈、专家建议和实证研究对创业机会量表进行了开发和验证，对商业模式、新创企业成长、创业学习和环境的不确定性等成熟量表进行了验证。研究表明，这些量表具有很好的效度和信度。但由于测量题项采用了李克特量表主观测量的方法，因此，不可避免地存在测度上的偏差和缺陷。笔者认为，还可以进一步通过其他的研究方法提升量表的可靠性。

第三，研究深度的局限性。由于关于创业机会与商业模式的研究比较少，本研究验证了二者的匹配对创业绩效的影响，同时分析了环境的不确定性对这一匹配机制的调节作用和创业学习在匹配路径中的中介作用。创业机会和商业模式的匹配还受到其他因素的影响，需要更细致和深入的分析才能更加准确地理解这一作用机理，以及进一步分析发现型创业机会与创造型创业机会的交互、效率型商业模式与新颖型商业模式的交互，甚至还可以考虑环境的包容性等因素的影响。

8.4.2 未来研究的展望

本研究只是初步探讨了创业机会与商业模式匹配对新创企业成长的影响，基于本研究的理论启示和存在的局限性，在未来的研究中，笔者计划开展以下几个方面的工作。

8 研究的结论与展望

首先，在新创企业成长的过程中，笔者计划探索发现型创业机会与创造型创业机会是否可能同时存在，以及二者之间的平衡是否更有助于创业绩效的提升。可行性和盈利性也是创业机会重要的构成维度，未来的研究可以从这一角度进一步探究匹配机制。

其次，在新创企业成长的过程中，笔者将探索效率型商业模式与新颖型商业模式设计之间的平衡，因为这二者并不互相排斥，并可能同时存在于一个组织中。组织二元性范式的提出为这一问题的解决提供了思路。未来的研究可以考虑企业在创业机会与商业模式二元性的情况下的创业绩效的研究。

再次，创业机会的识别方式和创业学习中介作用的研究结果表明，创业者的认知方式对创业机会与商业模式的匹配有着重要的影响。未来的研究可以考虑创业者认知及创业者的其他特点在匹配机制中的作用，同时可以考虑行业等因素对匹配路径机制的影响，并综合考虑创业者、创业机会、创业资源和创业环境等因素，从而完善创业模型。

最后，以创业机会与商业模式的匹配促进企业成长是一个动态匹配的过程，在企业不同的发展阶段，二者的匹配机制可能存在差异。所以，未来的研究将对企业所处的创业阶段进行分类分析，分阶段收集数据并进行验证。同时，本研究针对其中一类共演模式进行了分析，未来还可以探讨不同的共演路径，并且可以对创业机会与商业模式构成要素之间的匹配和共演加以进一步探讨。

参考文献

[1] ALDRICH H E, MARTINEZ M A. Many are called, but few are chosen: an evolutionary perspective for the study of entrepreneurship [J]. Entrepreneurship Theory and Practice, 2001, 26 (summer): 41 – 56.

[2] ALVERAZ S A, BARNEY J B. Discovery and creation: alternative theories of entrepreneurial action [J]. Strategic Entrepreneurship, 2007, 1 (1 – 2): 11 – 26.

[3] ALVAREZS A, BARNEYJ B. How do entrepreneurs organize firms under conditions of uncertainty? [J]. Journal of Management, 2005, 31 (5): 776 – 793.

[4] AMIT R, SCHOEMAKER P H. Strategic assets and organizational rent [J]. Strategic Management Journal, 1993, 14 (1): 33 – 46.

[5] AMIT R, ZOTT C. Value Creation in E – business [J]. Strategic Management Journal, 2001 (22): 493 – 520.

[6] ARDICHVILI A, CARDOZOB R, RAY S. A Theory of entrepreneurial opportunity identification and development [J]. Journal of Business Venturing, 2003 (18): 105 – 123.

[7] BAKER T, NELSON R E. Creating something from nothing: resource construction through entrepreneurial bricolage [J]. Administrative Science Quarterly, 2005, 50 (3): 329 – 366.

[8] BARON R A, ENSLEY M D. Opportunity recognition asthe detection of meaningful patterns: evidence from comparisons of novice and experienced entrepreneurs [J]. Management Science, 2006, 52 (9): 1331 – 1344.

[9] CAVALCANTES, KESTING P, JOHN U. Business model dynamicsand

innovation: (re) establishing the missing linkages [J]. Management Decision, 2011, 49 (8): 1327-1342.

[10] CHANDLER G, DETIENNE D, MCKELVIE A, MUMFORD T. Causation and effectuation processes: A validation study [J]. Journal of Business Venturing, 2011, 26 (3): 375-390.

[11] CHANG C H, GARNSEY E, YI R. Disruptive innovation and entrepreneurial opportunity [J]. Technovation, 2014 (11): 1-10.

[12] CHESBROUGH HW. Business model innovation: it's not just about technology anymore [J]. Strategy and Leadership, 2007, 35 (6): 12-17.

[13] CHESBROUGH H, ROSENBLOOM R S. The role of the business model in capturing value from innovation: evidence from Xerox Corporation's technology spin-off companies [J]. Industrial and Corporate Change, 2002, 11 (3): 529-555.

[14] CHESBROUGH H. Business Model Innovation: opportunities and barriers [J]. Long Range Planning, 2010, 43 (2): 354-363.

[15] COPE J. Toward a Dynamic Learning Perspective of Entrepreneurship [J]. Entrepreneurship Theory and Practice, 2005, 29 (4): 373-397.

[16] CORBETT A C. Experiential learning within the process of opportunity identification and exploitation [J]. Entrepreneurship Theory and Practice, 2005, 29 (4): 473-491.

[17] DIMOVD. Beyond the single-person, single-insight attributionin understanding entrepreneurial opportunities [J]. Entrepreneurship Theory and Practice, 2007, 31 (5): 713-731.

[18] GEORGE G, BOCK A. The business model in practice and its implications for entrepreneurship research [J]. Entrepreneurship Theory and Practice, 2011, 35 (1): 83-111.

[19] JOHNSON M, CHRISTENSEN C, KAGERMANN H. Reinventing your business model [J]. Harvard Business Review, 2008, 86 (12): 50-59.

[20] KIRZNER I M. Perception, opportunity and profit: studies in the theory of entrepreneurship [M]. Chicago: The University of Chicago Press, 1979.

[21] KIRZNER IM. Entrepreneurial discovery and the competitive market

process: an Austrian approach [J]. Journal of Economic Literature, 1997 (35): 60 – 85.

[22] MAGRETTA J. Why business model matter [J]. Harvard Business Review, 2002, 80 (5): 86 – 92.

[23] MARCH J G. Exploration and exploitation in organizational learning [J]. Organization Science, 1991, 21 (2): 71 – 87.

[24] MILLER D. Configurations revisited [J]. Strategic Management Journal, 1996, 17 (7): 505 – 512.

[25] MORRIS M, SCHINDEHUTTE M, ALLEN J. The entrepreneur's businessmodel: Toward a unified perspective [J]. Journal ofBusiness Research, 2005, 58 (6): 726 – 735.

[26] MULLINS J, KOMISAR R. Getting to plan B: breaking through to a better business model [M]. Boston: Harvard Business Press, 2009.

[27] OSTERWALDER A, PIGNEUR Y, TUCCI C. Clarifying business models: origins, present, and future of the concept [J]. Communications of the Association for Information Systems, 2005, 16 (16): 751 – 775.

[28] POLITIS D. The process of entrepreneurial learning: a conceptualframework [J]. Entrepreneurship Theory and Practice, 2005, 29 (4): 399 – 424.

[29] POLITIS D. Does prior start – up experience matter for entrepreneur's learning? A comparison between novice and habitualentrepreneurs [J]. Journal of Small Business and EnterpriseDevelopment, 2008, 15 (3): 472 – 489.

[30] POHLE G, CHAPMAN M. IBM's global CEO report 2006: Business model innovation matters [J]. Strategy and Leadership, 2006, 34 (5): 34 – 40.

[31] RAE D. Entrepreneurial learning: a conceptual framework for technology – based enterprise [J]. Technology Analysis and Strategic Management, 2006, 18 (1): 39 – 56.

[32] SARASVATHY S D, DEW N S. VELAMURI R, et al. Three views of entrepreneurial opportunity [J]. Springer New York, 2010, 5 (1): 77 – 96.

[33] SARDANA D, SCOTT – KEMMIS D. Who learns what? —A study based on entrepreneurs from biotechnology new ventures [J]. Journal of Small Bus-

iness Management, 2010, 48 (3): 441 – 468.

[34] SHAFER S M, SMITH J H, LINDER J C. The power of business models [J]. Business Horizons, 2005, 48 (3): 199 – 207.

[35] SHANE S. Prior knowledge and the discovery of entrepreneurial opportunities [J]. Organization Science, 2000, 11 (4): 448 – 469.

[36] SHANE S, VENKATARAMAN S. The promise of entrepreneurship as a field of research [J]. Academy of Management Review, 2000, 25 (1): 217 – 226.

[37] SUDDABY R, BRUTON G D, SI S X. Entrepreneurship through a qualitative lens: Insights on the construction and/or discovery of entrepreneurial opportunity [J]. Journal of Business Venturing, 2015, 30 (1): 1 – 10.

[38] TEECE D J. Business models, business strategy and innovation [J]. Long Range Planning, 2010, 43 (2 – 3): 172 – 194.

[39] TIMMERS P. Business models for electronic markets [J]. Journal on-Electronic markets, 1988, 8 (2): 3 – 8.

[40] WILTBANK R, SARASVATHY S. Patterns of business model change as measures of causation and effectuation [C]. Research in Frontiers of Entrepreneurship Research. Babson Park: Babson College Press, 2002.

[41] YIN R K. Case study research: Design and methods [M]. CA: Sage Publications, 2009.

[42] ZAHRA S A, BOGNER W C. Technology strategy and software new ventures performance: exploring the moderating effect of competitive environment [J]. Journal of Business Venturing, 2000, 15 (2): 135 – 173.

[43] ZOTT C, AMIT R, MASSA L. The business model: recent developments and future research [J]. Journal of Management, 2011, 37 (4): 1019 – 1042.

[44] ZOTT C, AMIT R. Business model design and the performance of entrepreneurial firms [J]. Organization Science, 2007, 18 (2): 181 – 199.

[45] ZOTT C, AMIT R. The business model: A theoretically anchoredrobust construct for strategic analysis [J]. Strategic Organization, 2013, 11 (4): 403 – 411.

[46] ZOTT C, AMIT R. The fit between product market strategy and business model: implications for firm performance [J]. Strategy Management Journal, 2008, 29 (1): 1 – 26.

[47] ZOTT C, AMIT R. Business Model design: an activity system perspective [J]. Long Rang Planning, 2010, 43 (2): 216 – 226.

[48] 蔡莉, 葛宝山, 朱秀梅, 等. 基于资源视角的创业研究框架构建 [J]. 中国工业经济, 2007 (11): 96 – 103.

[49] 陈海涛, 蔡莉. 创业机会特征维度划分的实证研究 [J]. 工业技术经济, 2008 (2): 82 – 86.

[50] 陈娟, 邢建国. 商业模式动态调整视角下的新创企业成长 [J]. 管理现代化, 2018 (3): 54 – 57.

[51] 陈文沛. 关系网络与创业机会识别: 创业学习的多重中介效应 [J]. 科学学研究, 2016 (9): 1391 – 1396.

[52] 杜晶晶, 丁栋虹, 王晶晶. 基于扎根理论的创业机会开发研究梳理与未来展望 [J]. 科技管理研究, 2014 (21): 215 – 221.

[53] 杜运周, 任兵, 张玉利. 新进入缺陷、合法化战略与新创企业成长 [J]. 管理评论, 2009 (8): 57 – 65.

[54] 樊景立, 梁建, 陈志俊. 实证研究的设计与评价//陈晓萍, 徐淑英, 樊景立. 组织与管理研究的实证方法 [M]. 北京: 北京大学出版社, 2008.

[55] 龚丽敏, 江诗松, 魏江. 试论商业模式构念的本质、研究方法及未来方向 [J]. 外国经济与管理, 2011 (3): 1 – 8, 18.

[56] 郭海, 沈睿. 如何将创业机会转化为企业绩效——商业模式创新的中介作用及市场环境的调节作用 [J]. 经济理论与经济管理, 2014 (3): 70 – 83.

[57] 胡保亮. 商业模式、创新双元性与企业绩效的关系研究 [J]. 科研管理, 2015 (11): 29 – 36.

[58] 姜彦福, 邱琼. 创业机会评价重要指标序列的实证研究 [J]. 科学学研究, 2004 (1): 59 – 63.

[59] 李军, 杨学儒. 社会网络视角的创业学习与机会识别关系研究 [J]. 工业技术经济, 2016 (8): 69 – 75.

[60] 李青, 刘莉. 基于创业机会的中小企业成长模型研究 [J]. 科技管理研究, 2008 (8): 236-238, 275.

[61] 李静薇. 新进入缺陷理论: 新创企业成长研究 [J]. 企业管理, 2012 (1): 100-101.

[62] 梁强, 张书军, 李新春. 基于创业机会的新创劣势和应对策略分析与启示 [J]. 外国经济与管理, 2011 (1): 19-25.

[63] 林嵩, 张帏, 姜彦福. 创业机会的特征与新创企业的战略选择——基于中国创业企业案例的探索性研究 [J]. 科学学研究, 2006 (2): 268-272.

[64] 刘佳, 李新春. 模仿还是创新: 创业机会开发与创业绩效的实证研究 [J]. 南方经济, 2013 (10): 20-32.

[65] 刘井建. 创业学习、动态能力与新创企业绩效的关系研究——环境动态性的调节 [J]. 科学学研究, 2011 (5): 728-734.

[66] 柳青, 蔡莉. 新企业资源开发过程研究回顾与框架构建 [J]. 外国经济与管理, 2010 (2): 9-15.

[67] 罗兴武, 项国鹏, 宁鹏, 等. 商业模式创新如何影响新创企业绩效?——合法性及政策导向的作用 [J]. 科学学研究, 2017 (7): 1073-1084.

[68] 马克·约翰逊, 克莱顿·克里斯滕森. 如何重塑商业模式 [J]. 哈佛商业评论, 2008 (12): 108-120.

[69] 秦剑. 基于效果推理理论视角的创业机会创造研究 [J]. 管理学报, 2011 (7): 1036-1044.

[70] 曲延军. 创业企业战略选择及成长模式研究 [D]. 北京: 清华大学, 2005.

[71] 申佳, 李雪灵, 马文杰. 不同成长阶段下新创企业关系强度与绩效研究 [J]. 科研管理, 2013 (8): 115-122.

[72] 斯晓夫, 王颂, 傅颖. 创业机会从何而来: 发现, 构建还是发现+构建?——创业机会的理论前沿研究 [J]. 管理世界, 2016 (3): 115-127.

[73] 苏秦, 王灿友, 杨毅. 商业模式视角下3D打印企业成长过程研究 [J]. 中国科技论坛, 2016 (8): 71-76.

[74] 苏晓华, 郑晨, 李新春. 经典创业理论模型比较分析与演进脉络梳理 [J]. 外国经济与管理, 2012 (11): 19-26.

[75] 王水莲, 常联伟. 商业模式概念演进及创新途径研究综述 [J]. 科技进步与对策, 2014 (7): 154-160.

[76] 王素娟, 王建智. 商业模式匹配跨界搜索战略对创新绩效的影响 [J]. 科研管理, 2016 (9): 113-122.

[77] 王迎军, 韩炜. 新创企业成长过程中商业模式的构建研究 [J]. 科学学与科学技术管理, 2011 (9): 51-58.

[78] 王伟毅, 李乾文. 创业视角下的商业模式研究 [J]. 外国经济与管理, 2005 (11): 34-42, 50.

[79] 文亮. 商业模式与创业绩效及其影响因素关系研究 [D]. 长沙: 中南大学, 2011.

[80] 位恒军. 创业导向、创业学习与新创企业成长绩效关系研究 [D]. 广州: 广东商学院, 2012.

[81] 魏江, 刘洋, 应瑛. 商业模式内涵与研究框架建构 [J]. 科研管理, 2012 (5): 107-114.

[82] 魏炜, 朱武祥, 林桂平. 基于利益相关者交易结构的商业模式理论 [J]. 管理世界, 2012 (12): 125-131.

[83] 吴隽, 张建琦, 刘衡, 等. 新颖型商业模式创新与企业绩效: 效果推理与因果推理的调节作用 [J]. 科学学与科学技术管理, 2016 (4): 59-69.

[84] 项国鹏, 罗兴武. 价值创造视角下浙商龙头企业商业模式演化机制——基于浙江物产的案例研究 [J]. 商业经济与管理, 2015 (1): 44-54.

[85] 谢觉萍, 王云峰. 创业机会识别对创业绩效影响的实证研究 [J]. 技术经济与管理研究, 2017 (3): 37-42.

[86] 杨俊, 薛红志, 牛芳. 先前工作经验、创业机会与新技术企业绩效——一个交互效应模型及启示 [J]. 管理学报, 2011 (1): 116-125.

[87] 杨隽萍, 唐鲁滨, 于晓宇. 创业网络、创业学习与新创企业成长 [J]. 管理评论, 2013 (1): 24-33.

[88] 杨敏利, 党兴华. 创业企业与创投机构合作关系对成长绩效的影响 [J]. 科研管理, 2014 (10): 69-76.

[89] 云乐鑫, 杨俊, 张玉利. 基于海归创业企业创新型商业模式原型

的生成机制[J]. 管理学报, 2014 (3): 367-375.

[90] 张红, 葛宝山. 创业机会识别研究现状述评及整合模型构建[J]. 外国经济与管理, 2014 (4): 15-24, 46.

[91] 张红, 葛宝山. 创业学习、机会识别与商业模式——基于珠海众能的纵向案例研究[J]. 科学学与科学技术管理, 2016 (6): 123-136.

[92] 张敬伟. 基于创造性拼凑与价值创新视角的创业企业成长模型研究[J]. 现代管理科学, 2009 (5): 60-61, 70.

[93] 张骁, 李嘉. 初次创业和再创业关键影响因素和作用机制差异研究: 机会、资源与能力的匹配[J]. 研究与发展管理, 2012 (6): 116-125.

[94] 张新香, 胡立君. 商业模式动态演化机制: 基于互联网业的多案例内容分析[J]. 科研管理, 2018 (3): 110-121.

[95] 张秀娥, 祁伟宏, 李泽卉. 创业者经验对创业机会识别的影响机制研究[J]. 科学学研究, 2017 (3): 419-427.

[96] 张玉利, 杨俊, 任兵. 社会资本、先前经验与创业机会: 一个交互效应模型及其启示[J]. 管理世界, 2008 (7): 91-102.

[97] 张玉利, 田新, 王瑞. 创业决策: Effectuation 理论及其发展[J]. 研究与发展管理, 2011 (2): 48-57.

[98] 张郑熠, 金珺, 陈俊滢, 等. 商业模式设计对新创企业绩效的影响机制研究[J]. 西安电子科技大学学报(社会科学版), 2015 (6): 23-32.

[99] 赵文红, 王文琼. 基于创业学习的资源构建对创业绩效的影响研究[J]. 科技进步与对策, 2015 (15): 86-90.

[100] 祝振铎. 创业导向、创业拼凑与新创企业绩效: 一个调节效应模型的实证研究[J]. 管理评论, 2015 (11): 57-65.

[101] 朱晓红, 张玉利, 陈寒松. 异质性资源、创业机会与创业绩效关系研究[J]. 管理学报, 2014 (9): 1358-1365.

后　记

此书是在我的博士论文的基础上加以修改完成的。经过了一段时间的学习，我对研究主题有了更深的认识。我本想在对论文的研究主题进行修改后再出版，后来放弃了这个念头，一是为了保留我对读博岁月里研究成果的纪念，二是修改也不一定会使作品更有价值、更有意思。

在完成本书研究内容的过程中，我有过困惑和迷茫，也有过喜悦和激动，这期间的心路历程起起伏伏。当年怀着学术的梦想和求知的渴望踏上读博的征程，这是一段幸福的学习旅程，这种幸福来自努力地做着自己喜欢的事情，来自求学生涯的探索和磨炼，来自这一段生命历程中所感受到的爱与温暖。

谨以只字片语，感谢助益于本书成稿的老师、同学、朋友和家人。首先我要感谢的是导师邢建国教授，我非常荣幸能够聆听他的教诲。在完成书稿的过程中，邢教授以敏锐的学术洞察力和深厚的科研经验，高屋建瓴地为我把关书稿内容，每次都能让我感到拨开云雾般的豁然开朗，真正体会到了做学术的快乐，也让我对学术研究更有信心。感谢邢教授给予我的支持与鼓励。

感谢导师董洁林教授在最初学术道路上给予的指导与建议，感谢董教授尽心尽力的指导，对我撰写的论文不厌其烦地提出意见与建议。在董教授的指导下，我勇敢踏进学术的门槛，并获得了很多进一步学习的机会。董教授的指导使我开阔眼界、看清差距、明确努力的方向。感谢董教授给予的宽容、教诲和鼓励，让我有勇气在学术的道路上努力探索。

感谢赵增耀教授、罗正英教授、袁勇志教授、周中胜教授、李晓峰教授、冯博教授、刘燕教授在课堂和论文上给予的建议和指导，使我不断学习新的知识，提升自我认知。感谢商学院的李晶老师、方建文老师、蒋丽老师

后 记

在研究方法上给予的指导，使我的逻辑思维能力和计量水平得以提高。感谢在浙大访学期间斯晓夫教授、邬爱其教授等带着我们读文献、讨论问题，并给予我研究的建议。

感谢我的同学杨传明、姚炯、李益娟、瞿淦、王德鼎，一起学习的时光里有分享快乐的喜悦、有探讨问题后的成就感、有同心协力解决问题的幸福。这份同窗情谊是我这段求学生涯中最闪亮的部分。感谢我的师妹曹钰华，我们经常一起探讨学术上的困惑，互相监督、彼此鼓励，在获得学术成果的同时也收获了一份深厚的姐妹情谊，未来的学术道路我们依然能并肩努力前行。

感谢在研究的过程中众多创业者及金鸡湖创业长廊的部分孵化器机构和创业企业给予我的在访谈和问卷调研上的支持，是他们让我能够顺利地在理论分析和企业实践的探索中对研究的问题进行思考和验证，为本书的完成提供了莫大的支持。

感谢我挚爱的父母，在我求学的道路上一直给予我支持和鼓励，激励我在成长的道路上不断努力。感谢姐姐、哥哥和弟弟在我求学的过程中所给予的关怀与鼓励。感谢我的先生，用十多年的相知相伴，给予了我莫大的鼓励和支持。感谢我的一双儿女，给了我无限的欢乐和前进的动力。感谢他们给我的爱和自由，使我一直在温暖的幸福中有力量前行。无以回报，谨以此书献给他们，以表寸心。

需要感谢的太多，感谢我学术道路上一切美好的遇见和可贵的磨砺！

陈娟

2022 年 12 月于苏州